Guangdong Economy in the Context of Global Economic
Differentiation and Three Phase Stack: Forecast, Analysis and Solution

广东省经济发展报告

全球经济分化和三期叠加下的广东经济：预测、分析与对策

广东经济监测与展望研究课题组 著

经济管理出版社
ECONOMY & MANAGEMENT PUBLISHING HOUSE

图书在版编目（CIP）数据

广东省经济发展报告（2015）/广东经济监测与展望研究课题组著.
—北京：经济管理出版社，2015.9
ISBN 978-7-5096-3790-6

Ⅰ.①广… Ⅱ.①广… Ⅲ.①区域经济发展－研究－
广东省 Ⅳ.①F127.65

中国版本图书馆CIP数据核字（2015）第107294号

组稿编辑：王光艳
责任印制：司东翔

出版发行：经济管理出版社
　　　　　北京市海淀区北蜂窝8号中雅大厦A座11层　　100038
网　　址：www.E-mp.com.cn
电　　话：（010）51915602
印　　刷：北京易丰印捷科技股份有限公司
经　　销：新华书店
开　　本：889mm×1194mm/16
印　　张：10
字　　数：238千字
版　　次：2015年9月第1版　2015年9月第1次印刷
书　　号：ISBN 978-7-5096-3790-6
定　　价：198.00元

本书是中山大学中国转型与开放经济研究所、中山大学岭南学院委托课题——"广东省经济监测与展望研究"的主要研究成果。本书还得到了国家自然科学基金（71372146）、广东省高校高层次人才项目（珠江学者1414003）、教育部人文社科一般项目（13YJA790001）、广东省软科学项目（2015A070704019）的资助。

前　言

2008年全球金融危机7周年之际，国际上美国一方独好，欧洲蹒跚滞行，日本深陷泥潭，分化格局呈现，世界经济总体表现悲观。国内，三期叠加效应正在展开和深入，经济步入"新常态"。在此背景下，本课题组预测，广东经济不仅很难实现今年的经济增长目标，并且明年仍将表现出持续下行的严峻态势。在这种情况下，如何把脉广东经济、如何应对不利局面，是摆在决策者面前最重要的经济问题。本书将从国内外经济形势、广东省经济监测研究、广东省经济预测研究和政策建议四个方面展开讨论。

第1部分，国内外经济形势总特点是国际分化、国内三期叠加。从国际形势来看，有四个明显特点：①世界经济依旧没有摆脱危机的阴影，经济进入慢速增长期；②全球经济出现分化格局，增长模式及其政策选择成为后危机时代各国表现迥异的分水岭，因此，"如何站队"成为主要经济体面临的重大问题；③发达经济体政策取向体现出巨大分歧，世界经济前景不明；④新兴国家经济减速并伴随金融风险上升。未来全球经济复苏增长分化的局面将继续延续，世界经济将在低速增长的通道内运行相当长的一段时间。美国以外的各经济体经济运行低迷、政策各异，将使世界经济前景的不确定性进一步增强。多变的国际环境为广东省的外向型经济发展带来更大的挑战。从国内经济形势来看：①经济增长方面，中国经济发展处于"三期叠加"的关键阶段，即经济增速换挡期、结构调整阵痛期、前期刺激政策消化期；②通货膨胀方面，本轮去产能缓慢，PPI转正仍遥遥无期，工业领域的通缩现象仍将持续一两年；③宏观调控方面，中国式反弹引发了更多的结构性问题，不具备政策可持续性；④改革红利方面，破除垄断、城镇化、金融体制市场化是亮点，但"远水解不了近渴"。总而言之，近期微刺激宏观经济政策难抵经济下行的趋势，长期缓慢利好与短期快速波动在

广东省经济发展报告（2015）
全球经济分化和三期叠加下的广东经济：预测、分析与对策

Guangdong Economy in the Context of Global Economic Differentiation and Three Phase
Stack: Forecast, Analysis and Solution

一段时期内仍然会交织在一起，从国际经济运行大趋势和长期经济走势来看，中国经济增速趋缓不可避免。

第2部分，本书从经济增长模式、需求结构、产业结构、区域一体化、外贸和能源环境六个方面深入分析了广东省经济状况。①从增长模式方面来看，过去广东省经济增长主要以资本形成为主导，技术进步的重要性逐渐凸显，具有较大的上升潜力。比较广东省与江苏省、山东省以及韩国、我国台湾地区的技术进步率，广东的技术进步平均贡献份额为34.74%，低于江苏省的53.03%和山东省的44.71%。我国台湾地区和韩国的技术进步平均贡献份额分别为58%和43%，广东省与之差距较为显著。②从需求结构来看，广东省正在由生产型投资和出口拉动为主的阶段向发展型的扩大内需战略转型，后危机时代的消费模式应突出"惠民生"的长效机制，以获取具有内生性的"消费结构红利"。广东省消费增长与GDP增长不匹配，对经济的拉动作用上升缓慢。而投资方面的结构失衡问题依然突出，相较而言，资本形成并不是广东省经济增长的最主要动力来源。③从产业结构方面来看，广东省产业结构体现出较为严重的非均衡性，第三产业比重仅处于中等水平，现代服务业发展相对迟缓，先进制造产业比重偏低。④从外贸形势方面来看，广东省进出口总额突破万亿元大关，稳居各省市首位。但超高进出口规模从侧面折射了广东省经济外贸依存度高的特点，使其成为广东省经济面临的主要风险之一。尽管目前的增长势头良好，但无论是从出口的商品结构和国别结构来看，还是从贸易方式上来看，超高的贸易规模并不能掩盖广东省对外贸易水平不高的尴尬事实。⑤从区域一体化的方面来看，珠三角一体化程度不断提高，构建了更为紧密的粤港澳经济联系，但是"最富在广东，最穷也在广东"的局面依旧没有得到根本性的改变。广东省单一化的空间发展和二元经济结构失衡的问题依然突出。⑥从能源环境方面来看，广东省既是能源消费大省，又是资源短缺大省，能源生产远远不能满足能源消费，能源自给率低。随着经济发展，能源需求快速增长，主要依靠从省外调进或者进口解决，对外依存度高，能源供应的安全稳定性受到严重威胁。广东省能源消费长期以来以煤炭为主，天然气、石油等能源消费所占比例偏低，污染排放量偏大，对生态环境保护造成了严重影响，能源结构需要进一步调整和优化。

第3部分，在对国内外经济形势与广东省经济状况分析的基础上，本书采用理论驱动和数据驱动相结合的方式，基于经济系统的内在联系和周期规律，考虑了外部需求波动，国内财政、货币政策等影响因素，构建出广东省宏观经济季度模型，用于预测广东省主要宏观经济指标季度走势。从预测结果来看，①在经济增长方面，2014年广东省地区生产总值的实际增长率预测值为8.02%，实现本省8.5%的目标较为困难。而2015年广东省地区生产总值增长率预测值约为7.84%，经济增速仍将继续走低。②在产业结构方面，第二产业的增长明显放缓，2014年广东省第二产业增加值的实际增长率约为7.95%，2015年仍将继续下滑，回到6时代。第三产业的增长稳定，2014年广东省第三产业增加值的实际增长率约为8.66%，2015年约为9.17%，第三产业持续增长对广东省经济的拉动作用将持续增强。③在投资方

面，2014年广东省全社会固定资产投资增长率约为12.67%，2014年广东省出口总额增长率仅为2.76%，2015年为3.07%，广东省投资和外贸面临双重负面压力，总需求仍将持续低迷。④在价格水平方面，预计广东省PPI继续保持负增长，2014年约为−1.06%，2015年约为−1.71%。2014年广东省CPI保持稳定，增长率约为2.46%，2015年将为1.65%。⑤在消费方面，2014年广东省全社会消费品零售总额增长率约为12.67%，2015年可达13.52%，耐用品消费的销售额持续增长，内部需求结构进一步合理。总的来说，从预测结果来看，在未来两年内，广东省地区经济增长速度放缓的态势仍将持续，第二产业增速堪忧，投资、出口增长乏力，但消费增长和第三产业发展值得期待。

第4部分，针对国际国内形式、广东省的经济特点以及未来的增长预测，给出相应的政策建议。当前广东省并不存在明显的新的经济增长点，我们只能寄希望于精细化的具体工作，在调控、升级、改革等领域进行全面的推进。积极实施"对外主动融合"和"对内区域合力"双轮驱动战略，"综合治理、多管齐下"，打造新时期广东经济发展的升级版。另外，广东省应从2008年金融危机后的国际分化格局中吸取经验教训，强化市场化排头兵的作用，在市场化改革方面继续深化推进，这才是长治久安的根本方向。

王 曦

2015年3月

目 录

第1部分　国内外经济形势

1.1 国际经济形势

（1）世界经济依旧没有摆脱危机的阴影，经济进入慢速增长期

2008年金融危机以来，尽管世界各主要经济体都积极采取了应对措施，在一定程度上减缓了危机的破坏力，平滑了全球经济的波动幅度。但是这也使得危机的积垢并未完全消弭，从而为全球经济的前景平添了几份不确定性。2014年初预计的"持续复苏增长"并未如期而至，各主要经济体都出现了或多或少的意料之外的因素。

（2）全球经济出现分化格局，增长模式及其政策选择成为后危机时代各国表现迥异的分水岭，因此，"如何站队"成为主要经济体面临的重大问题

美国经济呈现复苏向好态势，使其成为世界经济的主要增长动力。2014年第二季度，美国国内生产总值增长了4.6%，就业率保持了旺盛的增长，失业率降至2008年7月以来的最低水平（5.9%）。这将推高总体工资水平，从而对复苏形成有力支撑，并为美联储着手上调基准利率铺平道路。同时国内能源生产促成了贸易逆差的收窄，目前主要的隐患是近期美元大幅升值将削弱美国的竞争力。日本经济在"安倍经济学"的推行中面临严峻挑战。消费税上调使得日本第二季度GDP环比大幅萎缩了7.1%。与此同时，日本实际利率多年来首次转负，但实际工资仍徘徊不前，日元贬值未能推动出口出现起色。就2015年的表现来看，日本经济几乎陷入无药可救的尴尬境地。欧元区经济形势日趋黯淡，欧洲仍未摆脱全球经济病人的形象，世界银行已将其2015年和2016年的GDP增速预测分别下调至1.1%和1.4%。受乌克兰局势的影响，欧元区经济核心德国的第二季度经济增长为负，欧洲第二大经济体法国的经济增长停顿，而第三大经济体意大利则更是重返衰退。

在本轮经济危机中，不同的经济增长模式成为各经济体劫后经济恢复情况迥异的分水岭。虽然忍受巨大的经济阵痛，但美国自由市场经济标签下的复苏表现要远优于欧洲的福利型经济增长模式。这是一个更具长期性的发展命题，也为世界各国在经济模式的抉择上提出了新的思考。

（3）发达经济体政策取向体现出巨大分歧，世界经济前景不明

在宏观经济一路向好的背景下，美国已经逐步退出量化宽松政策，各派在上调基准利率的政策上达成了初步共识。总体而言，白宫的政策取向将逐步向自由化回归。针对有关通货紧缩的担心，欧洲央行在2014年9月再次降息，并公布了资产购置计划等一系列增加流动性的措施，以应对各主要经济体出现的经济下滑危险。日本央行为了挽救垂死的"安倍经济学"，重现祭出了美国放弃的量化宽松政策。但是，就目前的情况看，即使在"大剂量"刺激措施下，日本经济一时也难以摆脱持续走低的惯性。石油价格暴跌，俄罗斯经济遭到重创，卢布大幅度贬值，各种应对策略难见奇效。

（4）新兴国家经济增长减速并伴随金融风险上升

相比发达经济体的表现，2008年金融危机以来拉动全球经济增长主引擎的新兴经济体呈现减速现象。中国主动调低经济增速以实施深层次的结构性改革，巴西、印度等新兴国家经济减速伴随金融风险上升，俄罗斯经济由于大宗商品景气周期调整及乌克兰地缘政治问题等因素交织而进入减速通道。而美联储量化宽松政策逐步退出可能引发部分新兴经济体国际金融风险升级。

总体而言，未来全球经济复苏增长分化的局面将继续延续，世界经济将在低速增长的通道内运行相当长的一段时间。美国以外的各经济体的经济运行低迷、政策各异，将使世界经济前景的不确定性进一步增强。多变的国际环境为广东省的外向型经济发展带来了更大的挑战。

1.2 国内经济状况

（1）经济增长：中国经济发展处于"三期叠加"的关键阶段，即经济增速换挡期、结构调整阵痛期、前期刺激政策消化期

2014年第三季度中国经济增长7.3%，增速比第二季度回落0.2个百分点。投资增速持续下滑，9月固

定资产投资同比增长13.8%，这是自2006年12月以来的最低增长率。消费和投资在前三个季度对GDP的贡献是6.6个百分点，创1999年以来的新低。经济增长在很大程度上得益于出口的稳定增长和刚刚创下历史新高的贸易顺差。中国目前已是世界第二大经济体、第一大贸易国，中国经济正面临着近年来少有的错综复杂的局面。经济结构不合理的矛盾经过长期积累，深层次问题日益显现。因此，习近平总书记提出"进一步增强信心，适应新常态，共同推动经济持续健康发展"，其特点表现为经济增长告别过去两位数的高增长模式，进入次高增长阶段。

（2）通货膨胀：本轮去产能缓慢，PPI转为正数仍遥遥无期，工业领域的通缩现象仍将持续一两年

从图1-2-1及图1-2-2可以看出，上一轮去产能化导致PPI连续31个月增长为负，本轮PPI已经连续负增长达34个月，本轮的固定资产投资增速虽在降低，但仍维持一定水平，去产能化的进程依然缓慢。预期工业领域的通缩现象仍将持续一两年。在无明显的扩大内需措施下，消费难以成为提振经济的主力。内需不足和产能过剩仍是压制工业产出的主要因素，2014年8月工业增加值同比增长6.9%，创下2009年以来的新低，10月中国PMI为50.4，略高于上月终值，就业指数被上提0.3个点至三个月高点，但仍然连续第十二个月处在50关口下方。当前中国经济内生需求推动经济发展的动能有限。

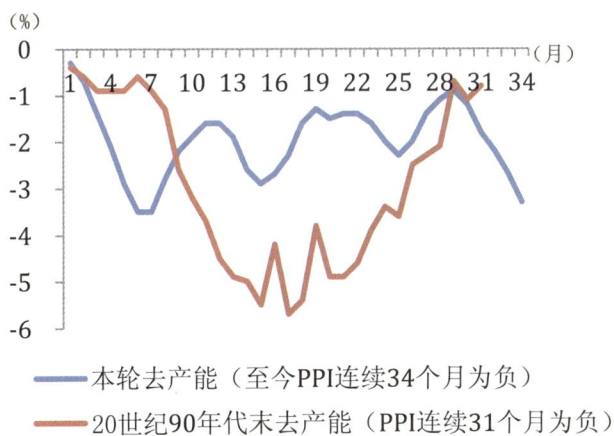

图1-2-1 去产能与PPI走势对比

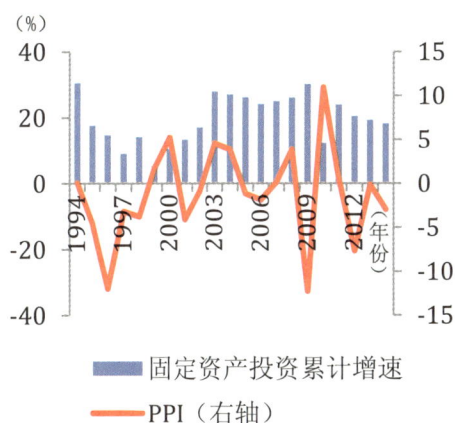

图1-2-2 固定资产增速与PPI

（3）宏观调控：中国式反弹引发了更多的结构性问题，不具备政策可持续性

为了遏制经济下行的趋势，中国政府近期推出了一系列"定向稳增长"的措施，加快了高铁、机场等基础设施项目和具有战略意义的高端设备制造业的建设。2014年9~10月，央行通过"常备借贷便利"(SLF)操作总共向市场提供了7000亿~9000亿元的流动性。但是，9月末广义货币（M2）余额120.21万亿元，同比增长12.9%，增速比8月末仅高0.1个百分点，比2013年末低0.7个百分点。货币政策在保增长和抑通胀上陷入两难境地。另外，地方政府债台高筑，进一步的财政刺激受到极大束缚。地方政府继续以超过其承受能力的规模举债，从钢铁生产到房地产的各类投资快速增长，而销售却下滑。部分行业产能过剩问题严重，宏观债务水平持续上升，结构性就业矛盾突出。经济结构不合理的矛盾经过长期积累，深层次问题日益显现。

（4）改革红利：破除垄断、城镇化、金融体制市场化是亮点，但远水解不了近渴

本届政府实施以"处理好政府与市场之间关系"为核心的经济体制改革，十八届三中全会公报和《中共中央关于全面深化改革若干重大问题的决定》表明中国正在简政放权、财税金融价格、国有企业和要素市场等方面进行全面改革，极大地激发了市场活力、发展动力和社会创造力，为中国经济增添了内生动力，成为中国经济稳增长的根本之策和首要潜力。中国通过建设"丝绸之路经济带"和"21世纪海上丝绸之路"的"一带一路"规划，带动铁路、公路、电力、电网、通信以及港口等领域产业发展。"四万亿大跃进"造成的庞大债务负担、产能过剩后遗症、消费和民间投资的增长乏力等问题都是接下来这几年中国经济无法躲避的困难。然而全面改革方案是激动人心的，前景是值得期待的，但是被众人寄予厚望的"改革红利"是远水解不了近渴。

总体上来看，近期微刺激宏观经济政策难抵经济下行的趋势，长期缓慢利好与短期快速波动在一段时期内仍然会交织在一起，从国际经济运行大趋势和长期经济走势来看，中国经济增速趋缓不可避免。

第2部分　广东省经济监测研究

　　广东省凭借"天时"（改革开放的政策优势）、"地利"（具有毗邻港澳地区和东南亚得天独厚的地缘优势）和"人和"（众多华侨投资内地的巨大热情）等优势，改革开放三十多年来经济发展取得了辉煌成就。地区生产总值从1978年的185.85亿元增至2013年的35696亿元，人均GDP达37588元，真实GDP年均增长13.3%，经济总量已连续24年稳居全国之首[①]，占全国GDP的比重从1978年的5.1%上升到2007年的11%。

　　2008年的美国金融危机对全球经济造成了严重的打击，由于国际需求乏力，广东省以外向型经济为主导的经济结构受到非常严重的冲击，众多出口企业和加工贸易企业纷纷外迁或倒闭。仅2008年前九个月，广东省关闭企业就达7000多家[②]，2009年1~10月外贸出口下降17.8%。广东省经济长期快速增长过程中对外依存度过高、外贸比较优势弱化、内需不足等问题也令人日益关注，《珠江三角洲地区改革发展规划纲要（2008—2020年）》强调要"促进提高自主创新能力、促进传统产业转型升级、促进建设现代产业体系，保持经济平稳较快发展"。金融海啸和全球经济衰退给广东省经济发展带来了阶段性转折，其对广东省未来经济发展的影响十分巨大而深远，广东省的经济转型因此而进入实质性推进阶段。

　　本书结合广东省当前的经济现状和面临的挑战，采用2002~2012年的数据进行国内比较和国际借鉴，对广东省经济运行的特点、问题和发展趋势进行了合理的判断，以期找到广东省经济发展的制约性因素和潜在动力。

---

① 数据来源于广东统计局2013年报告《改革开放三十五年广东发展实现若干重大跨越》。

② 数据来源于http://gb.cri.cn/1321/2008/12/29/542s2376400.htm。

广东省经济发展报告（2015）
全球经济分化和三期叠加下的广东经济：预测、分析与对策

Guangdong Economy in the Context of Global Economic Differentiation and Three Phase
Stack: Forecast, Analysis and Solution

2.1 广东省增长核算分析

2002～2012年广东省经济增长主要由资本形成为主导，技术进步的重要性逐渐凸显，具有较大的上升潜力。

2.1.1 核算方法

到目前为止，各国进行经济增长核算普遍采用索罗（1957）所开创的经济增长核算方法。首先以2002年为基期测算广东省2002～2012年的实际GDP、资本存量以及从业人口数据，利用索罗模型估计

出资本产出弹性以及劳动力产出弹性。然后根据增长速度方程：$g_{TFP} = g_{GDP} - \alpha g_K - \beta g_L$ 计算出广东省TFP增长率[①]，定量考察资本、劳动投入和技术进步对广东省经济增长的贡献，从而揭示广东省经济增长的源泉。

资本和劳动是经济增长的基础推动因素。运用永续盘存法测算，广东省2002年的资本存量为25909.74亿元，2012年达到99398.71亿元，相当于2002年的3.84倍，年均增长14.39%。同时，广东省2002年末从业人数为2275.95万人，2012年末从业人数达到5965.56万人，见图2-1-1和图2-1-2。

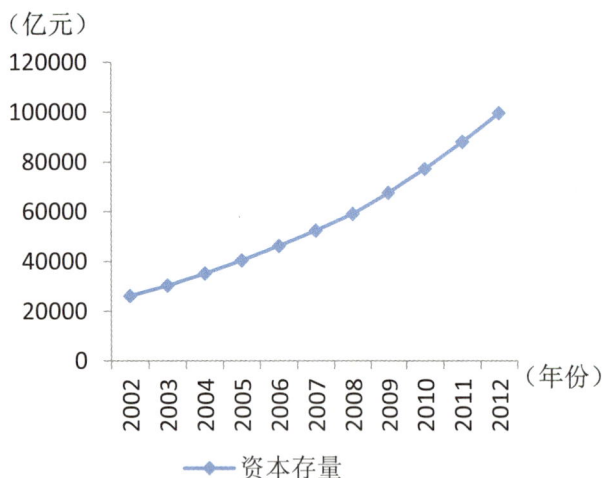

图2-1-1　广东省资本存量

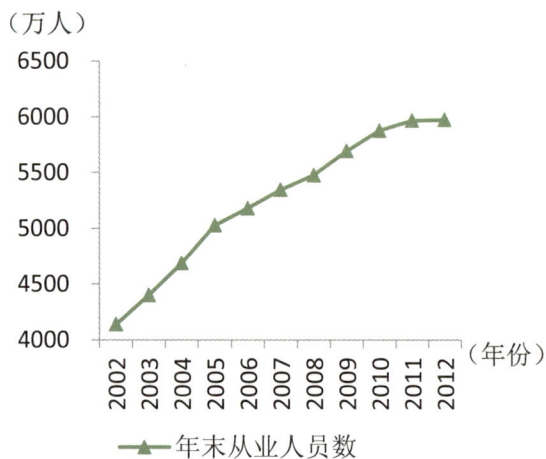

图2-1-2　广东省劳动投入

2.1.2 要素贡献

从图2-1-3及图2-1-4可知，2003～2012年，广东省的劳动贡献增长率总体呈下降趋势。2003年劳动贡献增长率为3.8%，对经济增长贡献份额为25.65%，而到2012年降为0.05%，对经济增长贡献份额仅

---

① 本研究中，资本存量和国内生产总值均以2002年为基年进行平减，得到以2002年价格为不变价格计算的各年份实际资本存量和实际地区生产总值。

为0.64%。广东省的劳动投入可能严重制约了经济增长，从业人员和城镇劳动力之间的缺口一直在不断扩大，1978年从业人员和城镇劳动力的缺口为1823.18万人，到2008年该缺口达3069.09万人。如果按当前的增长方式，广东省的劳动力已不足以支撑现有的高质量增长，必须在提高资本存量尤其是技术水平上下功夫。

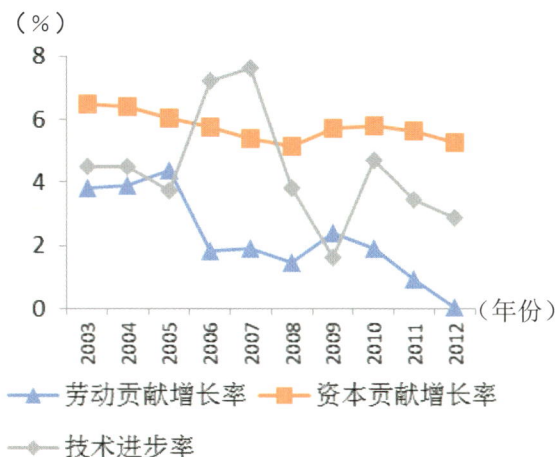

图2-1-3　广东省各生产要素贡献增长率

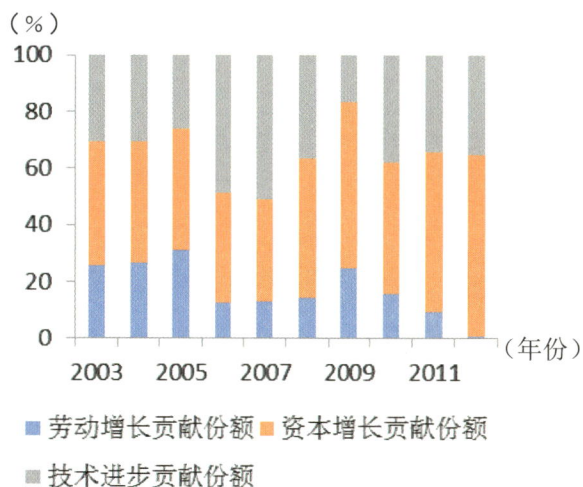

图2-1-4　广东省各生产要素增长率贡献份额

自从广东省2008年提出"劳动力和产业双转移"的战略以来，产业转型升级使广东省从以劳动密集型产业为主向资本密集型和技术密集型产业过渡，资本形成的比重不断上升，资本成为广东省经济增长的重要引擎。从图2-1-5和图2-1-6可以看到，2003～2012年，资本贡献增长率总体较为稳定，年均值保持在5.76%，对经济增长贡献份额高达48.04%。但是边际产出资本比却一直呈下降趋势，2003年为0.47，而2012年下降至0.28，降幅高达40%。在目前的成本、政策和国际需求等倒逼机制条件下，广东省过去依靠大规模资本投入和无限低廉劳动力供给的发展模式难以为继，因此急需寻找经济长期增长的因素——技术进步。

技术进步率在样本期内波动幅度较大，整体呈"M"型。2003～2007年技术对经济增长的贡献份额呈快速上升趋势，从30.42%增长至51.1%。2007年以后受金融危机和国家实施四万亿投资计划的影响，技术进步率呈下降趋势，2009年技术进步率增长率降到最低值1.6%，贡献份额仅为16.54%。政府"铁公基"固定资产投资的迅速上升使得对"战略部门"的支持能力大大增加，出现了国进民退的现象，再加上地方政府的GDP竞争进入"白热化"状态，TFP的增长由此减弱（伍晓鹰，2014）。2010年以后广东省实施"提升产业竞争力和提升自主创新能力的双提升"战略决策，加大了自主创新投资和产业的技术创造投入，技术进步率的增长率回升至4.7%，2012年调整为2.87%。在样本期内，技术进步能够解释34.74%的广东省经济增长，是劳动投入贡献份额（17.22%）的一倍，广东经济增长模式已经由要素投入为主导转为资本投入和技术进步共同推进，82.78%的经济增长率是由两者贡献的。

广东省经济发展报告（2015）

全球经济分化和三期叠加下的广东经济：预测、分析与对策

Guangdong Economy in the Context of Global Economic Differentiation and Three Phase Stack: Forecast, Analysis and Solution

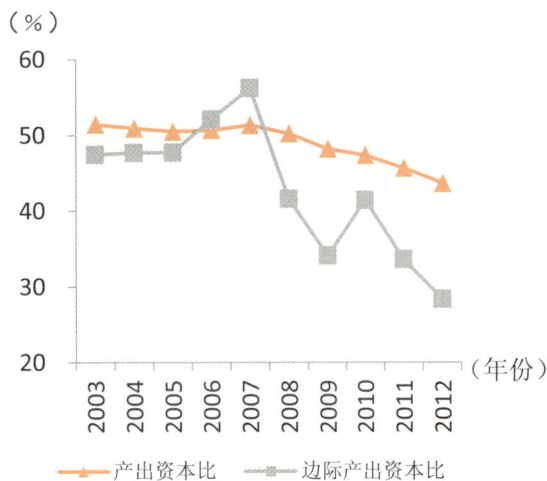

图2-1-5　广东省产出资本比和边际产出资本比

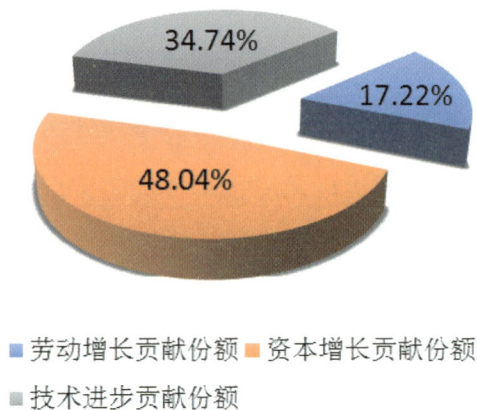

图2-1-6　广东省各生产要素平均增长贡献份额

同时，我们也计算了江苏省、山东省以及韩国、台湾地区的经济增长要素份额，并与广东省进行比较分析，见图2-1-7、图2-1-8、图2-1-9、图2-1-10、图2-1-11及图2-1-12。广东省技术进步增长率以及对经济增长的贡献份额均低于山东省和江苏省，广东省的技术进步平均贡献份额为34.74%，低于江苏省的53.03%、山东省的44.71%。我国台湾地区和韩国的技术进步平均贡献份额分别为58%和43%，差距较为显著。

图2-1-7　江苏省各生产要素增长率贡献份额

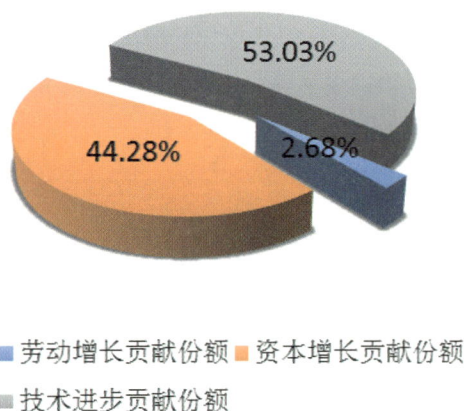

图2-1-8　江苏省各生产要素平均增长率贡献份额

广东省技术进步对经济增长的贡献份额偏低，主要原因有：第一，广东省外贸出口产品附加值低，高投资主要集中在低附加值的加工贸易产品。而广东省高新技术产业以外商独资以及中外合资为主，国内企业主要从事加工业，技术含量低。第二，广东省的产业科技创新水平在国内处于前列，但广

图2-1-9 山东省各生产要素增长率贡献份额

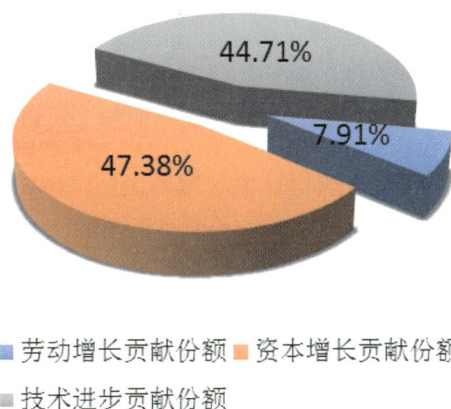

图2-1-10 山东省各生产要素平均增长率贡献份额

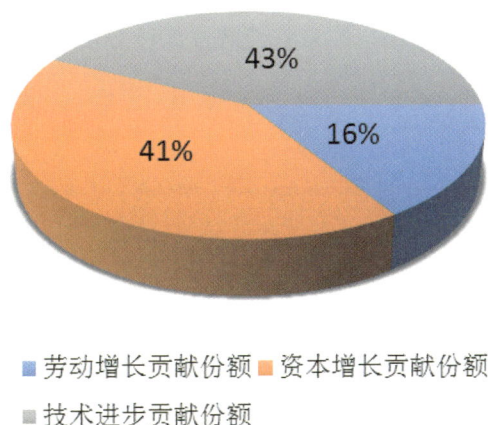

图2-1-11 韩国各生产要素平均增长率贡献份额

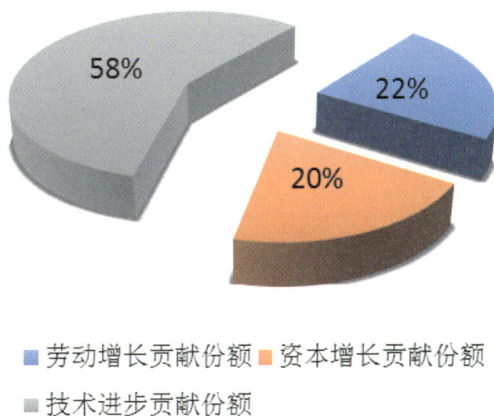

图2-1-12 我国台湾地区各生产要素增长率贡献份额

东省的原始性创新、知识创新能力较弱，表现在基础研究水平较低、科技成果数比先进省份低，人均科技产出与世界同类型发达国家和地区相比有较大差距。广东省在R&D经费投入规模上，与"四小龙"中的韩国、我国台湾地区还有一定差距，R&D经费支出仅为韩国的1/6、台湾地区的1/2[①]。广东省研发投入强度远低于韩国、我国台湾地区和新加坡等工业化国家和地区。第三，政府科技支出占据主导地位，政府成为创新的主力军，严重阻碍企业的创新发展。

1992年邓小平南方谈话时提出殷切期望，广东省要"用20年赶超亚洲'四小龙'"。广东省现已进入了"后追赶亚洲'四小龙'时期"。而将广东省与东亚"四小龙"的韩国和我国台湾地区进行对比分析，可看到广东省自主创新仍有很长一段路要走，需要提高科技对经济的支撑与引领作用。

---

① 数据来源于2008年世界银行《世界发展报告》。

广东省经济发展报告（2015）
全球经济分化和三期叠加下的广东经济：预测、分析与对策

Guangdong Economy in the Context of Global Economic Differentiation and Three Phase
Stack: Forecast, Analysis and Solution

2.2 广东省需求结构分析

从需求结构来看，广东省由生产型投资和出口拉动为主的阶段向发展型的扩大内需战略转型，后危机时代的消费模式突出"惠民生"的长效机制，初步获取具有内生性的"结构红利"。

根据GDP支出核算法，地区生产总值=最终消费+国内资产形成总额+净出口，从需求角度探讨消费、投资和出口"三驾马车"对经济增长的贡献率。

在高外贸依存度背景下，受国际金融危机、外需动力不足的影响，广东省经济已深感"内外失衡之痛"，从图2-2-1可知，2002年消费、投资和出口对经济增长的贡献率分别为54%、35%和11%，到2009年，分别下降为47%、39%和15%。金融危机以来，广东省以扩大国内需求特别是消费需求为重点，推进需求结构调整，消费和投资增幅创近年新高，需求结构更趋协调，2012年为51%、40%和9%。广东省经济增长已从倚重外需拉动逐步向内需和外需协调拉动转变，从倚重投资拉动向消费和投资协调拉动转变，三大需求结构更加协调，经济增长的稳定性增强。广东省经济发展过分依赖外需的局面得到初步改变。

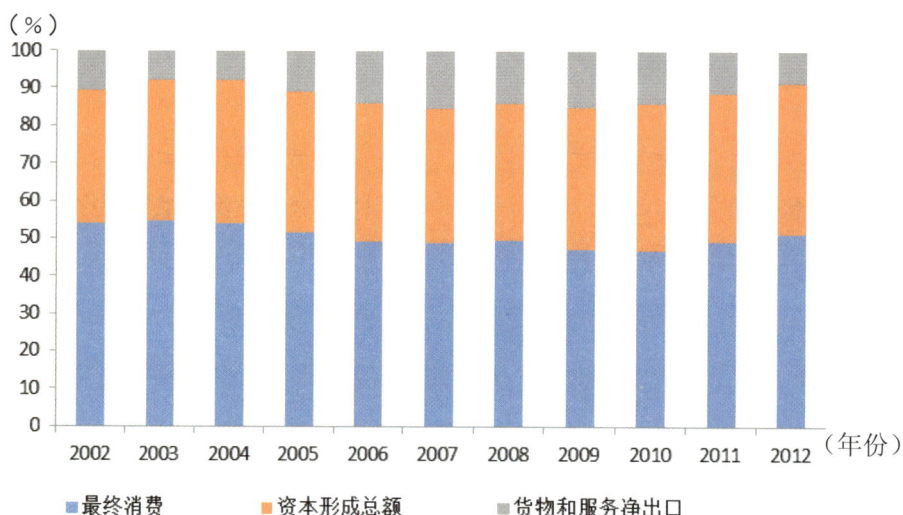

图2-2-1　广东省GDP构成

2.2.1 消费结构

（1）消费增长与GDP增长不匹配，对经济的拉动作用上升缓慢

图2-2-2和图2-2-3显示，在样本期内广东省消费需求所占GPD的比重呈"U"型发展趋势，最终消费占GDP的份额由2002年的54%下降到2012年的51%， 2006～2011年的份额都在50%以下，最低时为

2009年和2010年的47%。而最终消费对GDP的贡献率也从2003年的63.6%下降至2012年的57.7%，下降了9%，且略低于山东省，高于江苏省。居民消费对GDP的贡献率也从2003年的63.6%下降至2012年的57.7%，下降了9%。若从衡量最终消费、资本形成总额及货物和服务净出口对GDP增长的拉动程度来看，最终消费的拉动增长率比2003年的0.094下降了一半，仅为0.047，远低于山东省的0.057和江苏省的0.058，见图2-2-4。

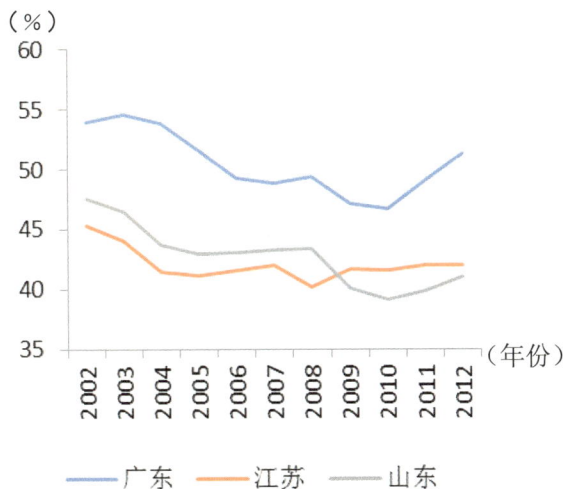

图2-2-2　广东省、江苏省和山东省
最终消费所占比重

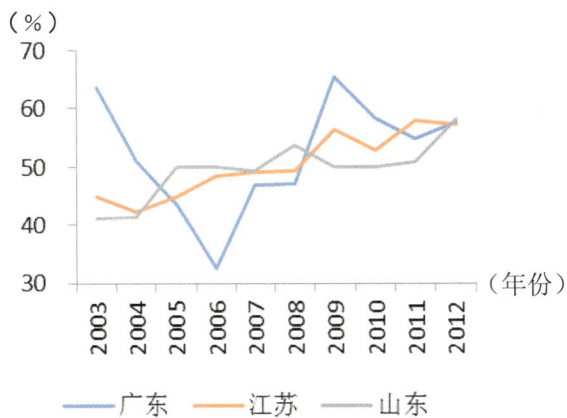

图2-2-3　广东省、江苏省和山东省
最终消费拉动系数

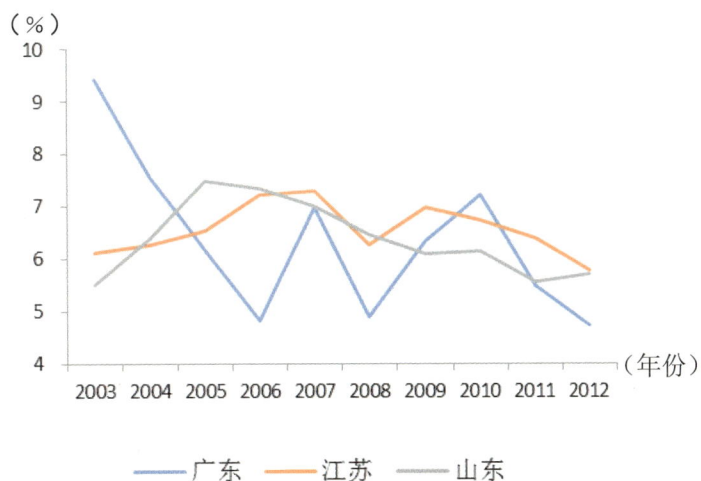

图2-2-4　广东省、江苏省和山东省消费拉动系数增长率

广东省消费增长速度缓慢，增长率从2003年的17.44%下降至2012年9.05%，降幅高达48%，而且该增长速度低于江苏省的11.8%和山东省的11.72%。消费增速较慢既有"重生产、重出口、重积累、轻消

费"等的全国共性原因，也有自身特殊原因：居民收入增加后进口品及境外消费大幅增加；房市、股市活跃牵制了大量资金，抑制了消费；社会保障体系发展滞后导致预防性储蓄增加抑制；广东省外来务工人员比重大，约占从业人员的1/4，外来务工人员收入相对较低，且大多不会就地消费，造成消费的省际转移。

（2）居民消费所占比重呈上升趋势，消费结构不断完善，消费方式由"国富优先"向"民富优先"的理念转变

在国家"稳增长、调结构、促改革、惠民生"的宏观政策调控下，广东省消费模式突出以民为本的特征。在广东省的消费结构中，居民消费是绝对的主体。且居民消费的增长速度大于政府支出的增长速度，导致居民消费所占比例呈现上升、政府支出所占比例呈现下降趋势。如图2-2-5和图2-2-6所示，居民消费所占最终消费的比重从2003年的75%上升至2014年的79%，政府支出所占比重则由1/4下降至1/5，均低于江苏省、浙江省和山东省的水平。居民消费所占GDP的比重也从2008年金融危机时的37%上升至2012年的40%。随着"八项规定"厉行节约政策的实施，政府支出的比重将进一步降低，居民消费的比重将稳中有升。居民消费对GDP增长的贡献份额已从2008年的最低值32.7%回升至2012年的45.6%，与江苏省持平，高于山东省的37%。

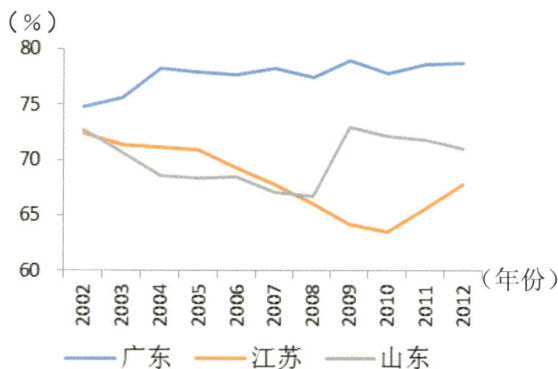

图2-2-5　广东省、江苏省和山东省
居民消费所占比重

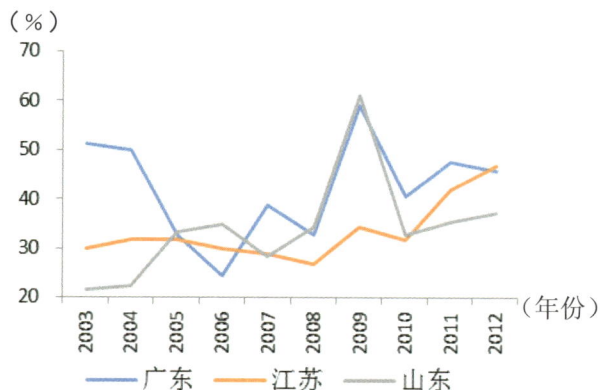

图2-2-6　广东省、江苏省和山东省
居民消费拉动系数

在消费结构上，广东省引导居民消费，努力培育新的消费热点，使扩大内需战略落到实处，让经济增长的成果惠及百姓。

首先，广东省社会消费总体规模大、增长速度较快。2012年，广东省全年累计实现社会消费品零售总额22677.11亿元，同比增长12.2%，扣除物价因素实际增长11.1%，增幅比上年提高1.5个百分点。如图2-2-7所示，增长速度高于浙江省0.4个百分点，比江苏省、山东省低1.2个百分点，是2002年的4倍以

上。零售总额稳居全国首位，分别高出山东省15%、江苏省23%和浙江省67%。其中，城镇市场消费品零售额22282.43亿元，占社会消费品零售总额的87.5%；乡村市场零售额3171.51亿元，增长10.9%。

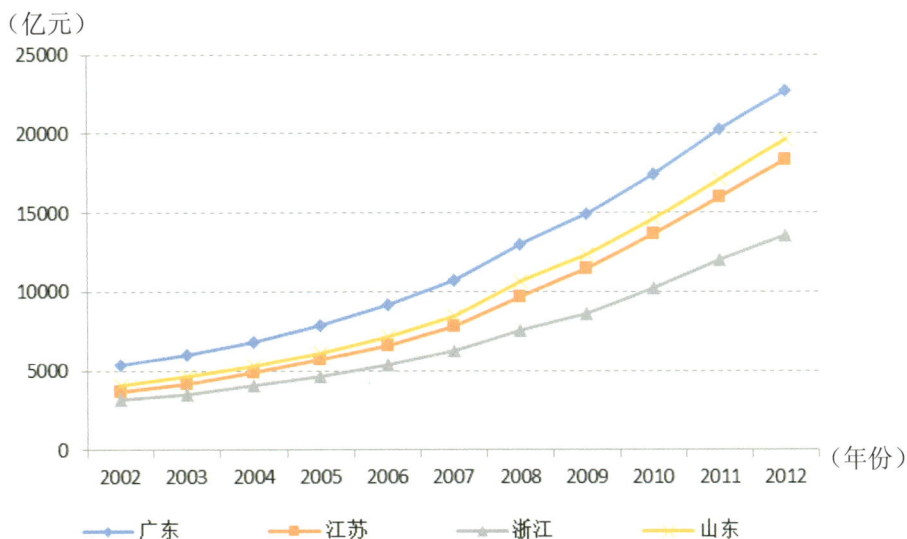

图2-2-7　四省社会消费品零售总额

广东省积极组织家电、汽车下乡，实施"广货北上西进"，拓展国内市场取得明显效果。2009年工业品内销对广东省工业增长贡献率达173.5%，区位商①上升到1.143，内销成为拉动广东省经济增长的重要动力，"广货"拓展国内市场取得明显成效。

其次，广东省居民收入大幅提高，显著增长的民间财富刺激了消费的提高。广东省出台了一系列增收措施，坚持民富优先的发展，带来了居民收入水平的提高。2012年，广东省城镇居民人均可支配收入达30227元，突破3万元大关，比1978年增长了72.3倍。1990年，广东省农村居民人均纯收入超过1000元；2012年达到10543元，首次突破万元大关，比1978年增长53.6倍。同时居民财富拥有量显著增加，2000年广东省城乡居民本外币储蓄存款余额首次突破1万亿元大关，2005年突破2万亿元，2011年突破4万亿元。如图2-2-8所示，2012年广东省城乡居民本外币储蓄存款余额达到46265.58亿元，是山东省的1.08倍、江苏省的1.52倍和浙江省的1.72倍。

再次，加快消费结构转型升级，进入城市消费新阶段，农村消费市场潜力巨大。如图2-2-9所示，2012年，广东省城镇居民人均消费支出为22396元，高居四省首位，是2002年8988元的2.5倍。城镇需求结构从以生活必需品为主转变为以耐用消费品为主的阶段。从图2-2-10可看出，广东省恩格尔系数呈逐年下降趋势，城镇居民恩格尔系数在2002年约为40%，到2012年降至36.9%。不过受广东省独特的饮食文化偏好的影响，恩格尔系数仍然高于苏、鲁、浙三省。在生存性支出比例大幅度降低的同

---

① 区位商，又称区域专业化率，是一种很好地反映区域分工的基本格局和区域比较优势的指示。它等于地区某行业产值占本地区所有产业总产值比重除以全国相应行业产值占全国所有产业的总产值比重。

广东省经济发展报告（2015）
全球经济分化和三期叠加下的广东经济：预测、分析与对策

Guangdong Economy in the Context of Global Economic Differentiation and Three Phase
Stack: Forecast, Analysis and Solution

时，城乡居民对住房、汽车、电脑、高档电器等消费品的需求更加普遍，耐用消费品的需求开始大幅增加。广东省人均耐用消费品支出从2002年的268元增长至2012年的453元，增长了70%，增幅高于浙江省，低于江苏省（见图2-2-11）。广东省城市消费开始进入以汽车和住房为主的重要阶段。从汽车需求来看，2013年汽车类消费持续改善，全年累计实现零售额2794.52亿元，增长16.2%，汽车工业也呈现出比较好的发展趋势。从城镇住房需求来看，保障性住房需求、改善性住房需求、投资性住房需求仍然在增加。

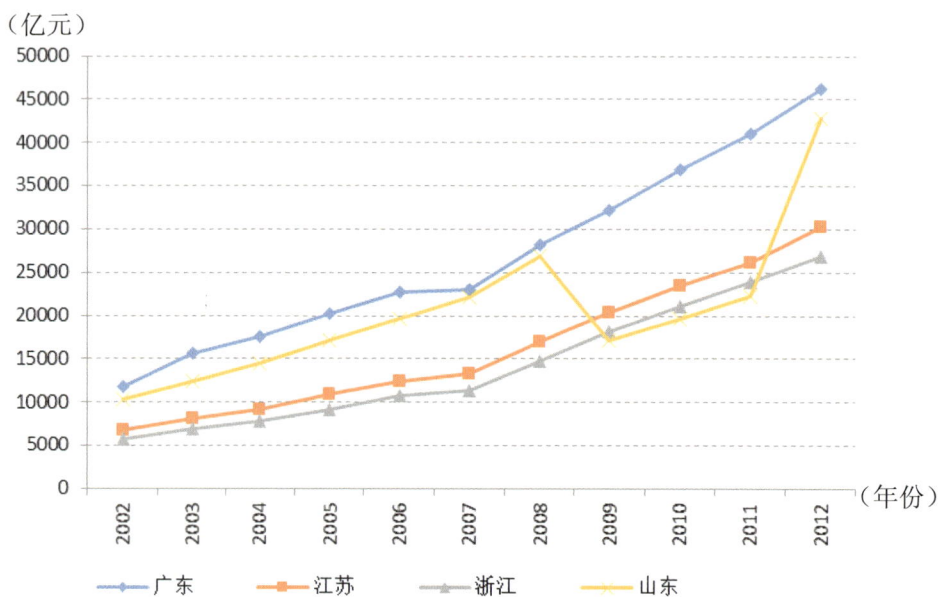

图2-2-8　四省城乡居民本外币储蓄余额

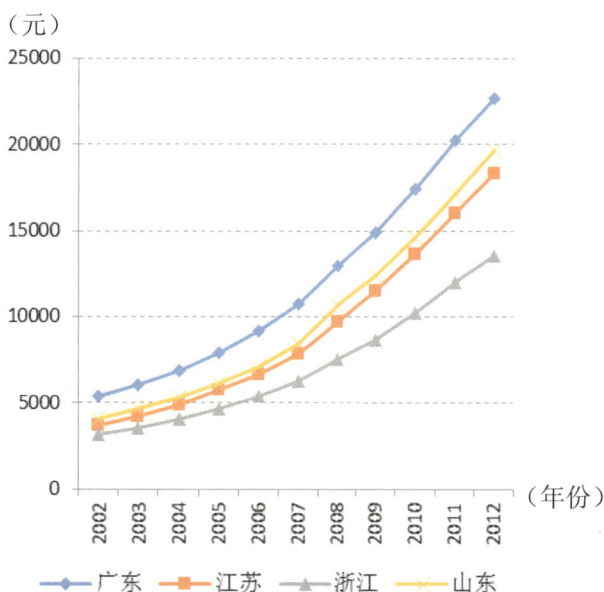

图2-2-9　四省城镇居民人均消费性支出

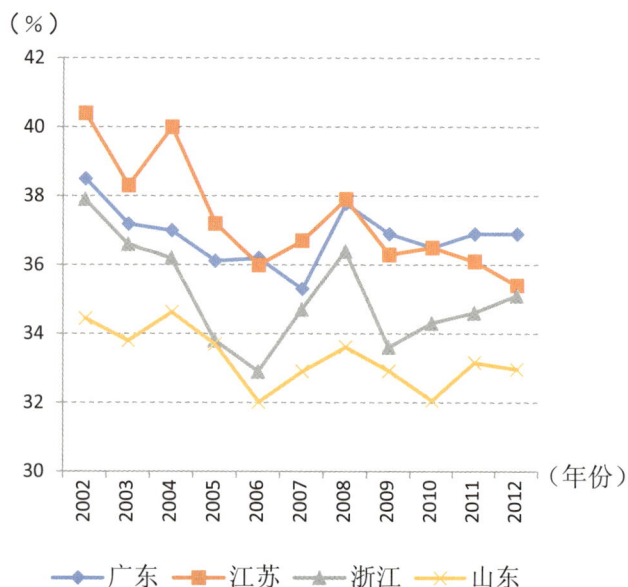

图2-2-10　城镇居民恩格尔系数

（元）

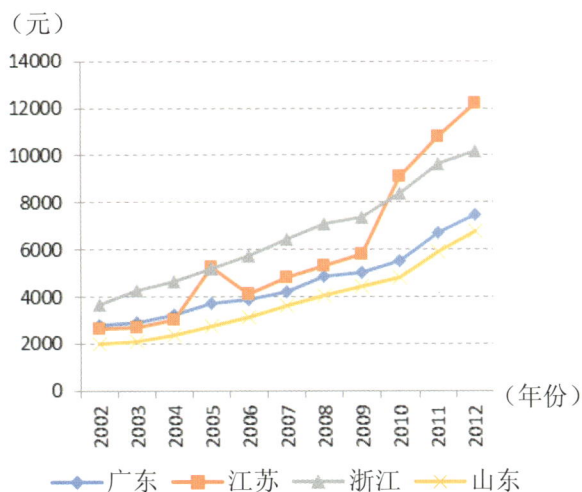

图2-2-11 四省农村人均消费性支出

同时，由于传统的二元经济结构矛盾和"三农问题"、消费环境和消费观念的影响，广东省农村市场增长缓慢。虽然广东省农村人均消费性支出从2002年的2825元上升至7459元，增长了2.64倍，如图2-2-11所示，但依然低于江苏省的12202元和浙江省的10208元，仅比山东省的6776元稍高，而且广东省农村居民恩格尔系数依然高达49.1%。"拥有七亿人口的中国农村，将是未来世界消费版图上的最大亮点"，若广东省能将农村消费潜力逐步释放，将对广东省形成消费主导格局产生巨大的影响。

最后，广东省消费实现了从私人产品消费向公共产品服务过渡的阶段。此前广东省家庭的支出主要是私人产品的支出，进入20世纪以来，家庭的支出开始逐步向教育、医疗等支出转变。由于教育、医疗、养老、就业、公共安全、基本住房、资源环境等公共产品的短缺，广东省政府公共服务投入总量明显增加。如图2-2-12所示，从医疗卫生支出、社保与就业和教育支出所占财政支出的比重来看，广东省从2002年的19.08%上升至35.43%，增加了16.35个百分点，而同期江苏省、浙江省和山东省增加了11.22个、11.47个和13.95个百分点。解决公共产品短缺时代的基本公共服务均等化对广东省发展方式转型将产生重大影响。

（%）

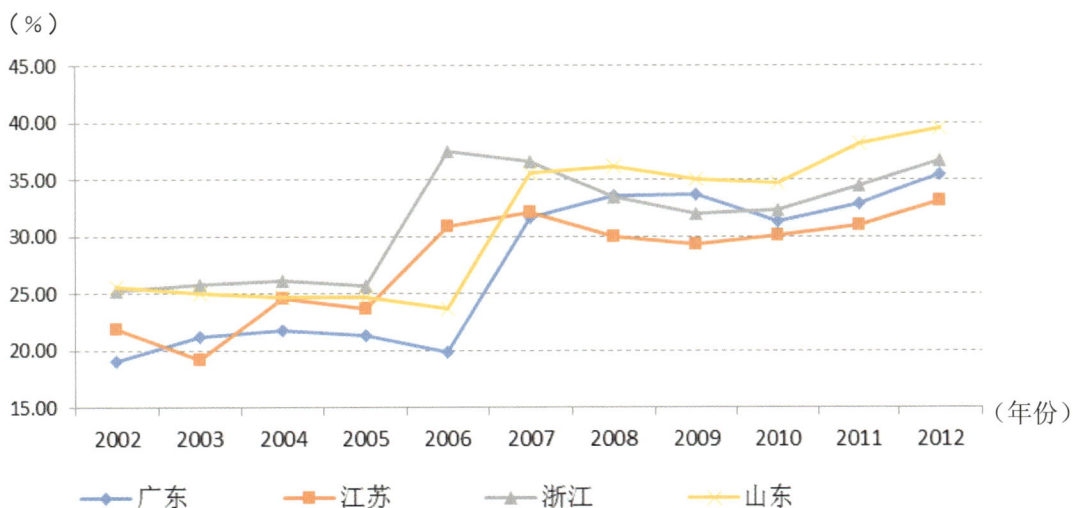

图2-2-12 四省公共服务支出比重

广东省经济发展报告（2015）
全球经济分化和三期叠加下的广东经济：预测、分析与对策

Guangdong Economy in the Context of Global Economic Differentiation and Three Phase
Stack: Forecast, Analysis and Solution

（3）从国际比较来看，广东省的消费率不仅低于韩国和我国台湾地区，也远低于同等发展水平的国家和地区

2012年广东省的最终消费占GDP的比重为51%，远远低于韩国和我国台湾地区72.4%的水平。台湾地区经过经济转型后，消费主导型经济日趋明显，即使是在金融危机的2008年和2009年，最终消费率依然保持在72%，最高的时候超过75%。和金砖四国的巴西、印度和俄罗斯相比（巴西是75.7%、印度是64.9%、俄罗斯是67%），广东省的消费率落后于金砖四国的其他三国15～20个百分点。针对这种情况，近年来广东省深入推进"广货全国行、广货网上行"，加强商业网点规划和公益性农产品批发市场建设，推进万村千乡市场工程升级改造和农超对接。

2.2.2 投资结构

广东省经济35年来的投资率较高，固定资本形成率几乎都在20%以上，1993年以后更是超过了30%。由于高速的投资，全省固定资本积累也表现出较快的增长速度，35年来年均增长13.38%，扣除价格水平上涨因素后年均增长7.72%。

国际经验表明，在人均GDP达到3000～5000美元时，投资出口对GDP的影响呈下降趋势，而广东省的情况并非如此。一方面，从资本形成总额占GDP的份额来看，广东省在高位维持震荡上升趋势，如图2-2-13所示，从2002年的35%上升至2012年的40%，提高了5个百分点，但是低于江苏省的50%、山东省的55%。不过与我国台湾地区的20%和韩国的29%的投资率相比，广东省经济结构失衡的问题依然很突出。另一方面，资本形成对GDP的贡献份额整体呈下降趋势，从2002年的50.2%下降至2008年的32%，由于2009年为了应对金融危机的影响，广东省积极配合中央政府的四万亿投资计划，全社会固定资产投资13353.15亿元，比上年增长19.5%，导致当年资本形成对GDP的贡献份额迅速增加了41.6个百分点，达到样本期的最高值73.6%，此后呈下降趋势，2012年降至42.5%，与江苏省持平，远低于山东省的60%。如图2-2-14所示，2002～2012年广东省资本形成总额对GDP的拉动增长率呈下降趋势，平均为4.9%，2012年仅为3.5%，低于江苏省的4.3%和山东省的6.0%。与发展水平相类似的省份相比，资本形成并不是广东省经济增长的最主要动力来源。

同时，将全社会固定资产细分为建筑安装工程、设备工具器具购置和其他，广东省建筑安装工程所占比重从2002年的61.85%上升至2012年的66.20%，其比例均高于苏、鲁、浙三省，如图2-2-15所示。房地产开发投资占城镇固定资产投资比重从2002年的33%下降至2012年的29.33%，分别高出江苏省和山东省近9个百分点和14个百分点，仅仅比浙江省低1个百分点，如图2-2-16所示。在国家房地产调控政策仍然没有松动的迹象的情况下，广东省房地产投资的表现将影响其他相关产业的回升。

民间投资、外源性经济投资保持快速增长。2009年在政府大规模投资和宽松货币政策的配合下，出现了国进民退和国有资本与民营资本争利的局面，部分国有资本大规模进入竞争性领域，挤出了社

会投资。广东省国有经济完成投资4206.45亿元，增长52.2%；而民营经济完成投资6958.25亿元，仅增长15.8%。2012年广东省国有经济投资4712.10亿元，同比增长7.1%；民间投资10177.28亿元，增长22.5%，比国有经济高出15.4个百分点。

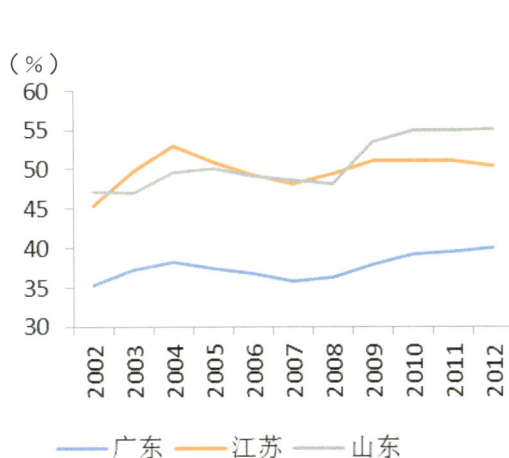

图2-2-13　三省资本形成所占GDP份额

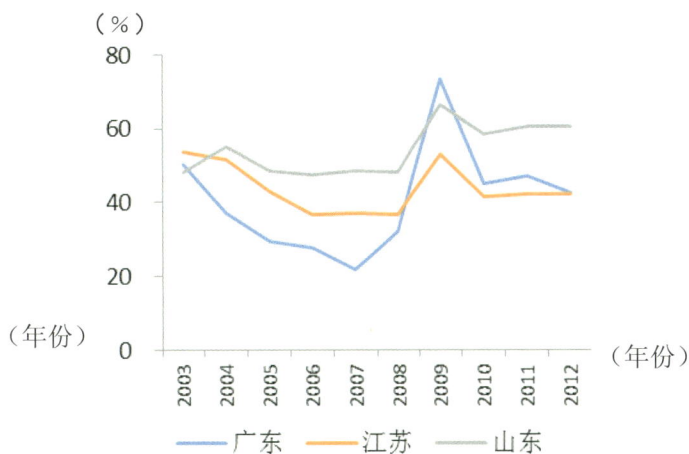

图2-2-14　三省资本形成的拉动系数

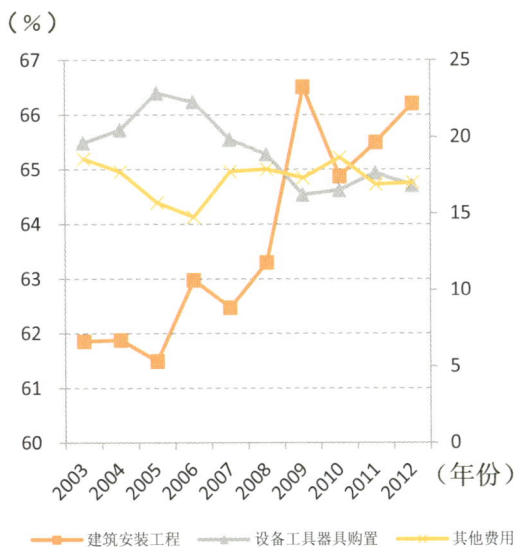

图2-2-15　广东资本形成细分项目

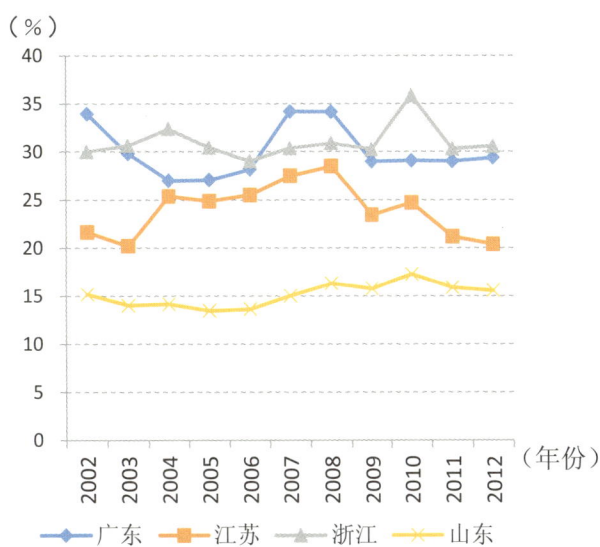

图2-2-16　房地产开发投资占城镇固定资产投资比重

2012年外源性经济投资为2935.69亿元，增长20.0%，增速比内资高出5.3个百分点，但利用效率低下。外资资本占全省全部固定资本存量比重，在1988～1997年从16%持续增长到45%，从1998年起持续下滑到2007年的10%。因此，当前扩大吸引外资力度已经不是关键，关键是要提高外资的利用效率。

2.2.3 进出口结构

改革开放三十多年来，广东省积极实施出口导向战略，已是名副其实的外贸大省。进出口额由1978年的16.7亿美元提高至2008年的9838.2亿美元，接近2012年世界货物贸易排行第8位的韩国的水

广东省经济发展报告（2015）

全球经济分化和三期叠加下的广东经济：预测、分析与对策

Guangdong Economy in the Context of Global Economic Differentiation and Three Phase
Stack: Forecast, Analysis and Solution

平，已连续27年居全国首位，占全国进出口总额的25.4%。

广东省经济外贸依存度高，外贸的经济拉动作用明显。如图2-2-17所示，广东省的外贸依存度虽然从2002年的136%下降至2012年的109%，依然高出江苏省40个百分点和山东省78个百分点，其中出口依存度为63%，进口依存度为45%。货物和服务净出口所占比重大约为12%，依然高于苏、鲁、浙三省。同时，广东省出口对经济增长有明显的推动作用，2002年高达128.7%，此后呈下降趋势，2012年依然保持在50%以上，而江苏省、山东省仅为3%和-0.7%。由此可见，广东省外贸依存度高于其他省份，外贸拉动GDP增长的作用比全国更明显，如图2-2-18所示。

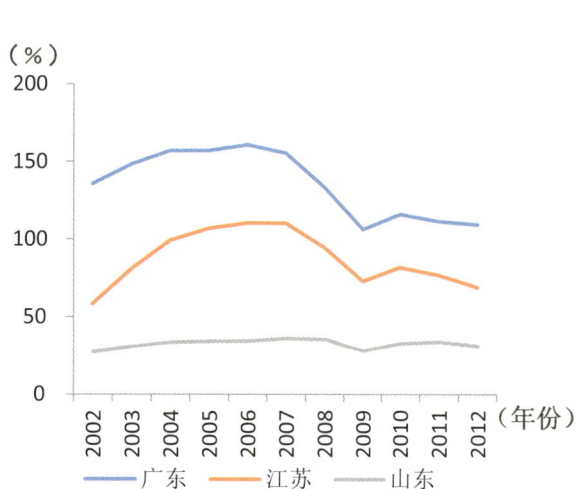

图2-2-17　三省外贸依存度

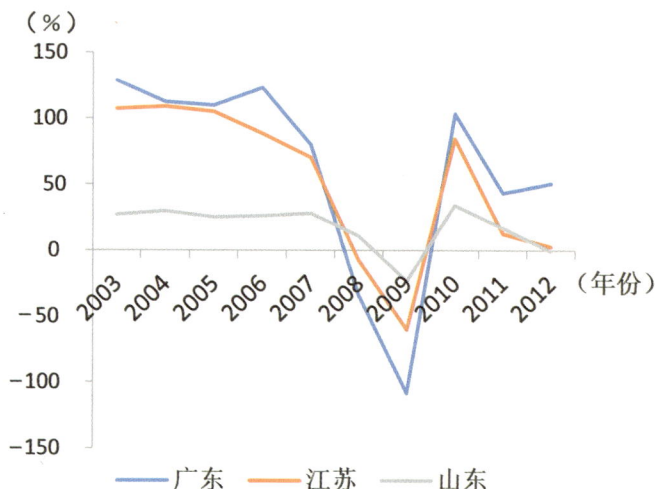

图2-2-18　出口拉动系数

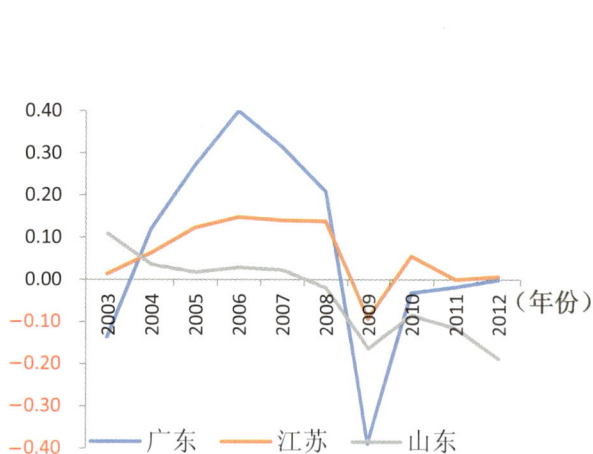

图2-2-19　三省净出口拉动系数

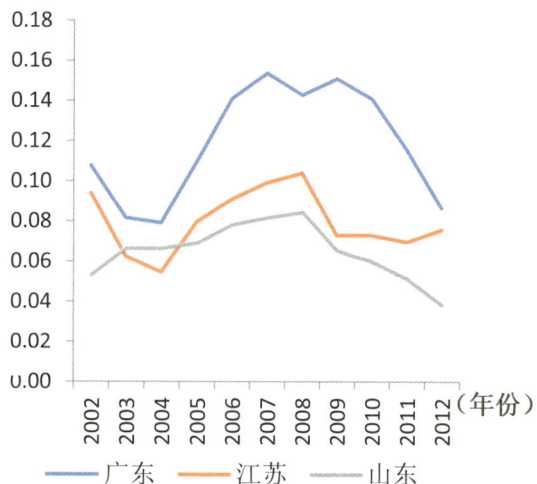

图2-2-20　三省净出口所占份额

更重要的是，出口导向战略的实施形成了极具特色的广东省发展模式，如图2-2-19及图2-2-20所示。20世纪90年代以来，广东省的外向型经济发生了三个重要变化：从主要依赖优惠政策、减税让利等为吸引外资的手段，向主要依赖改善软硬环境、提高综合竞争力转变；从主要依靠数量扩张，向规模、质量和效益并举转变；从主要是"引进来"，向"引进来"和"走出去"并举转变。

2.3 广东省产业结构分析

广东省产业结构体现出较为严重的非均衡性，主要表现为现代服务业发展相对迟缓，先进制造产业比重偏低。

本节首先构建了详细的分析指标体系，从而对广东省产业结构调整以及竞争力进行评价和分析。评价和分析的维度主要包括产业结构高级化程度、产业创新能力、产业可持续发展能力以及产业国际竞争力四个难度。通过对这四个维度的评价和分析，概括出广东省产业结构的现状，从而为产业合适度的选择和测算提供依据。

2.3.1 产业结构指标体系

本书以系统学的视角，从现代产业系统内部构成要素之间的相互关系着手，结合产业科学发展和现代产业体系的理念，综合考虑国际产业的发展规律及广东省产业发展的实际情况，从产业结构高级化程度、产业创新能力、产业可持续发展能力以及产业国际竞争力四个层面，构建广东省产业结构调整及产业竞争力评价指标体系。具体如表2-3-1所示。

表2-3-1　广东省产业结构调整及产业竞争力评价指标体系

评价内容	一级指标	具体指标
产业结构高级化程度	三次产业比例	农业增加值/工业增加值/服务业增加值
	现代服务业占比	现代服务业增加值/服务业增加值
	先进制造业占比	先进制造业增加值/制造业增加值
	高新技术产业占比	高新技术产业增加值/工业增加值
	农业现代化程度	农业劳动生产率
产业创新能力	技术开发投入	研发投入/GDP
	技术开发成果	发明专利数量
	创新人力资源	R&D人员/从业人员
产业可持续发展能力	生态协调性	万元GDP能耗
	劳动力素质	每万人口普通高校在校学生数
		每万人口中等职业教育在校学生数
	产业经济效益	营业盈余/GDP
	产业社会效益	城镇单位职工平均工资
产业国际竞争力	出口规模	贸易竞争指数（TC）
	出口结构	高新技术产品占出口产品比重

广东省经济发展报告（2015）
全球经济分化和三期叠加下的广东经济：预测、分析与对策

Guangdong Economy in the Context of Global Economic Differentiation and Three Phase
Stack: Forecast, Analysis and Solution

依据表2-3-1中的指标体系，结合对广东省产业发展主要指标的历史数据和现状数据的动态分析，以及与北京、上海、天津、江苏、浙江、山东等省市及国际先进国家（地区）的比较，具体分析广东省在产业结构调整及产业竞争力方面的优势与劣势。

2.3.2 产业结构高级化程度

（1）三次产业结构情况

改革开放以来，从广东省经济结构的整体发展趋势来看，产业结构调整基本顺着结构优化的路径前行：第一产业所占比例不断下降，第二产业、第三产业所占比例不断上升。

与此同时，近年来工业化进程加快，第二产业所占比重呈上升趋势，2003年为47.92%，到2008年这一比重提升到50.28%，但之后有回落趋势。第三产业所占比重从1979年的28.0%稳步上升，至近年比重相对稳定，到2012年为46.47%。详情见图2-3-1。

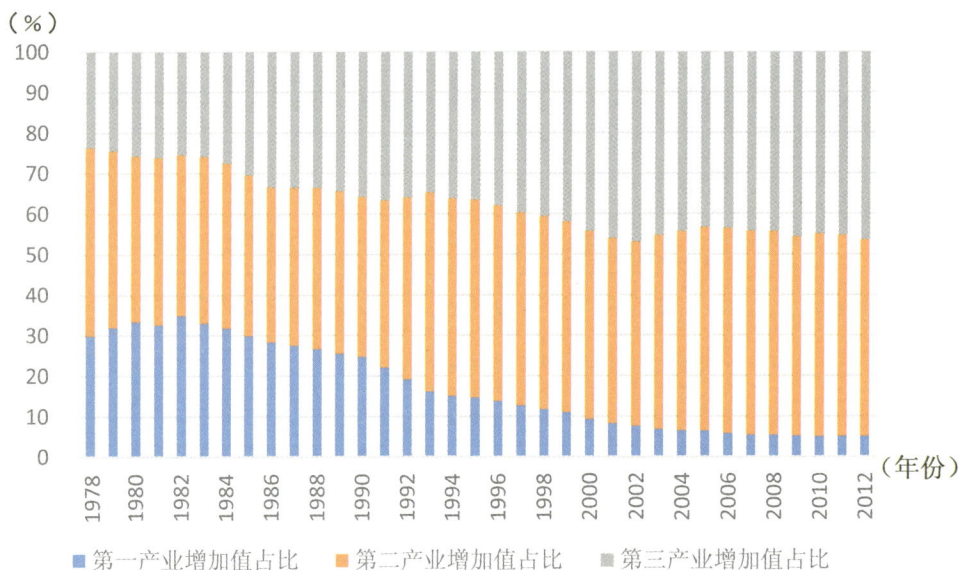

图2-3-1　1978~2012年广东省三次产业比重及变动情况

数据来源：历年《广东统计年鉴》。

然而，通过与国外先进国家的横向比较可以看出，广东省的三次产业比例与世界发达国家和地区的水平还存在较大的差距。与世界各国工业化过程的"一般模式"相比，广东省产业结构非均衡性特征十分突出。具体表现为第二产业比重过大、第三产业发展滞后等问题。首先，第二产业比重过大。目前，广东省人均GDP突破50000元，2012年达到54095元，相当于中等收入国家水平，但第二产业产值比重则比中等收入国家/地区高出近16个百分点。其次，第三产业严重滞后。相对于工业的快速发展，长期以来广东省第三产业无论是就业比重还是产值比重都严重滞后，与中等收入国家相比，产值

比重低出9.1个百分点，这与广东省的经济发展水平和工业化程度极不相称，如表2-3-2所示。

表2-3-2　2012年广东省产业结构与国内及世界部分地区比较

地区	第一产业比重	第二产业比重	第三产业比重
广东	5.00	48.50	46.50
北京	0.80	22.70	76.50
上海	0.60	38.90	60.50
江苏	6.30	50.20	43.50
浙江	4.80	50.00	45.20
山东	8.60	51.40	40.00
发达国家	1.30[1]	24.40[1]	74.30[1]
中等收入国家	9.70	34.70	55.60
中上等收入国家	7.40	35.90	56.70
美国	1.20[1]	20.00[1]	78.80[1]
中国香港	0.10[2]	7.40[2]	92.60[2]
日本	1.20[1]	27.40[1]	71.50[1]
韩国	2.60[1]	39.30[1]	58.20[1]
新加坡		26.60	73.40
德国	0.90[1]	28.20[1]	71.00[1]
英国	0.70[1]	21.70[1]	77.60[1]

注：①为2010年数据，②为2009年数据，其他为2012年数据。

数据来源：《国际统计年鉴》（2012）、《广东统计年鉴》（2012）、《江苏统计年鉴》、《浙江统计年鉴》、《山东统计年鉴》，国家统计局网站国际数据。

通过与国内先进城市的比较分析，可得出以下结论：广东省第三产业的比重处于中等水平，第三产业在经济中的比重低于北京市、上海市，高于江苏省、浙江省和山东省，但是考虑经济结构时不能本末倒置，不是追求结构就能够促进经济发展，结构只是经济发展的结果，提高和发展生产力仍然是主题，这就需要进一步利用和发展高生产力的现代产业。

（2）现代产业发展情况

现代产业稳步发展，在各个产业之中的占比逐渐提升，产业内部结构趋于优化。具体包括如下几个方面：

首先，从服务业内部构成来看，从2002年以来，广东省现代服务业发展较快，近三年在第三产业中的比重呈稳定趋势，在45%左右。但服务业整体上仍然处于以传统服务业为主的低端水平，商贸、房地产等传统服务业仍占主体，且大多是散、小、弱；金融、商务服务、信息服务等新兴现代服务业比重仍相对偏低（见表2-3-3），特别是生产性服务业的潜力没有充分发挥，而且结构低度化，缺乏国际竞争力。

与国内其他地区相比，广东省科学研究、技术服务和地质勘查业、金融业、信息传输、计算机服务和软件业与北京、上海等国内先进地区有着较大差距。

表2-3-3 广东省现代服务业在第三产业中所占的比重（%）

行业	2010年	2011年	2012年
交通运输、仓储和邮政业	8.81	8.67	8.93
信息传输、计算机服务和软件业	6.63	6.24	6.10
旅游业（住宿和餐饮业）	5.19	4.95	4.93
金融业	12.84	12.10	11.96
租赁和商务服务业	7.55	8.02	8.04
科学研究、技术服务和地质勘查业	2.34	2.27	2.25
文化、体育和娱乐业	1.36	1.36	1.24
合计	44.71	43.61	43.46

数据来源：历年《广东统计年鉴》。

其次，从发展趋势来看，广东省先进制造业中各个行业占工业增加值的比重有所下降，主要下降的部分是交通运输设备制造业；同时先进制造业占工业比重仍远远低于传统制造业的水平，且也低于上海、江苏、山东等国内先进地区的水平。具体而言，在广东省先进制造业中，仪器仪表及文化、办公用机械在制造业中所占比重高于国内其他先进地区，但不少细分行业都与先进地区的指标有一定差距，尤其是专用设备制造业和通用设备制造业的差距较大，见图2-3-2和表2-3-4。

工业尤其是高端制造业的发展和利用是生产力提高的基础，但对于一个省来说，经济发展在于利用好自己相对于其他省份的优势，找到或者培养出自己的相对优势现代产业。

最后，广东省高新技术产业增加值占工业增加值的比例在近年来出现了不稳定的变化趋势，其中2004年、2007年以及2011年都出现下降的情况。说明高新技术产业基础还不够稳固和扎实，并没有形成稳定的比较优势，见图2-3-3。

2.3.3 产业创新能力

广东省产业创新能力的现状可以概括如下：技术开发投入较低，创新人力资源偏弱，技术开发成果相对先进国家存在较大差距。下面将通过技术开发投入、创新人力资源以及技术开发成果三个维度来阐述广东省产业创新能力现状。

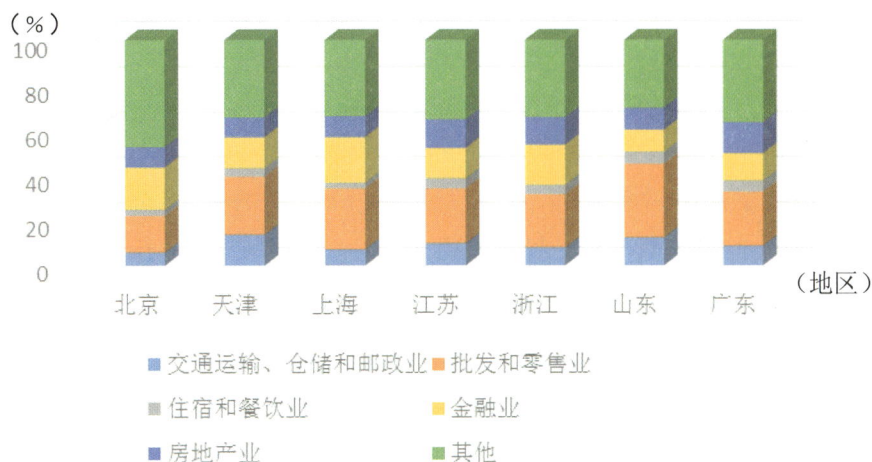

图2-3-2 广东省与国内部分先进地区服务业内部结构比较（2012）

数据来源：根据各省市2013年统计年鉴整理。

表2-3-4 广东省与国内部分省市先进制造业占工业增加值的比重（2012）

行业	广东			北京	上海	江苏	浙江	山东
	2010年	2011年	2012年					
化学原料和化学制品制造业	5.58	6.19	5.36	0.93	7.98	10.96	8.36	11.03
通用设备制造业	2.11	2.45	2.54	2.16	7.70	5.47	6.46	5.16
专用设备制造业	1.85	1.84	2.03	2.16	3.45	3.70	2.36	3.86
交通运输设备制造业	6.56	1.42	1.10	0.89	2.39	3.11	2.07	1.29
仪器仪表制造业	1.35	0.72	0.83	0.99	0.94	2.16	1.19	0.49
黑色金属冶炼及压延加工业	1.84	1.98	1.63	0.12	4.97	7.92	4.18	4.89
有色金属冶炼及压延加工业	2.19	2.07	1.89	0.26	1.43	2.81	3.63	4.24
合计	21.48	16.66	15.4	7.51	28.86	36.13	28.25	30.97

数据来源：根据各省市2013年统计年鉴整理。

广东省经济发展报告〔2015〕

全球经济分化和三期叠加下的广东经济：预测、分析与对策

Guangdong Economy in the Context of Global Economic Differentiation and Three Phase
Stack: Forecast, Analysis and Solution

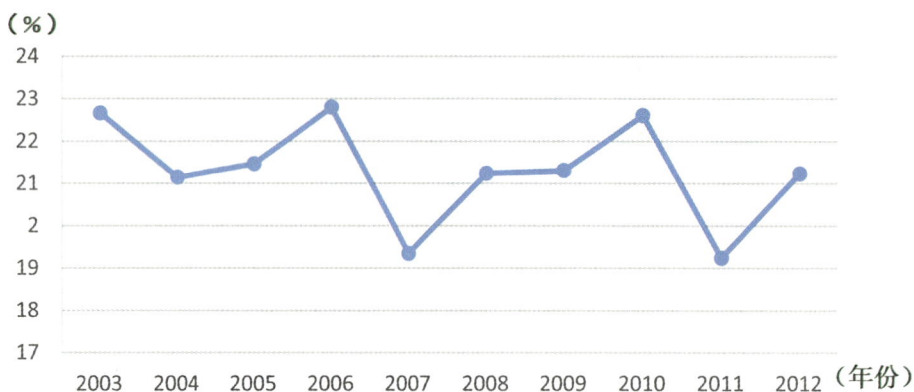

图2-3-3　2003～2012年广东省高新技术产业增加值占工业增加值的比重

数据来源：根据历年《广东统计年鉴》整理。

（1）技术开发投入

整体上看广东省的技术开发投入较低，虽然呈现增长的趋势，但是增长的速度并不是太快。

从横向比较来看，2012年广东省研发投入占GDP的比重为2.17%。约为北京市的1/3，与欧美、日韩等先进国家还存在着一定的差距，与先进国家高端科学技术研发地区相比差距就更大，见图2-3-4和图2-3-5。

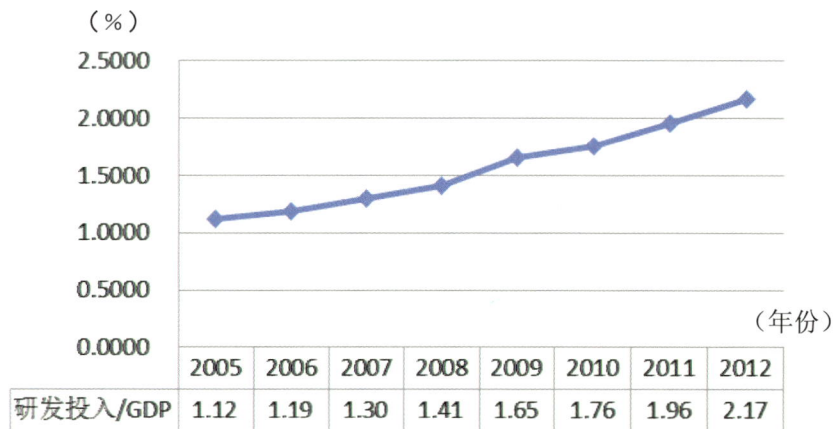

	2005	2006	2007	2008	2009	2010	2011	2012
研发投入/GDP	1.12	1.19	1.30	1.41	1.65	1.76	1.96	2.17

图2-3-4　2005～2012年广东省研发投入占GDP的比重情况

数据来源：根据历年《广东统计年鉴》整理。

（2）创新人力资源

广东省创新人力资源偏弱，制约着自主技术研发。但是从图2-3-6可以发现，广东省创新人力资源比重不断增长，尤其是2009年后，出现了较大幅度的增长。

2012年，广东省R&D人员占从业人员的比重比2006年几乎翻了一倍。但这一指标仍然落后于北京、上海等先进地区。

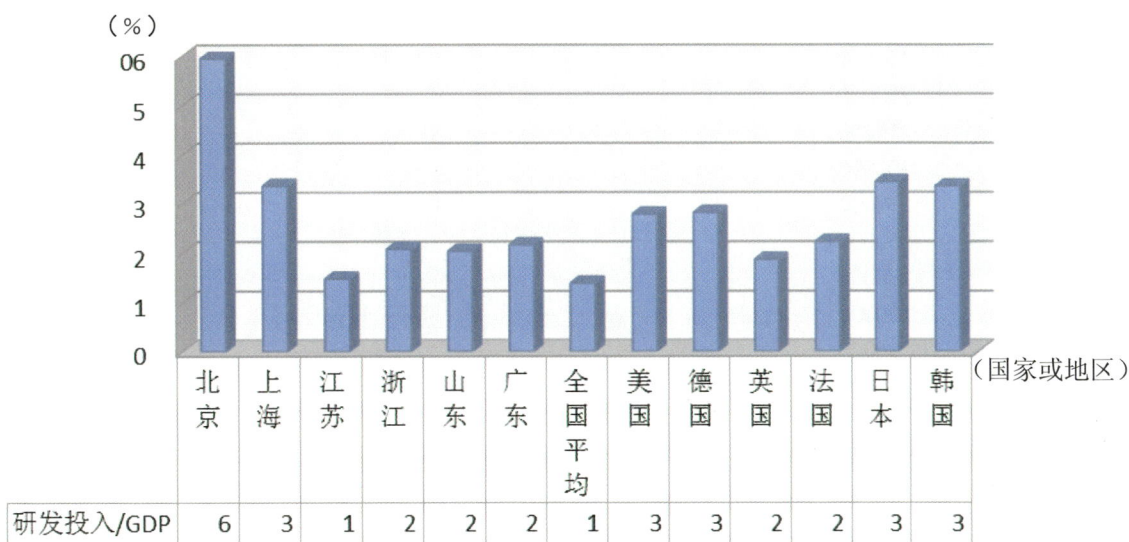

图2-3-5　广东省与国内外先进地区与国家研发投入情况比较

数据来源：根据《广东统计年鉴2013》、《中国统计年鉴2013》、《国际统计年鉴2012》整理。

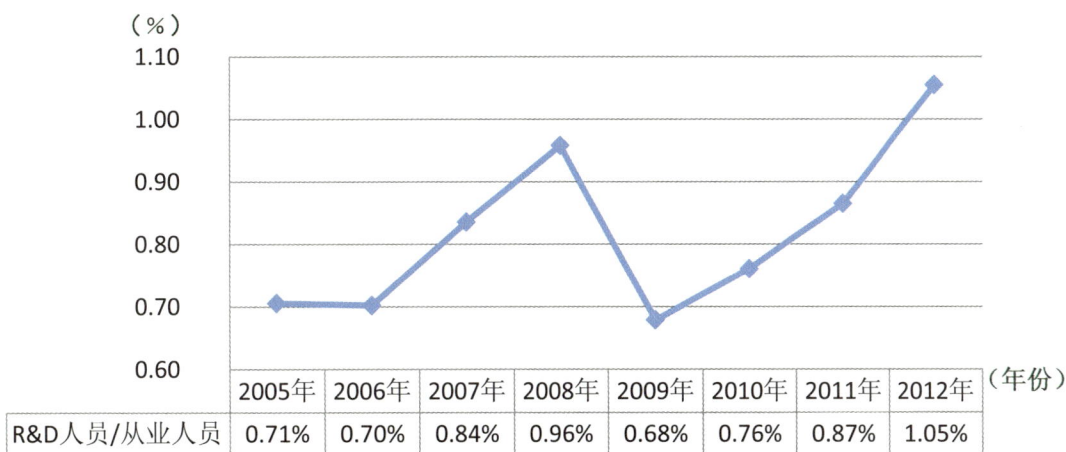

图2-3-6　2005～2012年广东省创新人力资源情况

数据来源：根据历年《广东统计年鉴》整理。

（3）技术开发成果

总体而言，广东省技术开发成果显著，专利申请数量逐年增加，近年增速有所扩大。见图2-3-7。

广东省的技术开发成果呈现出较大幅度的增长，专利申请数量逐年增长，2012年广东省专利申请数量达229514个，高于北京、上海、山东等省市（见图2-3-8）。在专利授权数量方面，广东省专利授权数量为153598个，高于北京、上海、山东等省市，略低于浙江，但与欧美、日韩等先进国家相比还存在着很大的差距（见图2-3-9）。

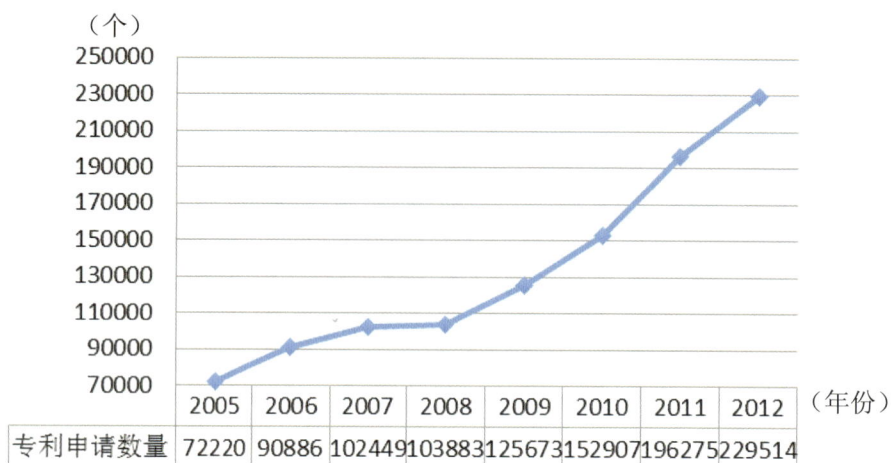

年份	2005	2006	2007	2008	2009	2010	2011	2012
专利申请数量	72220	90886	102449	103883	125673	152907	196275	229514

图2-3-7 2005～2012年广东省专利申请情况

数据来源：根据历年《广东统计年鉴》整理。

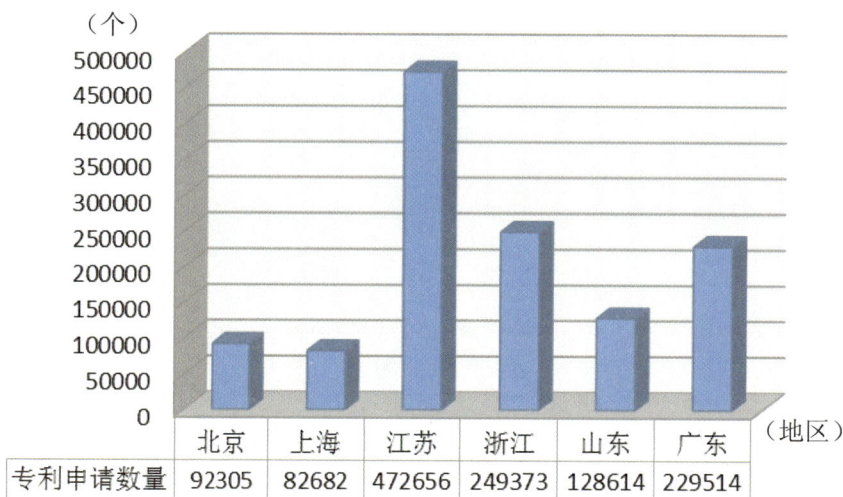

地区	北京	上海	江苏	浙江	山东	广东
专利申请数量	92305	82682	472656	249373	128614	229514

图2-3-8 广东省与国内其他先进地区专利申请情况比较

数据来源：根据《广东统计年鉴2013》、《中国统计年鉴2013》整理。

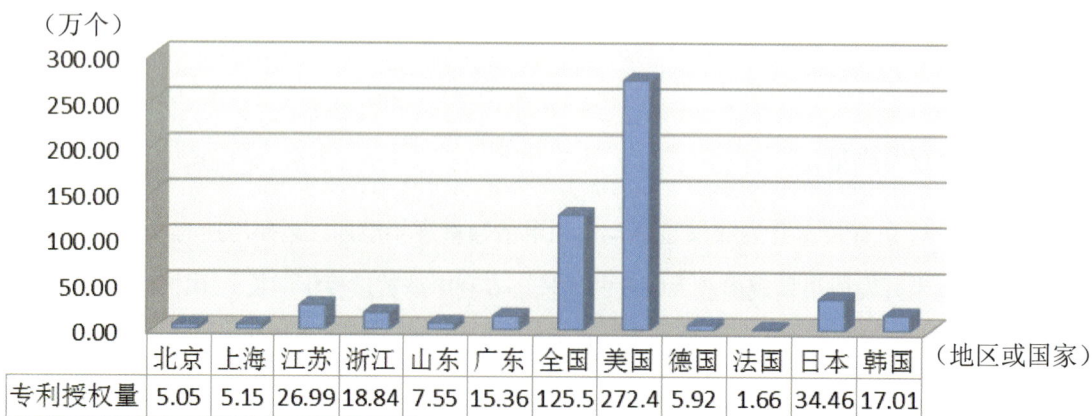

地区或国家	北京	上海	江苏	浙江	山东	广东	全国	美国	德国	法国	日本	韩国
专利授权量	5.05	5.15	26.99	18.84	7.55	15.36	125.5	272.4	5.92	1.66	34.46	17.01

图2-3-9 广东省与国内外先进地区与国家专利授权情况比较

数据来源：根据《广东统计年鉴2013》、《中国统计年鉴2013》、《国际统计年鉴2012》整理。

2.3.4 产业可持续发展能力

本小节将从产业生态协调性、劳动力素质、产业经济效益以及产业社会效益四个方面来阐述广东省产业可持续发展能力。

（1）产业生态协调性

从图2-3-10中可以看出，从2005年开始，广东省的单位GDP能耗基本呈逐年下降趋势，特别是2010年以来，在全省节能减排措施的推动下，单位GDP能耗有了大幅的下降，2012年，广东省万元GDP能耗为0.532吨标准煤，低于上海、江苏、浙江、山东等省市，略高于北京市。

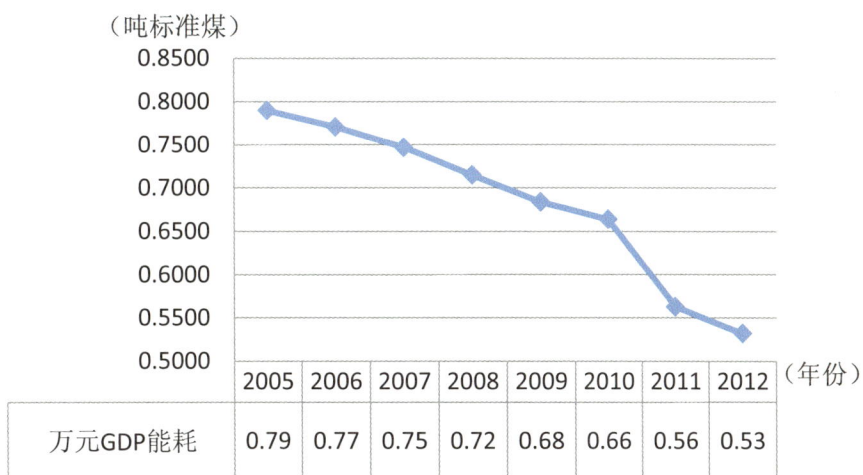

（吨标准煤）

	2005	2006	2007	2008	2009	2010	2011	2012
万元GDP能耗	0.79	0.77	0.75	0.72	0.68	0.66	0.56	0.53

图2-3-10 2005～2012年广东省万元GDP能耗情况

数据来源：根据历年《广东统计年鉴》整理。

（2）劳动力素质

总体来看，2005年以来，广东省劳动力素质不断提高，每万人口中普通高校在校学生和中等职业教育在校学生数逐年上升，除了2010～2011年略有下降外，其余年份增长速度均比较快。

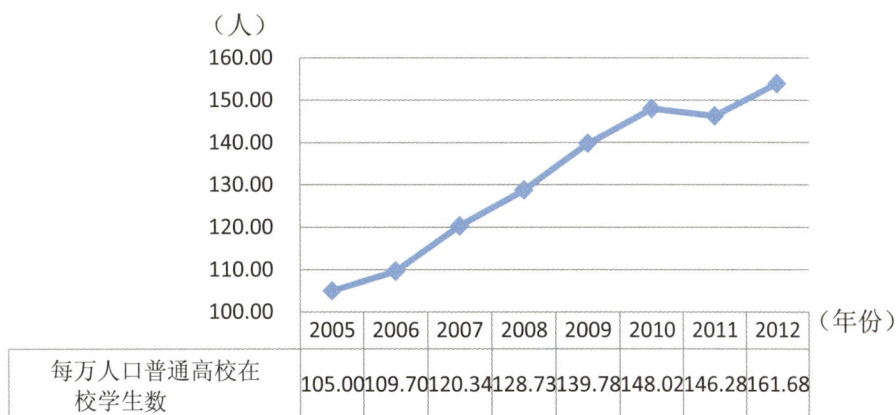

（人）

	2005	2006	2007	2008	2009	2010	2011	2012
每万人口普通高校在校学生数	105.00	109.70	120.34	128.73	139.78	148.02	146.28	161.68

图2-3-11 2005～2012年广东省每万人口普通高校在校学生数

数据来源：根据历年《广东统计年鉴》整理。

2012年，每万人口普通高校在校学生数为161.68人。与国内其他先进地区相比，高于北京市、上海市、浙江省，与江苏省、山东省旗鼓相当，见图2-3-12。

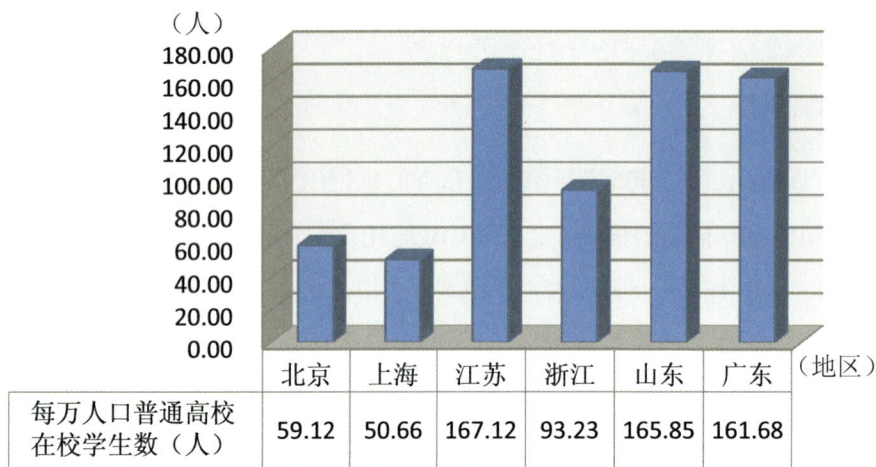

	北京	上海	江苏	浙江	山东	广东
每万人口普通高校在校学生数（人）	59.12	50.66	167.12	93.23	165.85	161.68

图2-3-12 广东省与国内其他先进地区每万人口普通高校在校学生情况比较

数据来源：根据《广东统计年鉴2013》、《中国统计年鉴2013》整理。

（3）产业经济效益

随着产业技术水平的不断提升和产业结构的日益优化，广东省产业经济效益也得到了不断提升，从2005年开始，广东省企业营业盈余占GDP的比重逐年提高。但从2010年开始，广东省企业营业盈余占GDP的比重下滑比较明显，2012年下滑至2006年的水平。

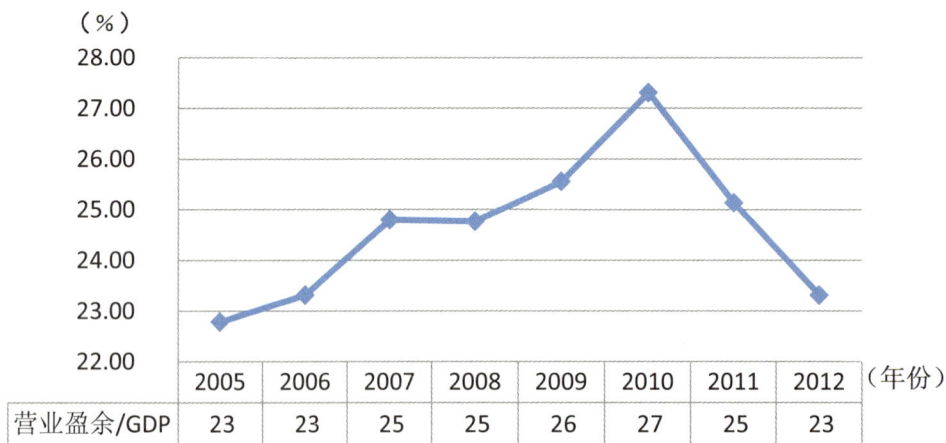

	2005	2006	2007	2008	2009	2010	2011	2012
营业盈余/GDP	23	23	25	25	26	27	25	23

图2-3-13 2005～2012年广东省产业经济效益情况

数据来源：根据历年《广东统计年鉴》整理。

2012年，广东省企业营业盈余占GDP的比重约为23.31%，高于北京市，低于上海市、浙江省、江苏省和山东省，因此仍需努力改善经济效益，提高产业的附加值。

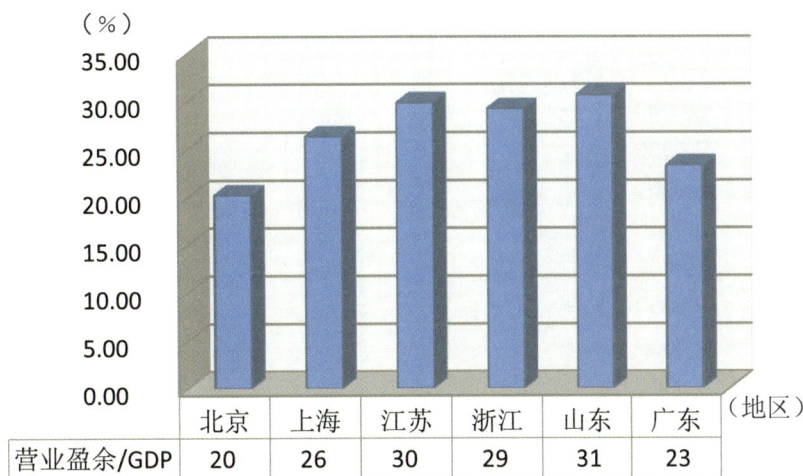

（%）

	北京	上海	江苏	浙江	山东	广东 |（地区）
营业盈余/GDP	20	26	30	29	31	23

图2-3-14 广东省与国内其他先进地区产业经济效益情况比较

数据来源：根据《广东统计年鉴2013》、《中国统计年鉴2013》整理。

（4）产业社会效益

随着产业经济效益的不断提升，广东省产业的社会效益也得到不断提高，从图2-3-15可看出，2005年以来，广东省城镇单位职工平均工资逐年提高，特别是2009年以来，提高较快。2012年广东省城镇单位职工平均工资为50577元，比2005年增长了两倍多。

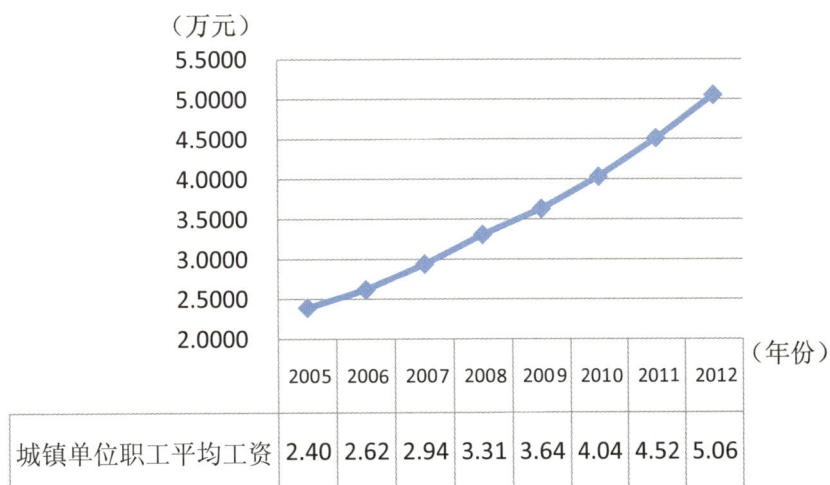

（万元）

	2005	2006	2007	2008	2009	2010	2011	2012 |（年份）
城镇单位职工平均工资	2.40	2.62	2.94	3.31	3.64	4.04	4.52	5.06

图2-3-15 2005～2012年广东省产业社会效益情况

数据来源：根据历年《广东统计年鉴》整理。

从图2-3-16可以发现，与国内其他先进地区相比，广东省城镇单位职工平均工资还处于较低的水平，远远低于北京市和上海市，因此，广东省产业的人力资源经济效率仍然亟待提高。

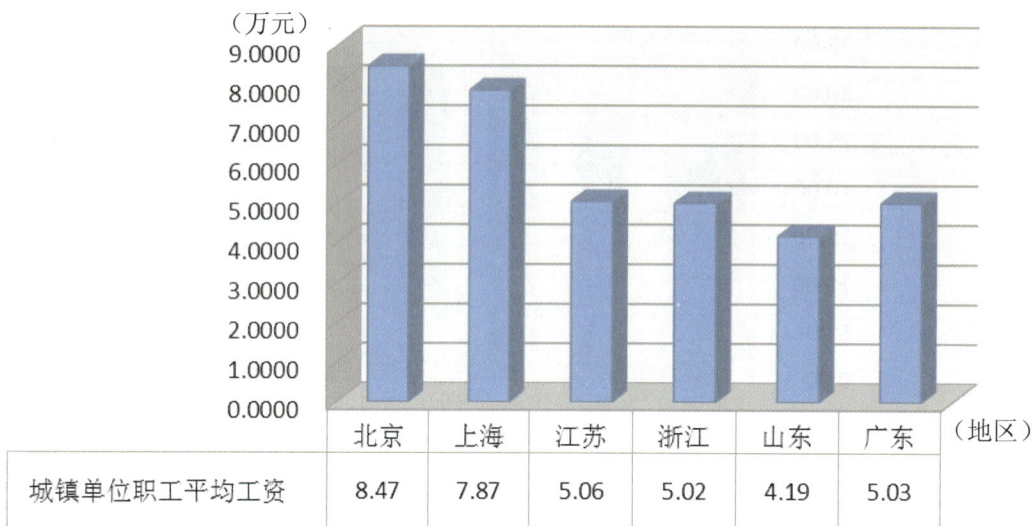

（万元）	北京	上海	江苏	浙江	山东	广东
城镇单位职工平均工资	8.47	7.87	5.06	5.02	4.19	5.03

图2-3-16 广东省与国内其他先进地区产业社会效益情况比较

数据来源：根据《广东统计年鉴2013》、《中国统计年鉴2013》整理。

2.3.5 产业国际竞争力

本小节将从产业出口规模和产业出口结构两个维度来对广东省产业国际竞争力进行分析。

（1）产业出口规模（贸易竞争指数）

我们采用贸易竞争指数来反映产业出口规模方面的竞争力。从图2-3-17可以看出，广东省的贸易竞争指数从2005年开始逐年增长，且增幅较大，但2008年之后又回落，至2010年后缓慢增长。

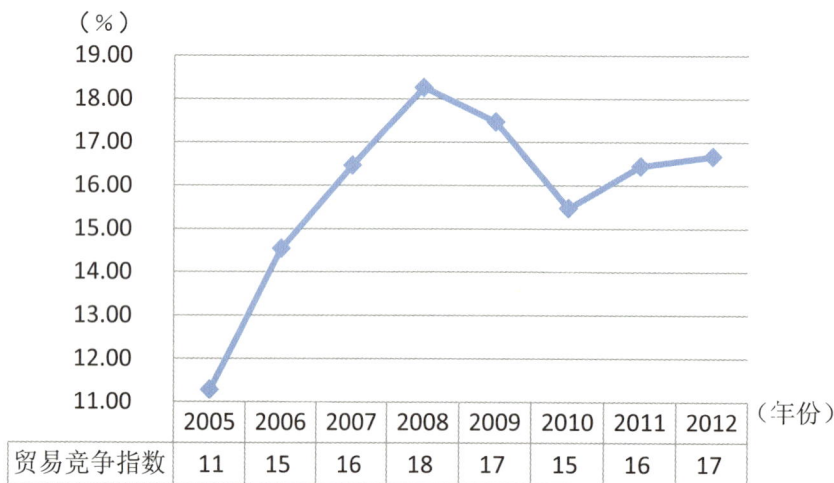

（%）	2005	2006	2007	2008	2009	2010	2011	2012
贸易竞争指数	11	15	16	18	17	15	16	17

图2-3-17 2005～2012年广东省贸易竞争指数

数据来源：根据历年《广东统计年鉴》整理。

从横向比较来看，广东省的该项指标也位于全国前列，可见广东省产业的出口规模较大，具备较强的出口规模优势，如图2-3-18所示。

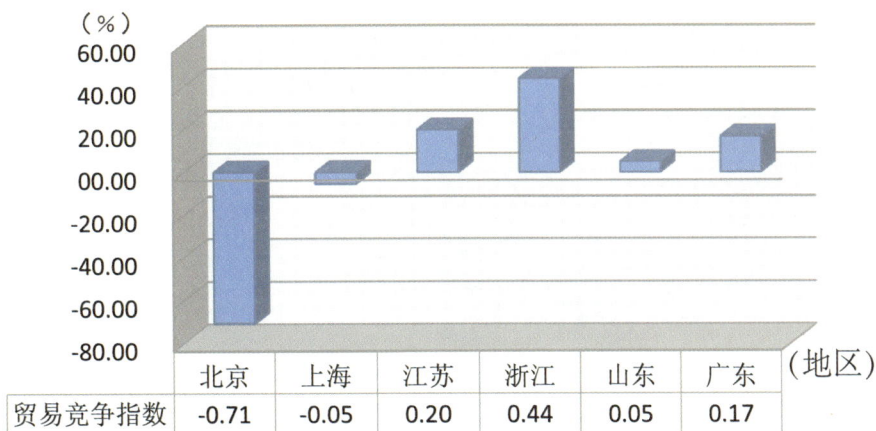

	北京	上海	江苏	浙江	山东	广东
贸易竞争指数	-0.71	-0.05	0.20	0.44	0.05	0.17

图2-3-18　广东省与国内其他先进地区贸易竞争指数比较

数据来源：根据《广东统计年鉴2013》、《中国统计年鉴2013》整理。

（2）产业出口结构

2000年以来，广东省产业出口结构得到不断优化，高新技术产品占出口产品的比重快速提高，位于全国前列，但广东省这一指标从2004年以来没有明显提高，且与上海还是有一定的差距，可见产业出口结构仍需进一步提升。

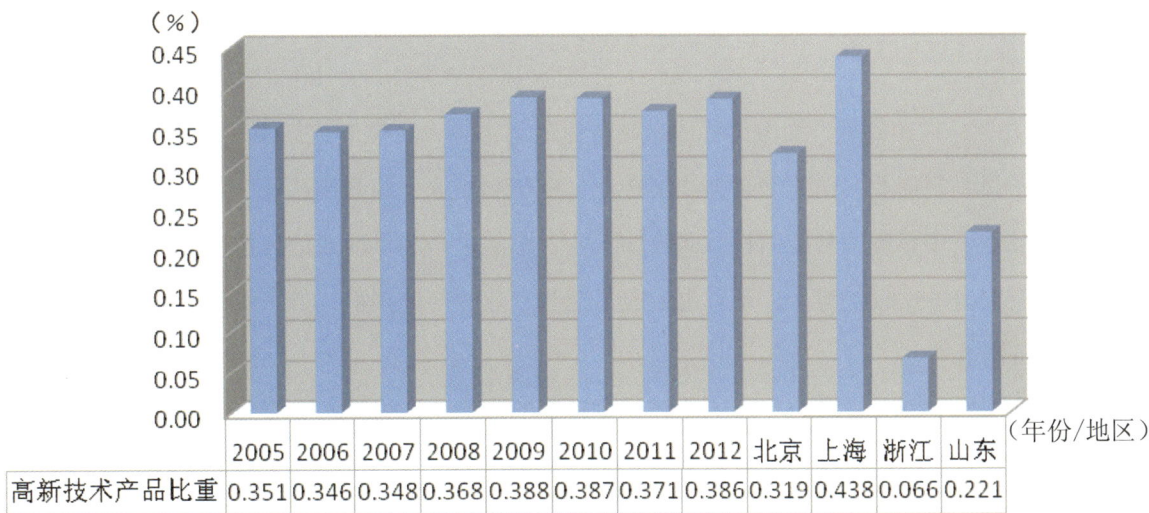

	2005	2006	2007	2008	2009	2010	2011	2012	北京	上海	浙江	山东
高新技术产品比重	0.351	0.346	0.348	0.368	0.388	0.387	0.371	0.386	0.319	0.438	0.066	0.221

图2-3-19　广东省与国内其他先进地区高新技术产品占出口产品比重的比较

数据来源：根据《广东统计年鉴2013》、《中国统计年鉴2013》整理。

2.3.6 制造业区位商

区位商（又称区域专业化率）是一种很好地反映区域分工的基本格局和区域比较优势的指标。它等于地区某行业产值占本地区所有产业总产值比重除以全国相应行业产值占全国所有产业的总产值比

广东省经济发展报告（2015）
全球经济分化和三期叠加下的广东经济：预测、分析与对策

Guangdong Economy in the Context of Global Economic Differentiation and Three Phase
Stack: Forecast, Analysis and Solution

重。一般来说，某地区某行业的区位商大于1，表示此地区该行业具有较强的竞争力。区位商越大则比较优势越显著。计算得出广东省工业各行业的区位商，形成广东省制造业行业区位图，见图2-3-20。

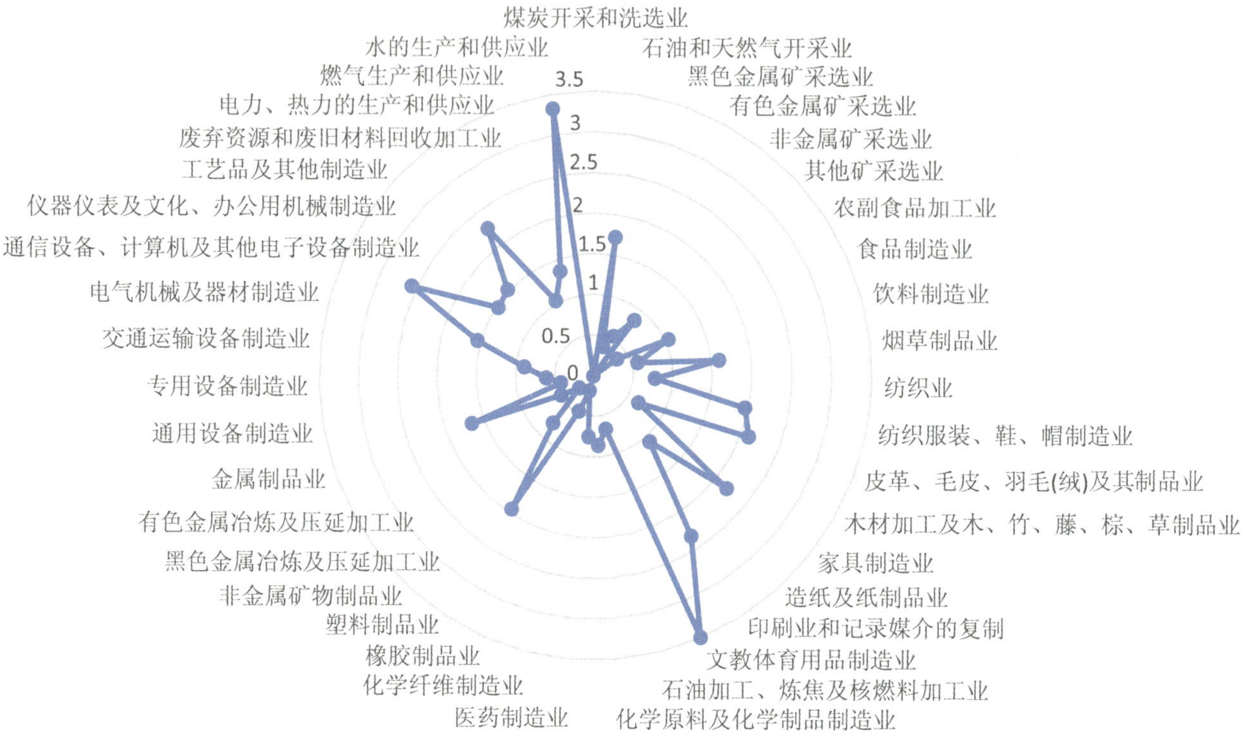

图2-3-20 广东省2011年区位商

数据来源：根据《广东统计年鉴2013》、《中国统计年鉴2013》整理。

首先，从图2-3-20可见，文教体育用品制造业最具优势，区位商达3.49。另外，通信设备、计算机及其他电子设备制造业、纺织服装鞋帽制造业、皮革制品业、家具制造业、印刷业和记录媒介的复制、塑料制品业、废弃资源和废旧材料回收加工业、水的生产和供应业的区位商也很大，说明这些行业在全国具有显著的比较优势。广东省也形成了这些产业的产业集群，如东莞的文体用品，深圳、惠州的通信设备制造等。

其次，从图2-3-20中还可以发现，比较优势较强的产业中很多是劳动密集型产业，如文教体育用品、家具制造、皮革制品业、印刷业和记录媒介的复制业等。这些产业一直是广东省的优势和特色，为广东省的经济发展做出了巨大贡献，在今后也将继续平稳发展，在广东省结构升级的过程中应重视它们的发展。

图2-3-21至图2-3-24是其他省份的制造业区位商图，横向比较，可以发现各省有各省的优势产业，我们要善于利用各省的优势产业，彼此互相取长补短，而不必趋同。

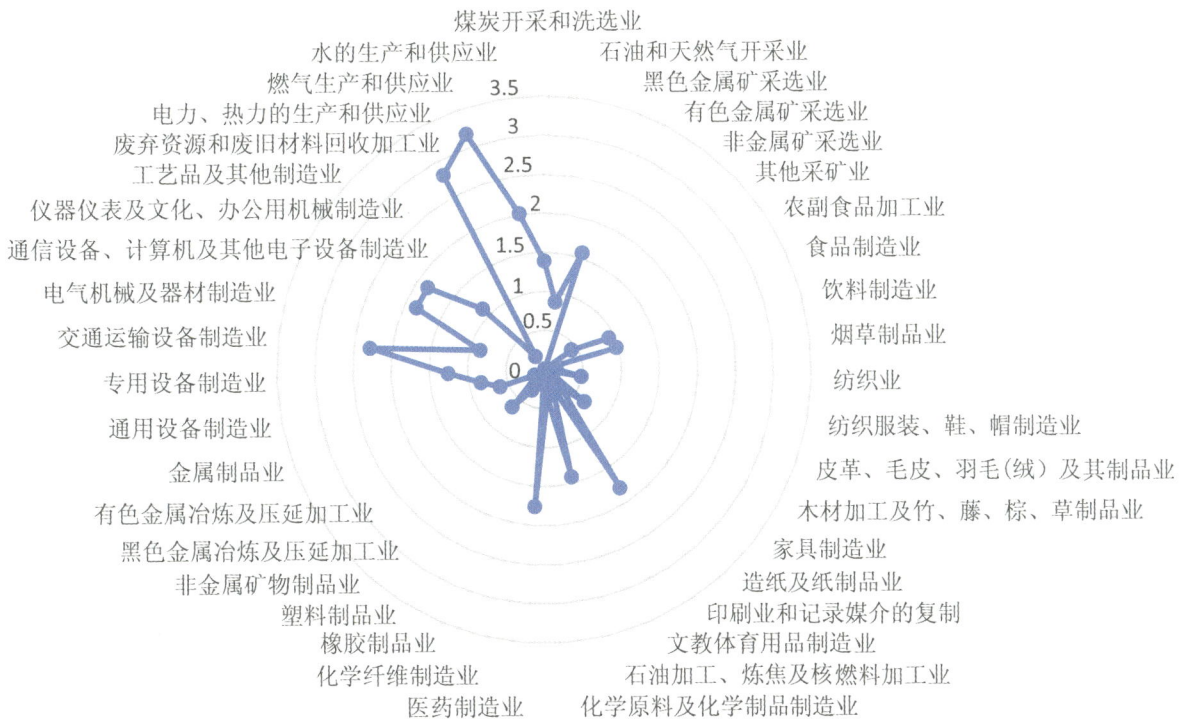

图2-3-21 北京市2011年区位商

数据来源：根据《北京统计年鉴2013》整理。

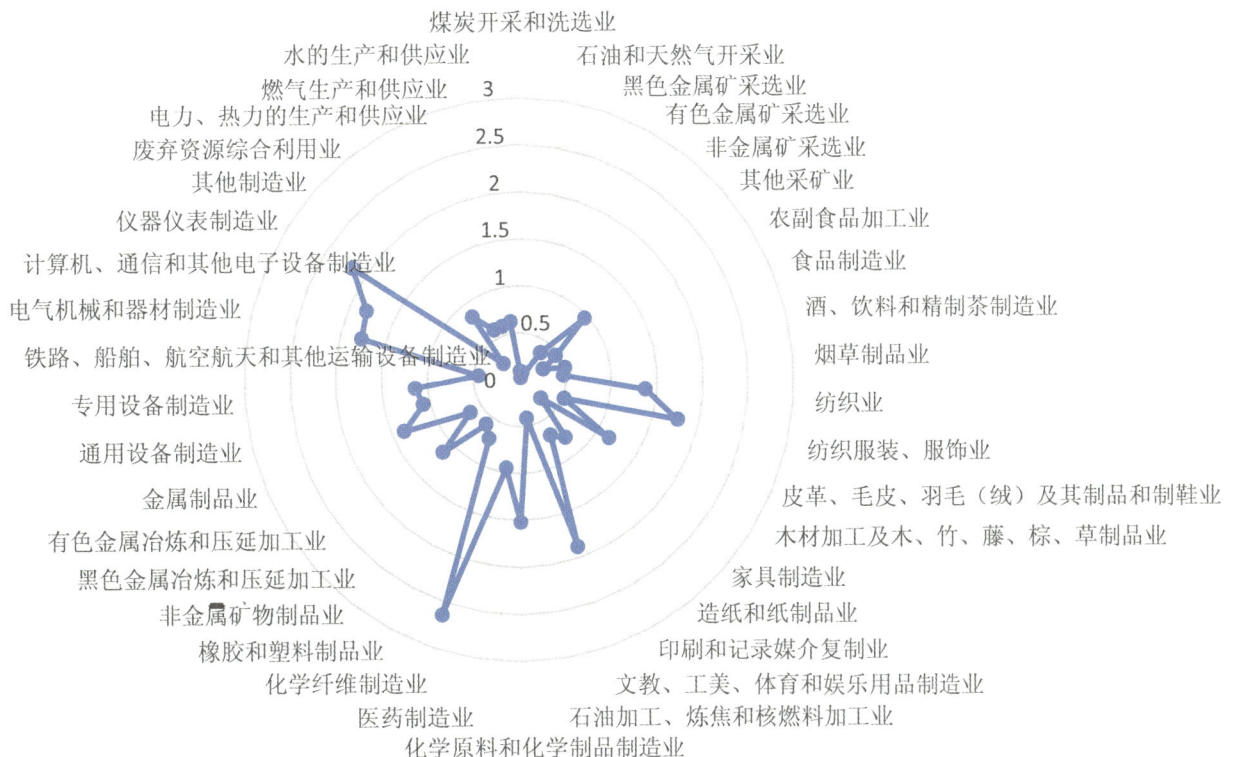

图2-3-22 江苏省2011年区位商

数据来源：根据《江苏统计年鉴2013》整理。

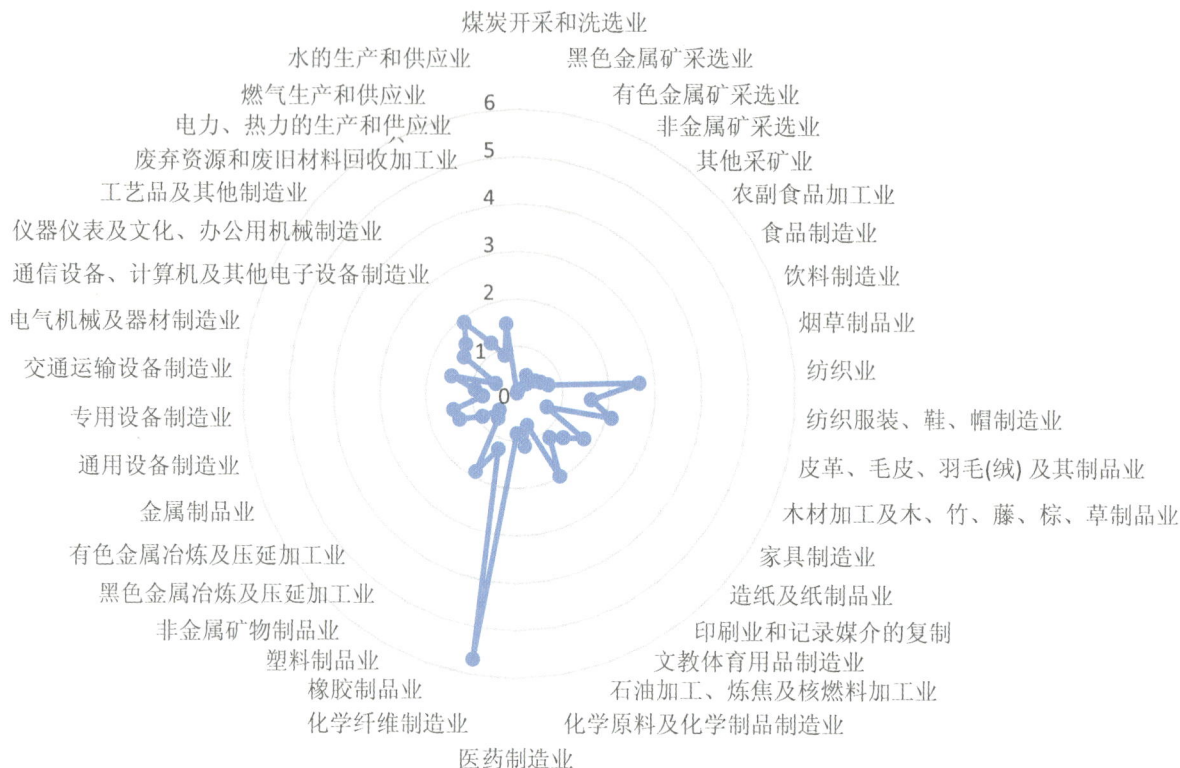

图2-3-23 浙江省2011年区位商

数据来源：根据《浙江统计年鉴2013》整理。

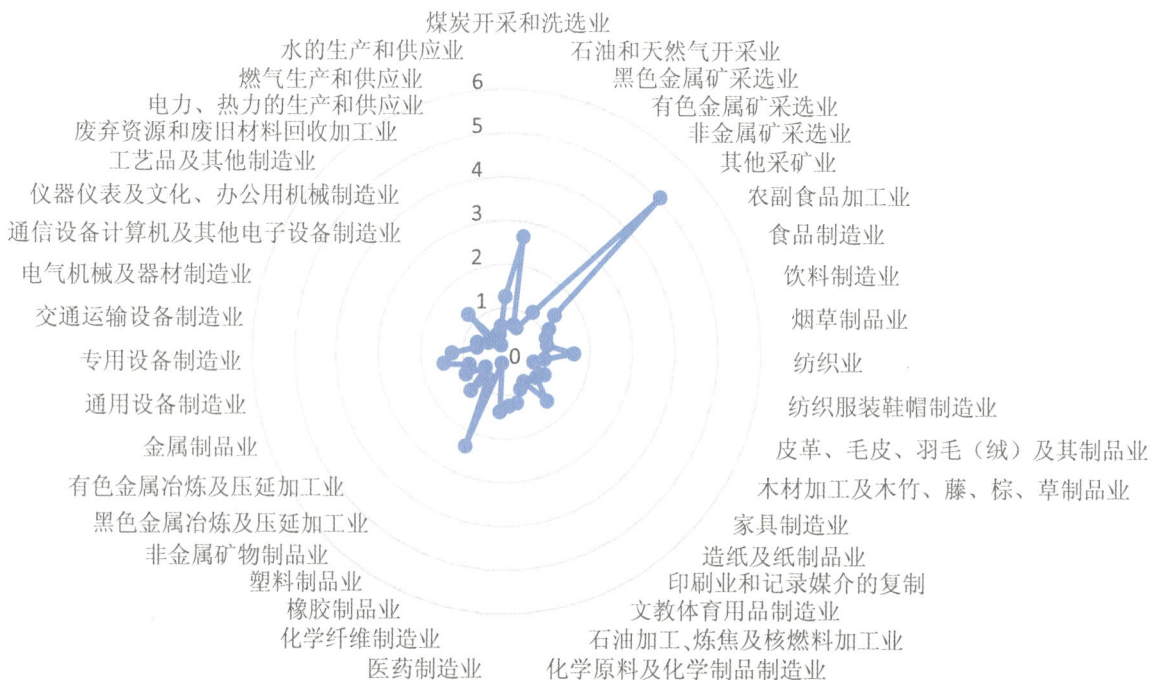

图2-3-24 山东省2011年区位商

数据来源：根据《山东统计年鉴2013》整理。

2.3.7 产业结构合适度

本节首先对技术（知识）、资本密集型产业与劳动者密集型产业进行界定；其次根据前面的分析，对广东省技术（知识）、资本以及劳动密集型产业发展的现状和趋势进行简要概述。

（1）技术（知识）、资本密集型产业与劳动者密集型产业的界定

劳动密集型产业是指主要依靠大量使用劳动力进行生产，而对技术和设备的依赖程度低的产业。其衡量标准是在生产成本中工资与设备折旧及研究开发支出相比所占比重较大。根据世界银行观点——若劳动生产率低于平均水平，则判定其为劳动密集型产业。

劳动密集型产业是一个相对范畴，在不同的社会经济发展阶段上有不同的标准。一般来说，目前劳动密集型产业主要指农业、林业及纺织、服装、玩具、皮革、家具等制造业。随着技术进步和新工艺设备的应用，发达国家劳动密集型产业的技术、资本密集度也在提高，并逐步从劳动密集型产业中分化出去。

技术密集型产业亦称知识密集型产业，主要是指以先进、尖端科学技术作为工作手段的生产部门和服务部门。其技术密集程度，往往同各行业、部门或企业的机械化、自动化程度成正比，而同各行业、部门或企业所用手工操作人数成反比。特点有：设备、生产工艺建立在先进的科学技术基础上，资源消耗低；科技人员在职工中所占比重较大，劳动生成率高；产品技术性能复杂，更新换代迅速。

资本密集型产业主要是指以资本为主要投入要素的产业。它一般包括需要较多资本投入的行业、部门，又称资金密集型产业。如冶金工业、石油工业、机械制造业等重工业。特点有：技术装备多、投资量大、容纳劳动力较少、资金周转较慢、投资效果不明显。同技术密集型产业相比，资本密集型产业的产品产量同投资量成正比，而同产业所需劳动力数量成反比。所以，凡产品成本中物化劳动消耗比重大，而活劳动消耗比重小的产品，一般称为资本密集型产品。需要注意的是，不少技术密集型产业同时也是资本密集度极高的产业。

为能准确量化分析以上三类产业的发展现状和趋势，本书以工业为代表来分析技术密集型工业、资本密集型工业和劳动密集型工业。根据OECD的相关标准和国家颁布的产业分类标准，结合广东省工业的实际，三类产业的具体分类构成如表2-3-5所示。

广东省经济发展报告（2015）
全球经济分化和三期叠加下的广东经济：预测、分析与对策

Guangdong Economy in the Context of Global Economic Differentiation and Three Phase
Stack: Forecast, Analysis and Solution

表 2-3-5　工业内部的三类产业具体分类

产业类型	行业
技术（知识）密集型工业	化学原料及化学制品制造业
	通用设备制造业
	专用设备制造业
	交通运输设备制造业
	仪器仪表及文化、办公用机械制造业
	电气机械及器材制造业
	通信设备、计算机及其他电子设备制造业
	医药制造业
资本密集型工业	石油加工、炼焦及核燃料加工业
	黑色金属冶炼及压延加工业
	有色金属冶炼及压延加工业
	电力、燃气及水的生产和供应业
	采掘业
劳动密集型工业	农副食品加工业
	食品制造业
	饮料制造业
	烟草制品业
	纺织业
	纺织服装、鞋、帽制造业
	皮革、毛皮、羽毛（绒）及其制品业
	木材加工及木、竹、藤、棕、草制品业
	家具制造业
	造纸及纸制品业
	印刷业和记录媒介的复制
	文教体育用品制造业
	橡胶制品业
	塑料制品业
	非金属矿物制品业
	金属制品业
	工艺品及其他制造业
	废弃资源和废旧材料回收加工业

（2）各种要素密集型产业的现状和发展趋势

为量化分析技术（知识）、资本以及劳动密集型产业的发展现状和变动趋势，本书拟结合工业内部的以上三种类型产业，分别从工业增加值贡献率、工业产值占比和从业人员占比来分析。

1）工业增加值贡献率。从图2-3-25可以看出，广东省技术（知识）密集型工业对GDP增长的贡献率基本居于三类产业之首，2012年达到48.67%，成为经济增长的主要推动力。数据也显示，广东省劳动密集型产业对经济增长的贡献率还是非常高的。同时需要注意的是，近几年来这三类工业对GDP增长的贡献率处于平稳状态，占比基本保持不变。

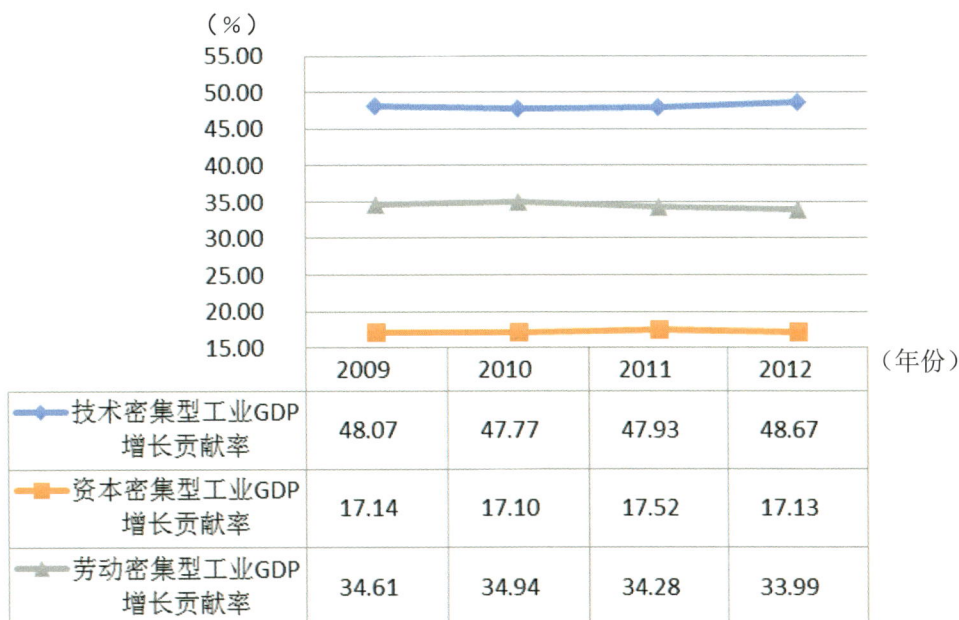

（%）

	2009	2010	2011	2012	（年份）
◆ 技术密集型工业GDP增长贡献率	48.07	47.77	47.93	48.67	
■ 资本密集型工业GDP增长贡献率	17.14	17.10	17.52	17.13	
▲ 劳动密集型工业GDP增长贡献率	34.61	34.94	34.28	33.99	

图2-3-25 广东省2009～2012年GDP增长贡献率

数据来源：根据《广东统计年鉴》（2010～2013）整理。

2）工业产值占比。近年来，技术、资本、劳动密集型产业在工业总产值中的比例相对比较稳定。技术密集型产业的占比超过50%，劳动密集型位居其次，占比在32%～33%，资本密集型工业则占比最低，只有15%～17%。从图2-3-26中工业总产值占比可以看出，广东省已经进入后工业化时期，技术密集型产业已占主导地位。需要说明的是，资本密集型工业的占比相对较低，这与产业分类有一定关系。如化学原料及化学制品制造业、医药制造业、交通运输设备制造业、通信设备与计算机及其他电子设备制造业等技术密集型工业，同时也是资本高度密集的行业。

3）从业人员占比。从从业人员来看，劳动密集型产业的从业人数最多，是解决目前广东省就业的重要途径之一。同时，技术密集型产业吸纳的从业人数也比较多，与劳动密集型产业相差仅10个百分点之内，这从一个侧面也反映了广东省不少技术密集型产业仍处于劳动密集型的加工组装环节。而资本密集型的从业人数最少。图2-3-27也显示，随着时间的变化，三类产业的比例趋于稳定。

（%）	2009	2010	2011	2012
技术密集型工业产值占比	51.27	50.61	50.47	50.66
资本密集型工业产值占比	15.34	15.57	16.34	16.29
劳动密集型工业产值占比	33.19	33.61	32.88	32.82

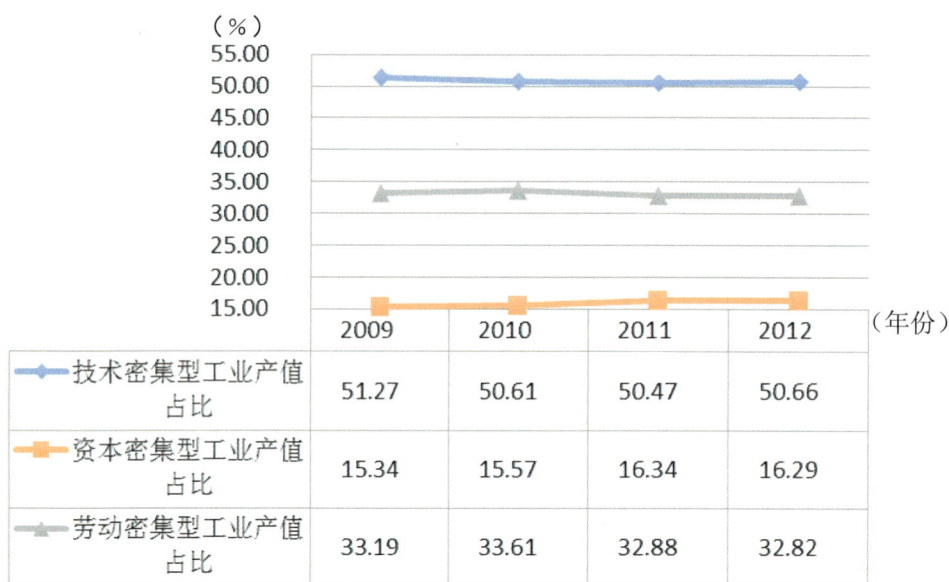

图2-3-26 广东省2009～2012年工业产值占比

数据来源：根据《广东统计年鉴》（2010～2013）整理。

（%）	2009	2010	2011	2012
技术密集型工业从业人员占比	44.88	46.06	48.41	49.27
资本密集型工业从业人员占比	3.97	3.93	4.38	4.41
劳动密集型工业从业人员占比	51.02	49.89	46.94	46.10

图2-3-27 广东省2009～2012年从业人员占比

数据来源：根据《广东统计年鉴》（2010～2013）整理。

（3）各种要素密集型产业合适度选择的基本方向

为进一步明确未来广东省技术、资本以及劳动密集型产业的合适度选择，本书以该产业产值总量增长率为指标，进一步考察2006～2012年以上三类产业的发展趋势，见图2-3-28。

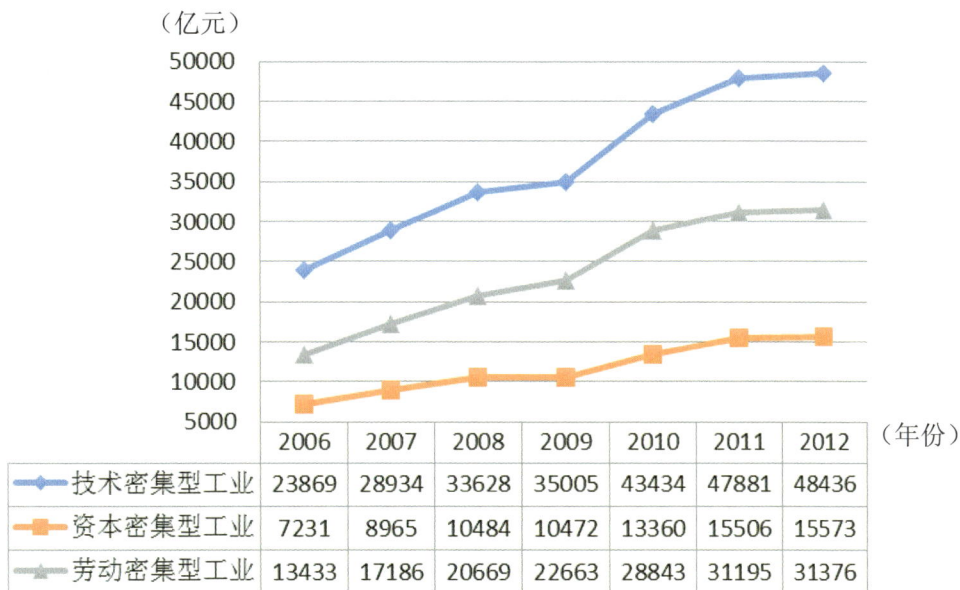

图2-3-28 广东省技术、资本以及劳动密集型产业近年工业总产值

数据来源：根据《广东统计年鉴》（2007～2013）整理。

	2006	2007	2008	2009	2010	2011	2012
技术密集型工业	23869	28934	33628	35005	43434	47881	48436
资本密集型工业	7231	8965	10484	10472	13360	15506	15573
劳动密集型工业	13433	17186	20669	22663	28843	31195	31376

由以上图表可以看出，从总量上来看，技术密集型工业具有最高的工业产值，其次是劳动密集型工业，最低的是资本密集型工业；但从增长率来看，劳动密集型工业最高，资本密集型工业和技术密集型工业居第2位、第3位。

2.4 广东省对外贸易分析

外贸一直都是广东省经济发展的主要引擎之一，是广东省未来经济增长不可忽视的重点领域。尽管目前的增长势头良好，但是必须承认这种逆周期的增长在很大程度上是刺激性政策使然。无论是从出口商品的结构和国别结构来看，还是从贸易方式上来看，超高的贸易规模并不能掩盖广东省对外贸易水平不高的尴尬事实。

2.4.1 对外贸易规模与增速

（1）进出口总额突破万亿元大关，稳居各省市首位

广东省是中国内地进出口规模最大的省份。1978年以来，进出口总值始终居全国第1位。2013年广东省外贸进出口总值为6.78万亿元人民币(折合10915.7亿美元)，年度进出口总值首次突破1万亿美元的大关，扣除汇率因素(下同)同比增长10.9%。该年广东省外贸占全国贸易总值的26.2%；其中出口6364亿美元，进口4551.7亿美元，顺差1812.3亿美元。将2012年广东省与沿海主要省市进出口规模进行对比，如图2-4-1所示。

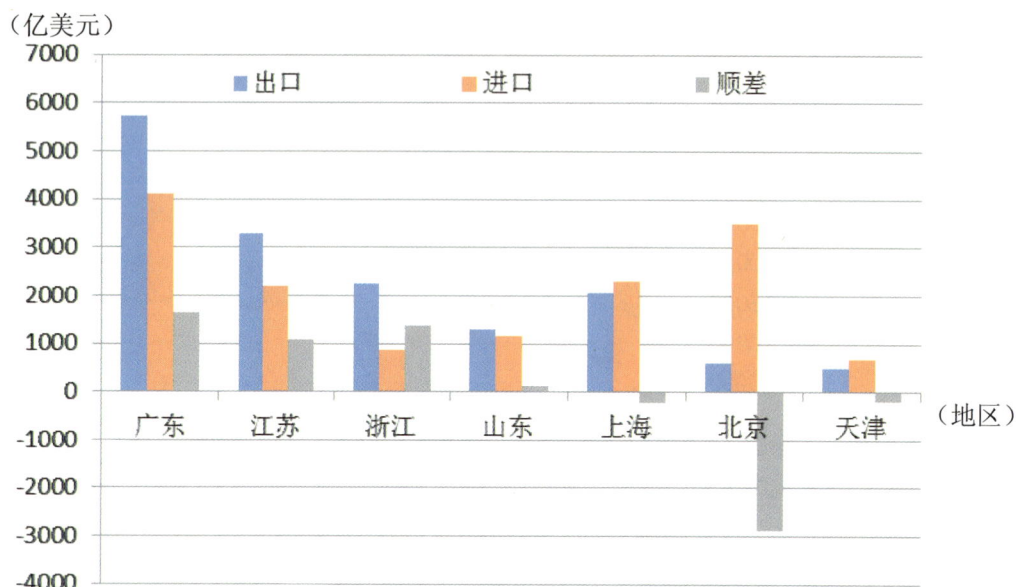

图2-4-1 2012年广东省与沿海主要省市进出口规模对比

从全国范围来看，广东省外贸进出口总额仍稳居各省市首位，占全国进出口总额的25.4%；进出口增幅比全国高1.5个百分点，其中，出口增幅与全国持平，而进口增幅比全国高3.1个百分点，一举扭转近年进口增速低于全国的局面。在全国外贸进出口总额排名前6位的省市中，广东省进口、出口增幅均领先，见表2-4-1及图2-4-2。

表2-4-1 2012年全国主要外贸大省（市）进出口情况

地区	进出口		出口		进口	
	总量（亿美元）	增速（%）	总量（亿美元）	增速（%）	总量（亿美元）	增速（%）
全国	38667.6	6.2	20489.4	7.9	18178.3	4.3
广东	9838.2	7.7	5741.4	7.9	4096.8	7.4
北京	4079.2	4.7	596.5	1.1	3482.7	5.4
上海	4365.4	0.2	2067.5	1.4	2298.0	0.8
江苏	5480.9	1.6	3285.4	5.1	2195.5	3.3
浙江	3122.3	0.9	2245.7	3.8	876.6	5.8
山东	2455.4	4.1	1287.3	2.4	1168.1	6.0

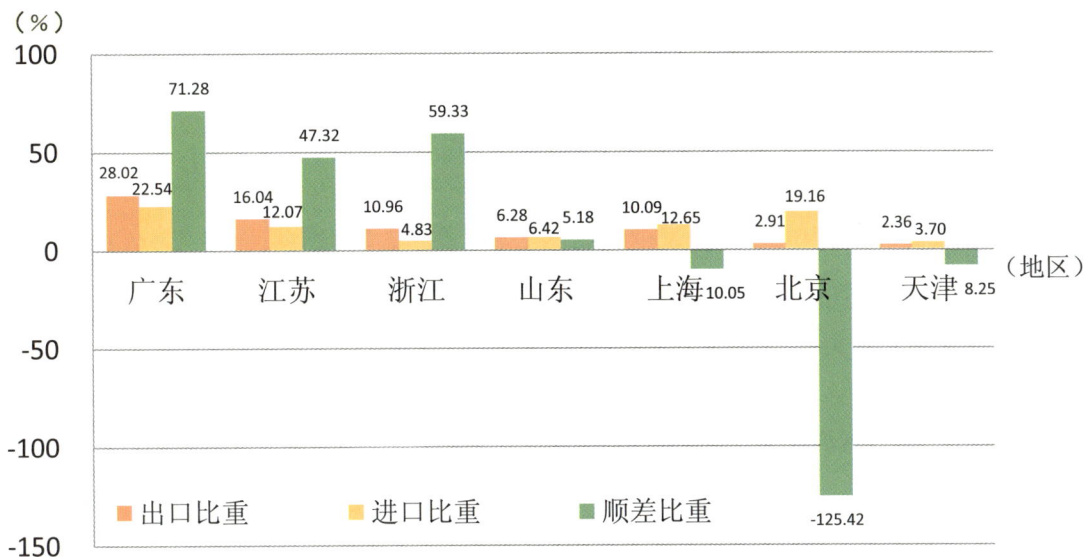

（%）

地区	出口比重	进口比重	顺差比重
广东	28.02	22.54	71.28
江苏	16.04	12.07	47.32
浙江	10.96	4.83	59.33
山东	6.28	6.42	5.18
上海	10.09	12.65	-10.05
北京	2.91	19.16	-125.42
天津	2.36	3.70	-8.25

图2-4-2 2012年东部主要省市进出口总值占全国比重

（2）一般贸易、加工贸易小幅增长，特殊监管区域物流货物进出口大幅增长

全年一般贸易进出口达3288.6亿美元，增长2.5%。其中，一般贸易出口达1903.4亿美元，增长3.5%；一般贸易进口达1385.2亿美元，增长1.1%。加工贸易进出口达5298.6亿美元，增长4.4%。其中，加工贸易出口达3249.5亿美元，增长4.3%；加工贸易进口达2049.1亿美元，增长4.4%。加工贸易中，来料加工贸易进一步萎缩，实现进出口总额达679.9亿美元，下降16.2%；进料加工贸易达4618.6亿美元，增长8.3%，增幅比全省进出口总体高0.6个百分点。

特殊监管区域物流货物进出口达796.1亿美元，大幅增长99.2%，拉动全省外贸进出口增长4.3个百分点，对全省外贸增长的贡献率为56.4%。

（3）私营企业进出口快速增长，外商投资企业进出口增长较缓，国有企业、集体企业进出口下降

私营企业进出口达2668.5亿美元，增长23.3%，增幅比全省总体高15.6个百分点，占全省进出口总额的27.1%，比重比上年提高3.4个百分点。其中，私营企业出口1660.8亿美元，增长26.0%，增幅比全省出口总体高18.1个百分点；私营企业进口达1007.6亿美元，增长19.1%，增幅比全省进口总体高11.7个百分点。

外商投资企业进出口达5711.8亿美元，增长3.9%，增幅比全省总体低3.8个百分点。其中，外商投资企业出口达3405.9亿美元、进口达2305.8亿美元，分别增长4.9%和2.4%。国有企业进出口933.5亿美元、集体企业进出口198.7亿美元，分别下降10.1%和18.6%。

广东省经济发展报告（2015） 全球经济分化和三期叠加下的广东经济：预测、分析与对策

Guangdong Economy in the Context of Global Economic Differentiation and Three Phase Stack: Forecast, Analysis and Solution

（4）与香港地区贸易快速增长，与欧盟、东盟、日本贸易下降，对非洲出口增长较快

与香港地区贸易进出口达2277.9亿美元，增长17.8%，增幅比前三个季度提高5.0个百分点，比全省进出口高10.1个百分点；与美国贸易进出口达1093.2亿美元，增长4.7%，增幅较前三个季度略有提高。与欧盟贸易进出口达948.0亿美元、与东盟贸易进出口达923.3亿美元，分别下降7.0%和0.9%。与日本贸易进出口达719.9亿美元，下降1.6%，降幅比前三个季度扩大1.2个百分点。其中，自日本进口451.5亿美元，下降6.7%；对日本出口达268.4亿美元，增长8.3%。与非洲贸易进出口达413.4亿美元，增长37.7%，增速高于同期广东省七大主要传统市场。

（5）机电产品、高新技术产品出口增长较快，传统劳动密集型产品出口乏力

广东全省机电产品出口达3894.6亿美元、高新技术产品出口（与机电产品有交叉，下同）达2213.8亿美元，分别增长9.3%和12.3%，增幅均高于全省出口总体。在高新技术产品中，光电技术产品出口达152.7亿美元、电子技术产品出口达316.4亿美元，分别大幅增长48.3%和58.1%；计算机与通信技术产品出口达1693.2亿美元，仅增4.3%。

在主要传统劳动密集型产品中，服装及衣着附件出口314.2亿美元，出口额与上年持平；鞋类出口137.7亿美元、纺织纱线织物及制品出口112.3亿美元、箱包出口70.0亿美元，分别下降3.6%、0.4%和1.9%；家具及其零件出口达154.1亿美元、塑料制品出口达76.5亿美元、玩具出口达78.4亿美元，分别增长3.3%、7.6%和3.0%。

（6）机电产品、高新技术产品进口稳步增长，原油、成品油、钢材、汽车进口下滑，农产品进口快速增长

机电产品进口达2452.0亿美元、高新技术产品进口达1859.5亿美元，分别增长8.3%和12.5%，增幅均高于全省进口总体水平。在高新技术产品中，生物技术产品、光电技术产品、生命科学技术产品进口增长较快，增幅分别为31.0%、27.7%和16.1%；计算机集成制造技术产品进口下滑，降幅为13.1%。

原油进口1191.4万吨、成品油进口423.4万吨，分别下降3.2%和32.9%；钢材进口456.4万吨，下降10.5%；汽车(包括整套散件)进口11056辆，下降29.7%。

农产品进口达138.2亿美元，增长15.3%。其中，粮食进口达36.9亿美元，大幅增长30.7%。

（7）惠州市、韶关市、汕尾市、深圳市、茂名市进出口增长加快，珠海市、中山市进出口下滑

深圳市进出口达4667.8亿美元、东莞市进出口达1444.1亿美元、广州市进出口达1171.3亿美元、佛山市进出口达610.6亿美元，分别增长12.7%、6.8%、0.8%和0.3%。惠州市进出口达495.0亿美元，增长

27.5%，增速领先全省各市。韶关市进出口达20.3亿美元、汕尾市进出口达28.4亿美元、茂名市进出口达10.4亿美元，分别增长14.3%、13.6%和12.6%。珠海市进出口达456.7亿美元、中山市进出口达335.2亿美元，分别下降11.6%和1.9%。

分区域来看，珠三角九市进出口达9432.0亿美元，增长7.9%，增速领先各区域；粤东四市进出口达201.5亿美元、粤西三市进出口达79.5亿美元、粤北山区五市进出口达125.2亿美元，分别增长2.3%、6.3%和5.5%。

（8）广东省外贸依存度高

外贸依存度反映了一个国家或地区对国际贸易的依赖程度。对外依存度是指一国(地区)进出口总额与其国内生产总值或国民生产总值之比，又叫对外贸易系数。一国(地区)对国际贸易的依赖程度，一般可用对外贸易依存度来表示，体现其经济增长对进出口贸易的依附程度，也是衡量其贸易一体化的主要指标。比重的变化意味着对外贸易在国民经济中所处地位的变化。

随着近年来中国参与经济全球化的程度的日益加深，对外贸易在国民经济中扮演着愈来愈重要的角色，进出口贸易对中国经济的促进作用也日趋明显。然而过度的对外贸易依存度，会加深中国经济的对外依赖程度，存在着一定的风险和隐患。一旦外部市场发生变动，尤其是当世界经济发生剧烈波动和国际政治出现重大事件时，将严重影响中国的经济发展和正常的经济秩序。作为改革开放窗口的广东省，是我国外贸依存度最大的省份，因而全球性金融危机对其影响是首当其冲的。广东省是中国内地外贸依存度最高的省份之一。1990年以来外贸依存度始终在100%以上，有些年份还超过180%。2012年为109%，比2011年降低2个百分点。除了上海市和北京市以外，远高于其他所有省份。江苏省、浙江省和山东省分别仅为76.6%、62.6%和32.2%，如图2-4-3及图2-4-4所示。

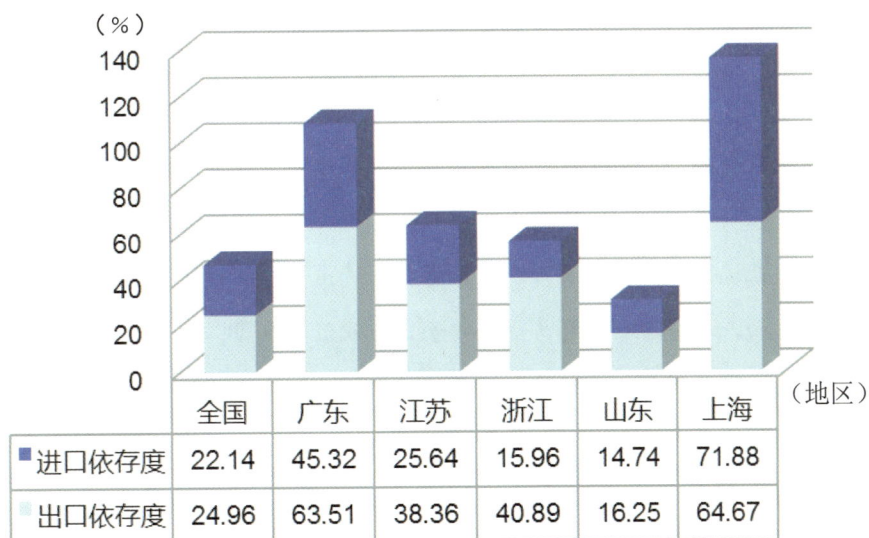

（%）	全国	广东	江苏	浙江	山东	上海
进口依存度	22.14	45.32	25.64	15.96	14.74	71.88
出口依存度	24.96	63.51	38.36	40.89	16.25	64.67

图2-4-3 2012年广东省与各省市外贸依存度对比

广东省经济发展报告（2015）
全球经济分化和三期叠加下的广东经济：预测、分析与对策

Guangdong Economy in the Context of Global Economic Differentiation and Three Phase
Stack: Forecast, Analysis and Solution

广东省对外依存度高于其他省市是由地理位置、自然资源、历史渊源、国家政策等多项原因造成的。首先，广东省经济是典型的外资经济，对外贸易总额稳居各省市首位。"当GDP维持在一个相对稳定的增速时，对外贸易的增速越高，对外依存度也越大"，而这就是广东省外贸依存度"居高不下"的原因之一。其次，过大比重的加工贸易增加了广东省对外的依存度。广东省地理条件优越，交通便利，吸引全国各地的手工制造者来此工作，而丰富的廉价劳动力为加工贸易提供了肥沃的土壤。同时，广东省原材料相对缺乏，加工贸易中来料加工当属首选，即由外商提供全部或部分原料、材料、辅助材料，制成品交外商销售，加工企业只收取加工费，因此，这一进一出并没有在国内产生过多的附加增值，但却需要加以汇总算入GDP的进出口部分，使得外贸依存度明显有虚增的成分。另外，广东省靠近海洋，航道可通五大洲，历史上就曾经作为中国经贸发达地区，清朝时即闻名海内外。这一历史传统也是今天广东省对外依存度高的原因之一。

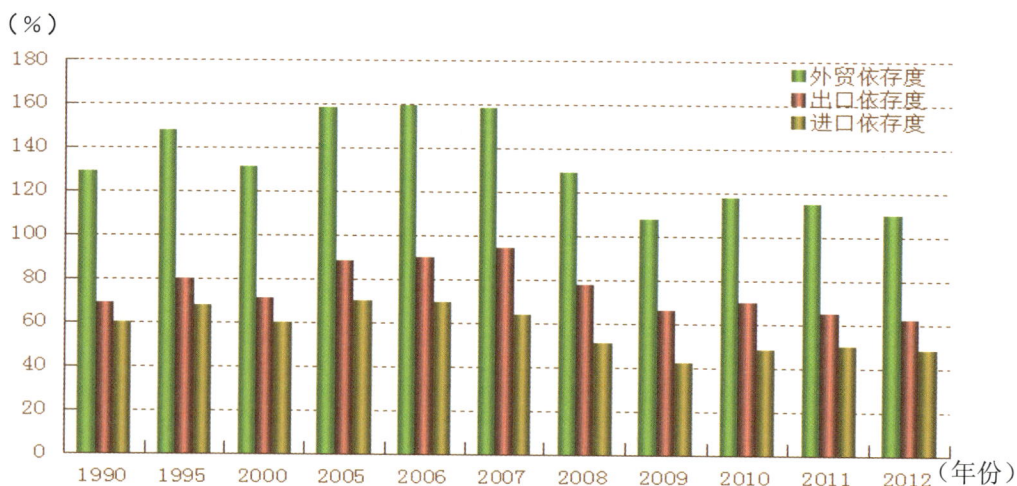

图2-4-4 广东省外贸依存度

【小结】

2012年，广东省进出口贸易总额突破万亿元大关，稳居各省市首位。同时，外贸依存度也是全国最高的。进出口方式多样，一般贸易、加工贸易小幅增长，特殊监管区域物流货物进出口大幅增长；各类企业参与进出口，私营企业进出口快速增长，外商投资企业进出口增长较缓，国有企业、集体企业进出口下降；在进出口对象方面，与香港地区贸易快速增长，与欧盟、东盟、日本贸易下降，对非洲出口增长较快；在物品种类方面，机电产品、高新技术产品进出口增长较快，传统劳动密集型产品出口增长乏力，原油、成品油、钢材、汽车进口下滑，农产品进口快速增长；对外贸易在省内区域分布并不均衡，惠州市、韶关市、汕尾市、深圳市、茂名市进出口增长加快，珠海市、中山市进出口下滑。

2.4.2 进口市场结构

(1) 广东省进口市场规模综述

1) 广东省进口市场规模列全国首位,进口市场增长速度迅速提升,在全国进口市场中具有重要地位。

从横向来看,2012年广东省进口产品总金额约4096.8亿美元,创造历史新高,占全国进口总额18178.3亿美元的22.5%,在所有省份中名列前茅。

从纵向来看,2012年广东省进口额较2011年增速高达7.4%,超出全国平均水平3.1个百分点,不仅扭转了往年广东省进口增速较低的局面,更是在2012年全省出口市场增速与全国平均水平持平的状态下使得进出口总量超出全国平均水平近1.5个百分点。

综上所述,广东省进口市场规模庞大,增长势头迅猛。进口市场不仅对贸易大省广东省的自身发展具有举足轻重的作用,更会对国家的经济水平产生相当大的影响。

2) 与广东省相比,江苏省、浙江省的进口市场规模相对较小,增速为负。

江苏省、浙江省在全国进出口总量的排名中分列第4位、第5位,但在进口贸易额方面均表现一般。江苏省2012年的进口总额为2195.5亿美元,进口市场增速为–3.3%,浙江省2012年的进口市场总规模为876.6亿美元,进口市场增速为–5.8%,两省份进口市场规模与2011年相比均有较为明显的衰退,增速大幅度低于全国平均水平。

3) 与广东省相比,山东省的进口市场规模相对较小,但增速可观,具有一定的发展潜力。

2012年,山东省在全国进出口总量排名中名列第6位,进口额与出口额大致持平。进口市场总额为1168.1亿美元,超过跌幅较大的浙江省,名列全国第5位。进口市场增速6%,高出全国平均水平1.7个百分点,表现出了优异的发展潜力。

(2) 广东省进口物品品种结构分析

1) 从省内进口物品品种结构来看,见图2-4-5,广东省的进口产品主要集中在工业原材料与低端中间品上。与江苏、浙江两省相比,进口的高新技术产品与工业制成品比重相对较小。

从广东省2012年的主要进口物品与相应进口金额来看,见表2-4-2,初级形态塑料(包括初级形态聚乙烯、聚丙烯、聚苯乙烯等)进口额在全省进口总值中所占比重最大,进口数量为905.8万吨,进口金额为159.5亿美元,占全省进口总值的4.81%;石油(包括原油和成品油)进口额居第2位,其中原油进口数量为1227.0万吨,成品油为711.4万吨,进口总值之和为112.0亿美元,占全省进口总值的3.38%;铜及铜材进口量为110.0万吨,进口金额为81.5亿美元,占全省进口总值的2.5%;钢材进口量为594.1万吨,进口金额为64.2亿美元,占全省进口总值的1.94%。

广东省经济发展报告（2015）

全球经济分化和三期叠加下的广东经济：预测、分析与对策

Guangdong Economy in the Context of Global Economic Differentiation and Three Phase
Stack: Forecast, Analysis and Solution

159.5（亿美元）
（36.57%）

81.5（亿美元）
（24.93%）

69.5（亿美元）
（5.14%）

64.2（亿美元）
（31.94%）

42.5（亿美元）
（19.08%）

18.1（亿美元）
（7.22%）

■初级形状的塑料　■铜及铜材　■原油　■钢材　■成品油　■大豆

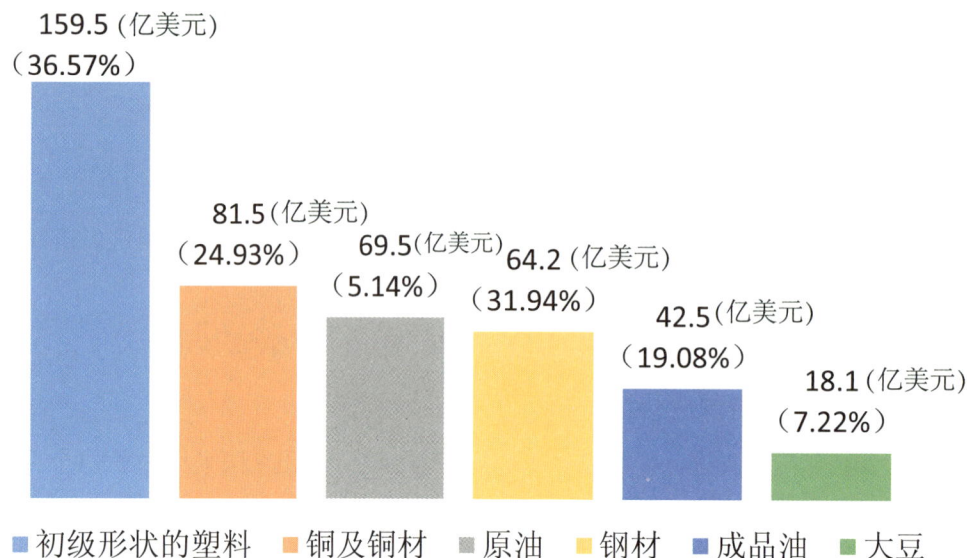

图2-4-5 2012年广东省主要进口物品金额及占全国同类物品进口比重

表2-4-2　2012年广东省进口物品品种与金额详表

品　种	数　量		金　额		
	万吨	占全国进口量比重（%）	亿美元	占全省进口总值比重（%）	占全国同类物品进口比重（%）
全省进口总值	—		3314.6	100	23.8
谷物及谷物粉	137.4	24.1	4.8	0.15	32.07
大豆	389.5	7.1	18.1	0.55	7.22
食用植物油	71.9	10.5	6.2	0.19	10.33
天然橡胶（包括胶乳）	11.0	—	2.8	0.08	—
合成橡胶（包括胶乳）	33.0	—	8.0	0.24	—
铁矿砂及其精矿	930.7	1.5	12.0	0.36	1.51
氧化铝	44.1	10.2	1.6	0.05	10.67
原油	1227.0	5.1	69.5	2.10	5.14
成品油	711.4	19.3	42.5	1.28	19.08
初级形状的塑料	905.8	37.9	159.5	4.81	36.57
纸浆	79.1	7.0	5.7	0.17	6.48
钢材	594.1	36.2	64.2	1.94	31.94
铜及铜材	110.0	25.6	81.5	2.46	24.93

数据来源：根据《2013年广东国民经济与社会发展统计公报》、《2013年中国国民经济与社会发展统计公报》整理。

　　与广东省相比，江苏、浙江两省在进口产品结构上更偏重高端工业制成品。江苏、浙江两省进口产品结构比较相似，主要进口物品均集中在高端工业制成品与电子元件上。两省占进口市场份额最大的前两位产品种类相同：第1位是机电产品，在江苏省的进口额为868.43亿美元，占江苏省进口总额的39.6%；在浙江省的进口额为118.97亿美元，占浙江省进口总额的13.6%。第2位是高新技术产品，在江苏省的进口额为612.82亿美元，占江苏省进口总额的27.9%；在浙江省为61.75亿美元，占浙江省进口总额的7.04%。可见江苏、浙江两省进口市场对高端工业制成品的需求更大（见图2-4-6和图2-4-7）。

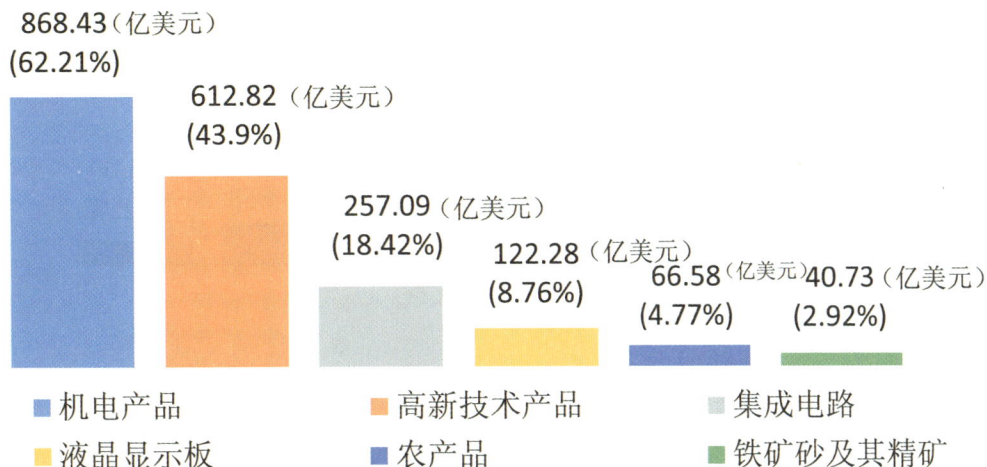

图2-4-6　2012年江苏省主要进口物品金额及占全国同类物品进口比重

868.43（亿美元）
(62.21%)
612.82（亿美元）
(43.9%)
257.09（亿美元）
(18.42%)
122.28（亿美元）
(8.76%)
66.58（亿美元）
(4.77%)
40.73（亿美元）
(2.92%)

■ 机电产品　　■ 高新技术产品　　■ 集成电路
■ 液晶显示板　　■ 农产品　　■ 铁矿砂及其精矿

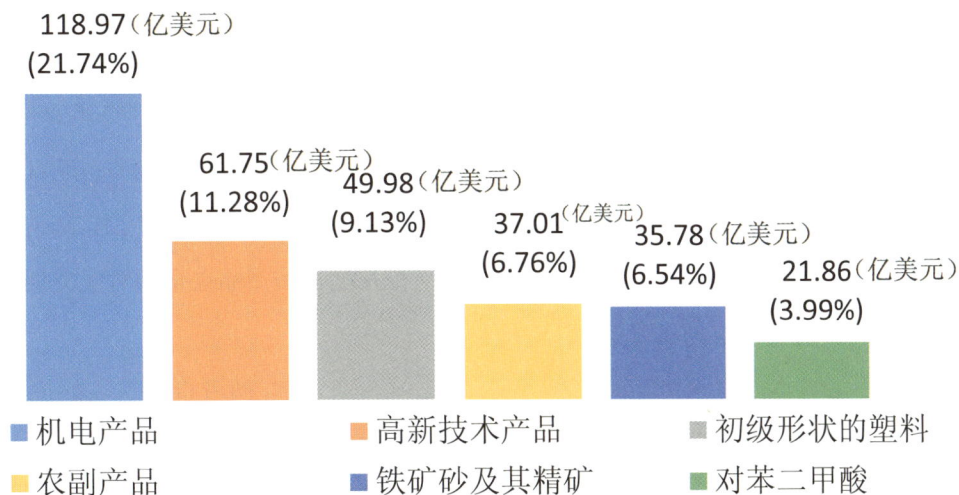

118.97（亿美元）
(21.74%)
61.75（亿美元）
(11.28%)
49.98（亿美元）
(9.13%)
37.01（亿美元）
(6.76%)
35.78（亿美元）
(6.54%)
21.86（亿美元）
(3.99%)

■ 机电产品　　■ 高新技术产品　　■ 初级形状的塑料
■ 农副产品　　■ 铁矿砂及其精矿　　■ 对苯二甲酸

图2-4-7　2012年浙江省主要进口物品金额及占全国同类物品进口比重

2）与江苏、浙江两省相比，广东省与山东省对农副产品的进口需求较低。

山东省对于农副产品的进口需求在四个省份中最小（见图2-4-8）。广东省对大豆的需求较高，2012年大豆进口额为18.1亿美元，占全省进口总值的0.55%。相比之下，江苏省与浙江省对农产品的进口额分别排名第五、第四位，占比分别为3.03%与4.2%。

3）广东省的进口市场结构与江苏省、浙江省、山东省相比更为多样化。

2012年，在广东省进口物品的品种结构中，位列进口额前三的产品占全省进口总额百分比之和为10.69%。而江苏省、浙江省、山东省同一数据分别为79.2%、26.34%与31.4%。从这一百分比的差距中可以看出，广东省进口市场在产品种类上更具有多样性。

广东省经济发展报告（2015）
全球经济分化和三期叠加下的广东经济：预测、分析与对策

Guangdong Economy in the Context of Global Economic Differentiation and Three Phase
Stack: Forecast, Analysis and Solution

177.47（亿美元）
(30.6%)

129.74（亿美元）
(21.97%)

60.44（亿美元）
(10.24%)

43.05（亿美元）
(7.29%)

40.66（亿美元）
(6.89%)

25.09（亿美元）
(4.25%)

■ 机械、电气设备、电视机及音响设备　　■ 植物产品
■ 矿产品　　■ 贱金属及制品
■ 塑料及其制品;橡胶及其制品　　■ 纺织原料及纺织制品

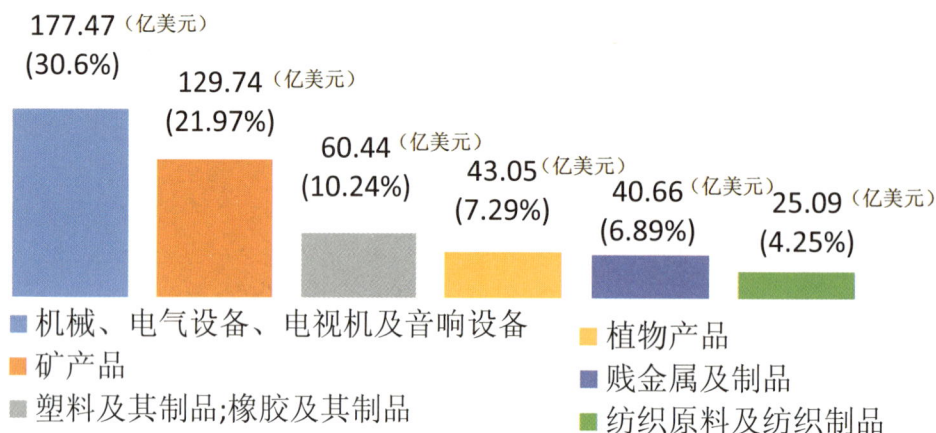

图2-4-8　2012年山东省主要进口物品金额及占全国同类物品进口比重

4）广东省在全国的工业原材料、石油与谷物粉市场上具有重要地位。江苏、浙江、山东三省则在机电产品、高新技术产品与机械设备市场上有重要影响。

从进口数量和金额占全国同类物品进口比重来看，2012年广东省在主要进口物品中：初级形态塑料的进口量占全国同类物品进口量的37.9%，进口金额占全国同类物品进口的36.6%；钢材的进口量占全国的36.2%，进口金额占全国的31.9%；铜及铜材的进口量占全国的25.6%，进口金额占全国的24.9%；石油（包括原油和成品油）的进口量占全国的24.4%，进口金额占全国的24.2%；谷物及谷物粉进口量占全国的24.1%，进口金额占全国的32.1%。以上提及的五类产品在全国对应类别进口额中的占比均接近或超过1/4，对相应市场有着重大的影响。

当考察机电产品与高新技术产品时发现，2012年，江苏、浙江两省机电产品的进口额之和占全国市场的83.95%，高新技术产品的进口额之和占全国市场的55.18%，对这两个进口市场有着极大影响。

山东省机电设备、电视机音响设备与矿产品的需求对全国同类市场影响更大，分别占比30.6%与21.97%。

（3）广东省进口物品来源结构分析

1）与江苏、浙江、山东三省相同，广东省进口贸易伙伴在近十余年中均主要集中在亚洲。

2012年，广东省在亚洲地区的进口额约为3110亿美元，占全省总进口额的75.91%，见图2-4-9，其中中国香港占1.8%，日本和韩国占23.3%，东盟占14.9%。联系到广东省加工贸易的特点与主要出口对象，不难发现，广东省的开放贸易特征就是从亚洲其他国家进口低端中间品和原材料，加工成制成品之后出口到亚洲发达经济体以及欧美等主要消费市场。

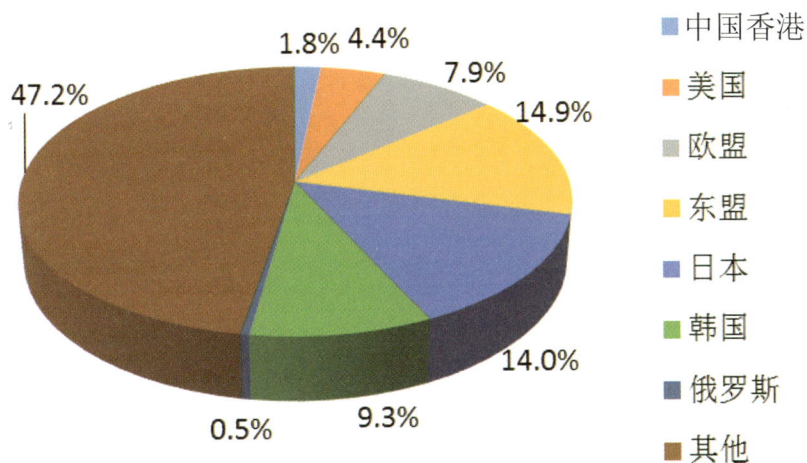

47.2%　1.8%　4.4%　7.9%　14.9%　0.5%　9.3%　14.0%

中国香港
美国
欧盟
东盟
日本
韩国
俄罗斯
其他

图2-4-9　2012年广东省来自各国的进口额占全省进口额总值比重

进口的洲际结构也经历缓慢的调整，广东省从亚洲的进口份额虽然有一定的下降（由2000年的77.07%下降为2012年的75.91%），但是仍然居绝对的统治地位。广东省从欧洲和北美的进口份额也成一定比例下降，而从非洲和大洋洲地区的进口则有大幅度增加。结合广东省的进出口产品结构可知，广东省从以上两个地区进口的工业原材料趋于上升，这一点与广东省加工贸易的特征是匹配的，见表2-4-3。

表2-4-3　广东省进口贸易洲际结构变化（%）

年份 地区	2010		2012	
合计	进出口	进口	进出口	进口
亚洲	64.33	77.07	65.21	75.91
非洲	1.02	0.97	3.29	4.07
欧洲	13.04	10.83	12.82	8.99
拉丁美洲	1.75	1.09	4.03	2.78
北美洲	18.07	7.71	12.40	5.02
大洋洲及其他	1.80	2.33	2.25	3.22

数据来源：根据《广东统计年鉴2001》和《广东统计年鉴2013》整理。

与广东省相同的是，江苏、浙江、山东三省的主要进口来源也在亚洲，见图2-4-10至图2-4-12，进口量均超过该省进口总值的50%。就亚洲内的国别结构来看，四省份均以日本和韩国为主。此外，由于地域原因，浙江省与江苏省2012年从台湾地区进口的产品总值分别占省内进口总额的14.4%与13.9%，由此可见，台湾地区也是江苏省和浙江省的重要进口市场与贸易往来伙伴。

广东省经济发展报告（2015）

全球经济分化和三期叠加下的广东经济：预测、分析与对策

Guangdong Economy in the Context of Global Economic Differentiation and Three Phase
Stack: Forecast, Analysis and Solution

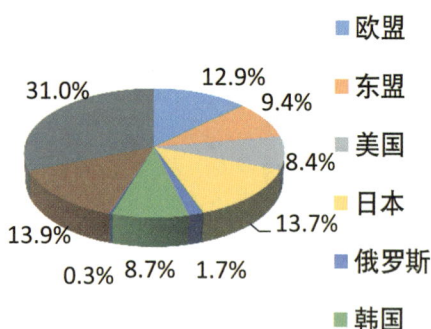

图2-4-10　2012年浙江省来自各国
进口额占全省进口总值比重

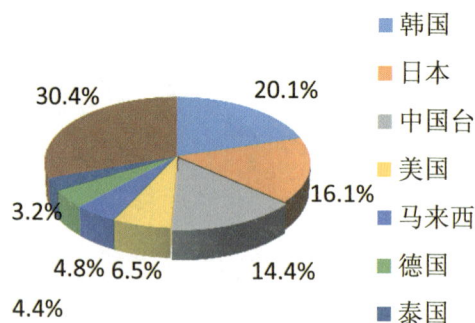

图2-4-11　2012年江苏省来自各国
进口额占全省进口总值比重

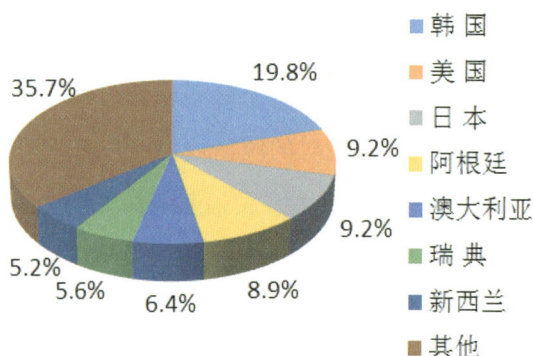

图2-4-12　2012年山东省来自各国进口额占全省进口总值比重

2）欧盟与美国也是广东、江苏、浙江、山东四省重要的进口贸易伙伴，见表2-4-4。

2012年，广东省从欧盟的进口额为262.1亿美元，从美国的进口额为144.8亿美元，分别占全省总进口额的7.9%和4.4%。在欧盟各国中，广东省的主要进口来源地为进口额2.27%的德国、进口额0.47的英国、进口额0.41%的荷兰、进口额1.19%的法国和进口额0.67%的意大利。除此之外，与美国毗邻而居的加拿大也是广东省的重要进口贸易伙伴之一，2012年为广东省提供了约占广东省进口总额0.75%的进口产品。

表2-4-4　2012年广东省主要进口贸易伙伴及其贸易额（%）

排序	国家和地区	进出口	进口	排序	国家和地区	进出口	进口
1	中国香港	21.16	1.63	11	澳大利亚	1.48	1.71
2	美国	11.43	4.27	12	英国	1.44	0.47
3	日本	8.01	12.69	13	印度尼西亚	1.36	1.65
4	中国台湾	5.73	11.75	14	荷兰	1.33	0.41
5	韩国	5.59	9.83	15	法国	1.24	1.19
6	德国	2.71	2.27	16	印度	1.15	0.52
7	马来西亚	2.57	4.42	17	菲律宾	1.08	1.63
8	泰国	2.16	3.48	18	加拿大	0.97	0.75
9	新加坡	1.92	2.34	19	巴西	0.94	0.55
10	南非	1.82	3.55	20	意大利	0.90	0.67

数据来源：根据《广东统计年鉴2012》整理。灰色区域表示欧美发达国家。

与广东省的情况类似，江苏、浙江、山东三省也与欧盟和美国有着重要的进口贸易往来。其中，江苏省2012年从美国进口的产品总额占全省总进口额的6.5%，从德国进口的产品总额约占4.4%；浙江省2012年从美国进口的产品总额占全省总进口额的8.4%，从欧盟进口的产品总额约占12.9%；山东省2012年从美国进口的产品总额占全省总进口额的9.2%，从瑞典进口的产品总额约占5.6%。

此外，澳洲与南美洲也是山东省重要的进口来源地，山东省在2012年从新西兰、澳大利亚及阿根廷三国分别进口了超过全省总进口值5%的产品。

3）广东省是香港地区在内地最重要的出口对象，也是东盟、日韩、欧美重要的出口对象之一。相比之下，江苏、浙江、山东三省则对香港对华出口贸易的影响更小，并对我国台湾地区和澳大利亚等国的对华贸易有着较为重要的影响。

总体而言，粤、江、浙、鲁四省对美国、欧盟、日本与韩国的对华出口贸易有着举足轻重的影响。四省对以上四个国家或地区的贸易总量分别占以上四国对华出口贸易总量的35.18%、（大于）29.56%、55.78%与70.39%。

粤东、粤日、粤韩、粤欧、粤美进口贸易，在整个中国与这些国家或地区的进口贸易中，都占十分重要的地位。2012年，广东省与这些国家或地区之间的进口贸易，分别占到了中国对这些国家和地区进口贸易的31.9%、26.3%、22.4%、15.6%和14.2%。此外，广东省虽与俄罗斯在地理上相隔较远，但仍与其有着占中俄进口贸易5.9%的进口贸易往来，见图2-4-13。

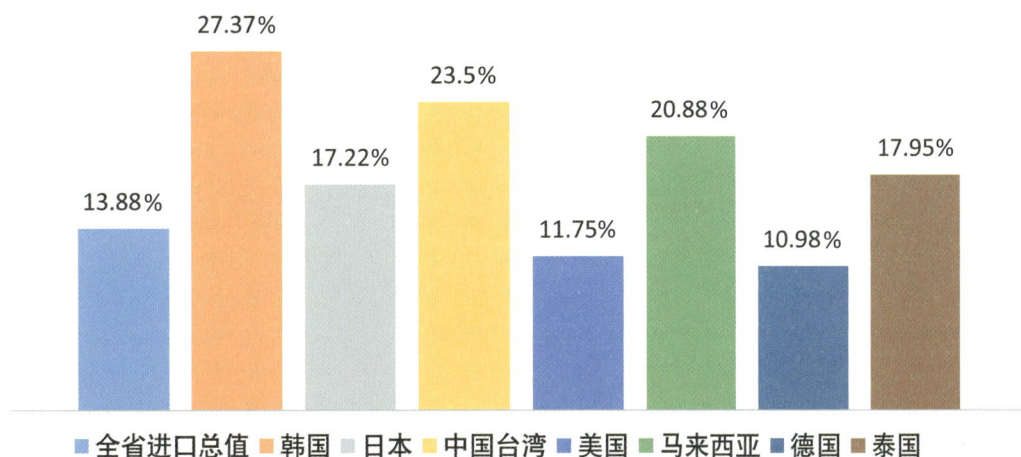

图2-4-13 2012年江苏省从各地进口占全国同一进口来源地比重

与广东省相近的是，江苏、浙江、山东三省均对美、欧、日、韩、东盟对华出口市场有着一定程度上的影响，见图2-4-14至图2-4-16。江苏省2012年与美国、德国、日本、韩国、泰国和马来西亚的进口贸易，分别占中国对这些国家的进口贸易的11.75%、10.98%、17.22%、27.37%、17.95%与20.88%，是这些国家在中国重要的出口对象。浙江省对美国与欧盟对华出口贸易影响则相对较小，主要影响集中在东北亚地区，其对美国、欧盟、日本、韩国、东盟的进口贸易，分别占中国对这些国家

广东省经济发展报告（2015）
全球经济分化和三期叠加下的广东经济：预测、分析与对策

Guangdong Economy in the Context of Global Economic Differentiation and Three Phase
Stack: Forecast, Analysis and Solution

或地区进口贸易的2.2%、3%、8.3%、9.2%与5%。此外，浙江省对俄罗斯的对华出口贸易有着一定程度的影响，占中俄出口贸易总量的4.1%。山东省对美国与日本、韩国的对华出口市场有着相当的影响，2012年的进口贸易额分别占中国对这些国家进口贸易额的7.03%、4.13%与11.42%。

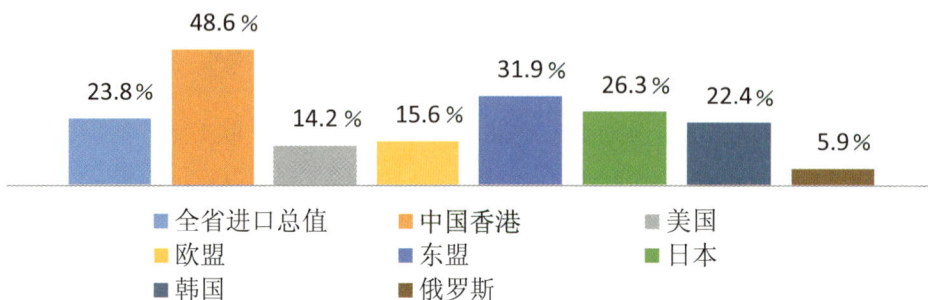

图2-4-14　2012年广东省同一进口来源地进口占全国比重

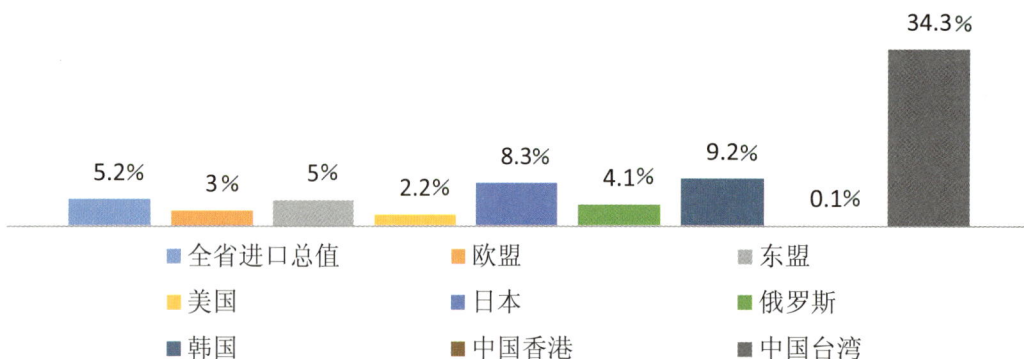

图2-4-15　2012年浙江省同一进口来源地进口占全国比重

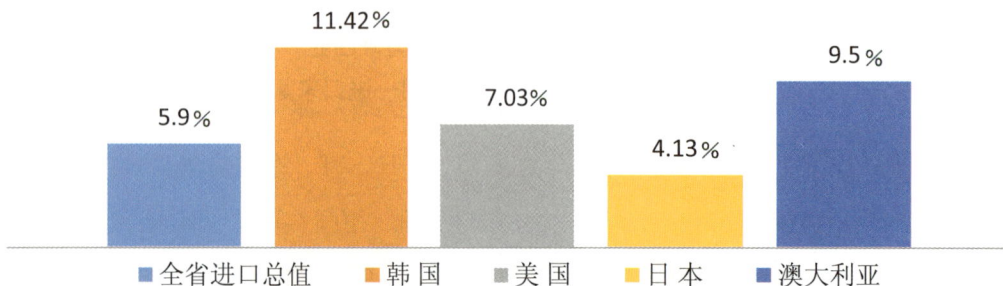

图2-4-16　2012年山东省同一进口来源地进口占全国比重

与广东省不同的是，由于地理因素，江苏、浙江与山东三省对内地对香港地区的进口贸易影响极小，但江苏、浙江两省对台湾地区对大陆出口市场影响较大，2012年，江苏、浙江两省对台湾地区的进口贸易额分别占全国对台湾地区进口贸易额的23.5%与34.3%。

与此同时，山东省对香港、台湾地区对华出口贸易影响均极小，但在大洋洲有着重要的贸易伙伴。其中，2012年对澳大利亚的进口额占中澳进口额的9.5%。

（4）广东省进口方式结构分析及与江苏、浙江、山东三省的对比

1）广东省与江苏省现阶段的对外贸易仍以加工贸易为主，而浙江省与山东省则更为偏重一般贸易。

进口贸易方式大致分为三种：一般贸易、加工贸易和其他贸易。综合来看，现阶段广东省的主要进口贸易仍集中在加工贸易上。2012年，广东省一般贸易总额为1192.28亿美元，约占全省进口贸易总额的29.1%；加工贸易总额为1705.12亿美元，约占全省进口贸易总额的41.62%；其他贸易为417.24亿美元，约占全省进口贸易总额的10.2%。广东省进口贸易以加工贸易方式为主的特征，与广东省是利用外商直接投资的大省有关。关于广东省的外资结构水平分析，我们将在第4部分予以讨论。

江苏省与广东省相似，进口方式的结构同样更为偏重加工贸易。三种贸易方式中，2012年，一般贸易进口额为666.2亿美元，约占全省进口总值的30.3%；加工贸易进口额为928.9亿美元，约占全省进口总值的42.3%；其他贸易进口额为357.3亿美元，约占全省进口总值的16.3%。

浙江与山东两省的加工贸易进口市场规模相对较小，均以一般贸易作为进口贸易的主要方式。2012年，浙江省一般贸易进口额为304.4亿美元，约占全省进口总值的34.7%；加工贸易进口额为213.7亿美元，约占全省进口总值的24.4%；其他贸易进口额为72.3亿美元，约占全省进口总值的8.2%。山东省一般贸易进口额为493.8亿美元，约占全省进口总值的42.3%；加工贸易进口额为157.6亿美元，约占全省进口总值的13.5%；其他贸易进口额为78.5亿美元，约占全省进口总值的6.7%。

虽然进口方式的结构不尽相同，但由于广东省的总进口额较大，其在一般贸易、加工贸易及其他贸易三个方式上的进口金额绝对值均比其他三省高，见图2-4-17。

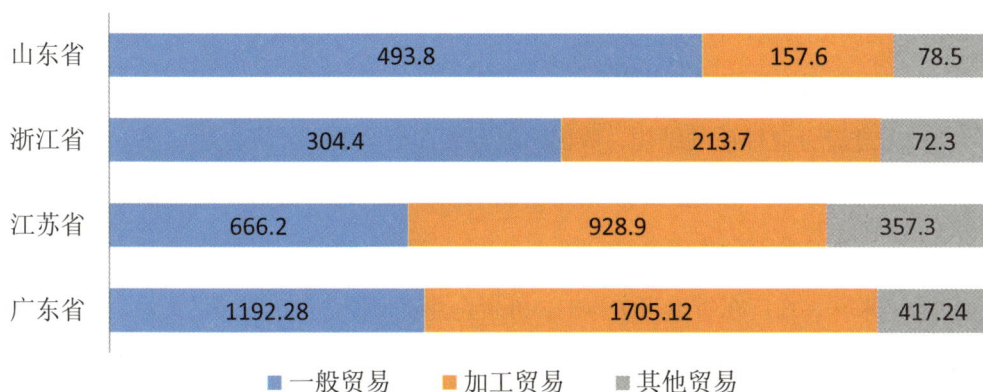

图2-4-17　2012年各省进口贸易方式金额（亿美元）

广东省经济发展报告（2015）
全球经济分化和三期叠加下的广东经济：预测、分析与对策

Guangdong Economy in the Context of Global Economic Differentiation and Three Phase
Stack: Forecast, Analysis and Solution

2）广东省是全国加工贸易进口最重要的省份，加工贸易进口额超过全国加工贸易进口总值的40%，广东省的一般贸易和其他贸易也在全国同类进口贸易市场上具有重要地位。

2012年，全国一般贸易进口总额约为7692.13亿美元，加工贸易进口总额约为4168.99亿美元，其他贸易进口总额约为2096.68亿美元。进口市场仍以一般进口贸易占据最主要的地位。

2012年，广东省的加工贸易进口额占全国加工贸易市场进口额的40.9%，领先第2名的江苏省（22.3%）近19个百分点，在全国加工贸易领域有着极大的重要性。与此同时，广东省的一般贸易与其他贸易进口额占全国同类进口总值比重也均位列第1，全面领先于其他省份。其中，一般贸易占比15.5%，领先第2名的江苏省（8.7%）6.8个百分点；其他贸易占比19.9%，贸易额占全国同类贸易额近1/5的比重，超出第2名江苏省（17.1%）2.8个百分点。

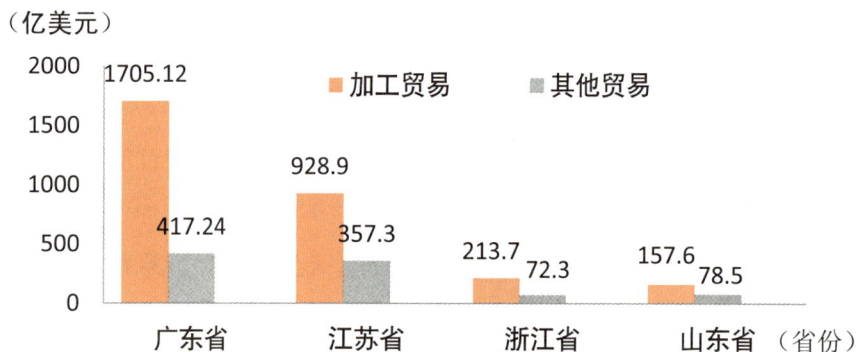

图2-4-18   2012年四省不同进口贸易模式进口金额

如上所述，江苏省在三种进口贸易方式上均居四个省份中的第2名，浙江省与山东省分列第3位、第4位，对全国同类市场的影响相对较小。但值得一提的是，虽然山东省本省内的一般贸易进口额超出加工贸易进口额约336.2亿美元，但在占全国同类市场进口总值比重上，一般贸易占比落后0.93个百分点。

（5）广东省进口主体结构分析

1）广东省进口主体中的绝大多数是外资企业，反映出广东省经济是典型的外资经济。江苏省、浙江省、山东省的进口主体也以外资企业为主。

进口主体结构指进口企业性质的结构，我国一般分为国有企业、外资企业、民营企业与其他企业四类。进口主体结构可以反映一个地区经济的所有制结构。就广东省进口（出口也是一样）企业的性质结构来看，广东省经济是典型的外资经济。

从2012年的数据来看，在广东省进口主体中，外资企业进口额高达2025.6亿美元，超出浙江、山东两省的总进口额，约占广东省总进口额的49.4%，对广东省的进口市场繁荣做出了重大贡献。在广东省

的其他三类进口主体中，第二重要的民营企业进口额为685.7亿美元，约占全省进口总额的16.1%，第三重要的国有企业进口额为470.5亿美元，约占全省进口总额的9.8%。

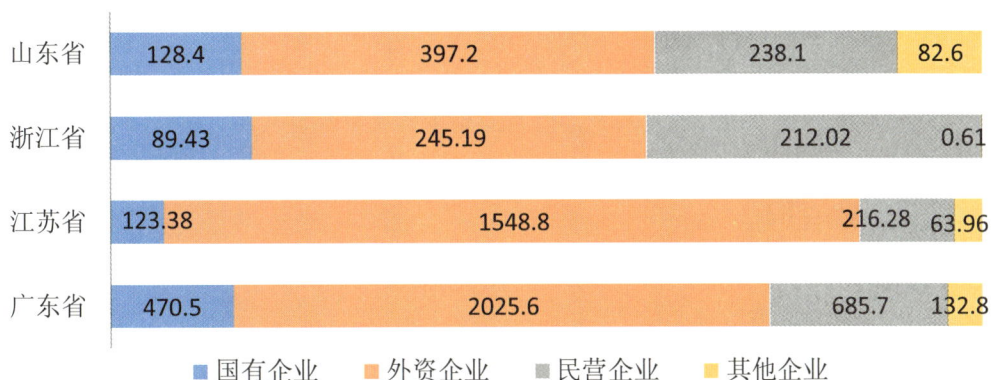

图2-4-19　2012年各省不同进口企业进口金额（亿美元）

江苏省与广东省类似，外资企业对本省进口的作用远大于其余三类进口主体。2012年，江苏省外资企业的总进口额为1548.8亿美元，约占全省进口总值的70.5%。而江苏省民营企业和国有企业的进口额分别为216.28亿美元与123.38亿美元，占全省进口额的比重较小，分别约为9.85%与4.9%。

与广东省和江苏省相比，浙江省与山东省的进口主体进口额占本省进口额比重相对比较平衡，2012年浙江省的进口主体中，外资企业、国有企业与民营企业的进口额比例分别为3∶8∶7，山东省的同一比例约为1∶3∶2。但是，浙江省的进口主体中，除国有、外资、民营三大类别外，其他企业对本省进口额的贡献仅为0.61亿美元，远远小于其余三省。

值得一提的是，虽然进口主体结构不尽相同，但由于广东省进口总额较大，省内国有企业、外资企业、民营企业及其他企业四个主体的进口金额绝对值均比其他三省高。

2）广东省的外资企业与其他企业进口额占全国同类企业进口总值比重较大。

2012年，全国国有企业进口额约为3888.4亿美元、外资企业进口额约为7365.8亿美元、其他企业进口额约为436.6亿美元。全国范围内最重要的进口贸易主体仍为外资企业，除三大类以外的其他企业贡献较小，且过半数集中于广东、江苏、浙江三省。

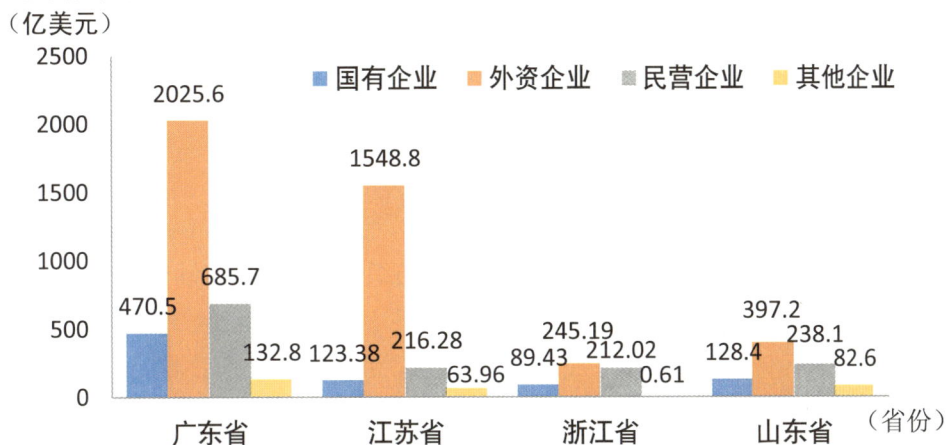

图2-4-20　2012年四省不同性质进口企业的进口金额

广东省经济发展报告（2015）
全球经济分化和三期叠加下的广东经济：预测、分析与对策

Guangdong Economy in the Context of Global Economic Differentiation and Three Phase
Stack: Forecast, Analysis and Solution

【小结】

广东省进口市场在全国规模最大、增速最快，现阶段对外贸易仍以加工贸易为主，进口主体中的绝大多数是外资企业，反映出广东省典型的外资经济特点。

与江苏、浙江、山东三省进口市场相比，广东省进口市场结构更为多样，进口物品品种集中在工业原材料与低端中间品上，进口的高新技术产品与工业制成品比重相对较小。

2.4.3 出口市场结构

（1）广东省出口市场规模综述

1）广东省出口市场规模与增速均居全国首位，在全国占有不可或缺的地位。

横向来看，2012年全国出口总额为20489.4亿美元，其中，广东省出口产品总金额为5741.4亿美元，占全国总额的23.8%，不仅在所有省份中位列首位，更是远超北京、上海、江苏、浙江和山东等发达地区。

纵向来看，2012年广东省出口额较2011年增速高达7.4%，与全国增速持平的同时，远超北京、上海、江苏、浙江和山东等发达地区。

广东省无论是出口规模还是增速在全国都占有举足轻重的地位，广东省的出口市场不仅对推动本省经济发展具有重要意义，更是全国对外贸易不可或缺的基石。

2）与广东省相比，江苏、浙江两省的出口规模与增速虽不及广东省，但位居全国前茅，增速相较往年也有大幅度提升，潜力较大。

2012年江苏省出口总额为3285.4亿美元，增速为5.1%，浙江省出口总额为2245.7亿美元，增速为3.8%，规模分别居全国第2位和第3位，增速虽不及全国平均的7.9%，但已在与发达省市的比较中位居前列，发展潜力较大。

3）与广东省相比，山东省的出口市场规模相对较小，增速也较慢。

2012年，山东省出口总额为1287.3亿美元，增速为2.4%。尽管出口市场规模位居全国第五位，但出口增速不仅远低于全国平均水平的7.4%，更是远低于本省进口增速的6%，这一年中的出口发展较为乏力。

（2）广东省出口物品品种结构分析

1）就省内出口结构而言，广东省以出口服装鞋类、纺织品、家具等劳动密集型产品以及自动数据处理器、液晶板等电子产品为主。

表2-4-5　2012年广东省主要出口物品数量、金额及占比

	数量	金额		
	占全国同类物品出口量比重（%）	亿美元	占全省出口总值比重（%）	占全国同类物品出口总值比重（%）
出口总值	—	4532.0	100	28.7
钢材	4.9	22.5	0.50	6.11
纺织纱线、织物及制品	—	100.1	2.21	12.99
服装及衣着附件	—	276.7	6.11	21.37
鞋类	—	129.5	2.86	36.38
家具及其零件	—	135.3	2.98	40.99
自动数据处理设备及其部件	59.1	463.9	10.24	28.29
手持或车载无线电话机	55	253.2	5.59	54.23
集装箱	20.1	18.4	0.41	25.56
集成电路	—	43.7	0.97	—
液晶显示板	68.4	95.1	2.10	35.88
汽车（包括整套散件）	6.2	4.3	0.09	6.94

数据来源：根据《2013年广东国民经济与社会发展统计公报》，《2013年中国国民经济和社会发展统计公报》整理。

2）与江苏、浙江两省相比，出口机电产品与高新技术产品的比重较小。

广东省2012年主要出口产品分别有以下五类（见表2-4-5）：自动数据处理设备及其部件在全省出口产品比重中居首位，出口总值为463.9亿美元，占全省出口总值比重为10.24%；服装和鞋类居第2位，出口总值为406.24亿美元，占全省出口总值的8.97%；电话机出口总值为253.24亿美元，占广东省出口总值的5.59%；纺织纱线、织物及制品出口总值为100.13亿美元，占全省出口总值的2.21%；液晶显示板出口总值为95.07亿美元，占全省出口总值的2.10%。

与广东省相比，江、浙两省的出口市场更集中于机电产品与高新技术产品之上。2012年，江苏省机电产品与高新技术产品分别居本省出口比重的第1位和第2位，其中机电产品总额为1387.56亿美元，占全省的比重为69.64%；高新技术产品出口总额928.4亿美元，占全省的比重为46.6%。浙江省机电产品与高新技术产品分别居本省的第1位与第4位，其中，机电产品出口总额555.06亿美元，占全省的比重为41.73%，高新技术产品总额为98.74亿美元，占全省的7.42%。而广东省在这两类产品的出口比重相对较小，见图2-4-21至图2-4-23。

广东省经济发展报告（2015）

全球经济分化和三期叠加下的广东经济：预测、分析与对策

Guangdong Economy in the Context of Global Economic Differentiation and Three Phase Stack: Forecast, Analysis and Solution

（亿美元）

463.93
（10.24%）

276.72
（6.11%）

253.24
（5.59%）

135.26
（2.98%）

129.52
（2.86%）

100.13
（2.21%）

95.07
（2.1%）

自动数据处理设备及其部件　服装及衣着附件　手持或车载无线电话机　家具及其零件　鞋类　纺织纱线、织物及制品　液晶显示板

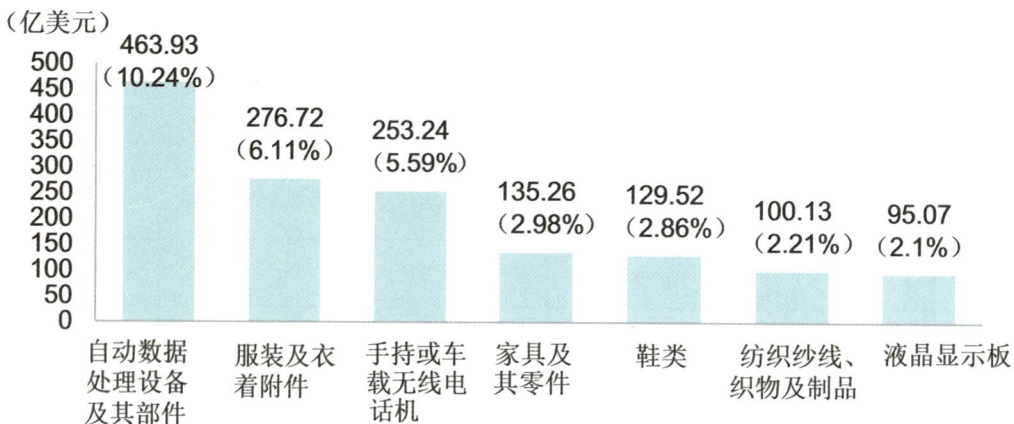

图2-4-21　2012年广东省主要出口物品金额及占全省出口总值比重

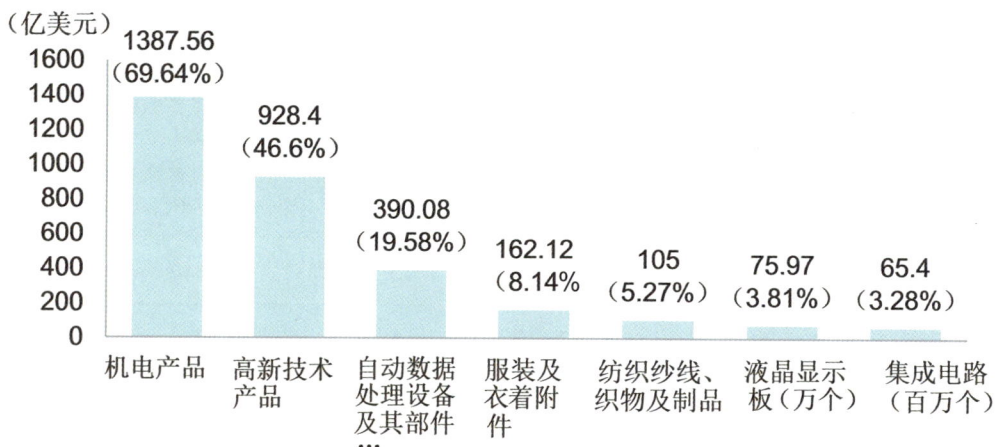

（亿美元）

1387.56
（69.64%）

928.4
（46.6%）

390.08
（19.58%）

162.12
（8.14%）

105
（5.27%）

75.97
（3.81%）

65.4
（3.28%）

机电产品　高新技术产品　自动数据处理设备及其部件…　服装及衣着附件　纺织纱线、织物及制品　液晶显示板（万个）　集成电路（百万个）

图2-4-22　2012年江苏省主要出口物品金额及占全省出口总值比重

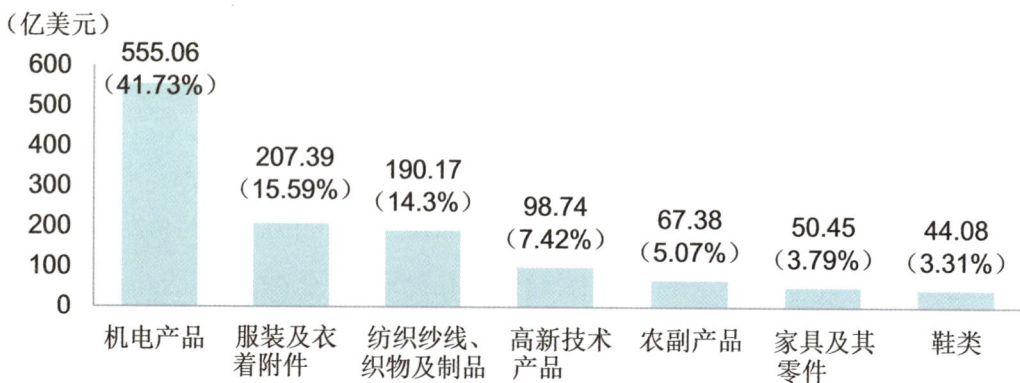

（亿美元）

555.06
（41.73%）

207.39
（15.59%）

190.17
（14.3%）

98.74
（7.42%）

67.38
（5.07%）

50.45
（3.79%）

44.08
（3.31%）

机电产品　服装及衣着附件　纺织纱线、织物及制品　高新技术产品　农副产品　家具及其零件　鞋类

图2-4-23　2012年浙江省主要出口物品金额及占全省出口总值比重

（亿美元）
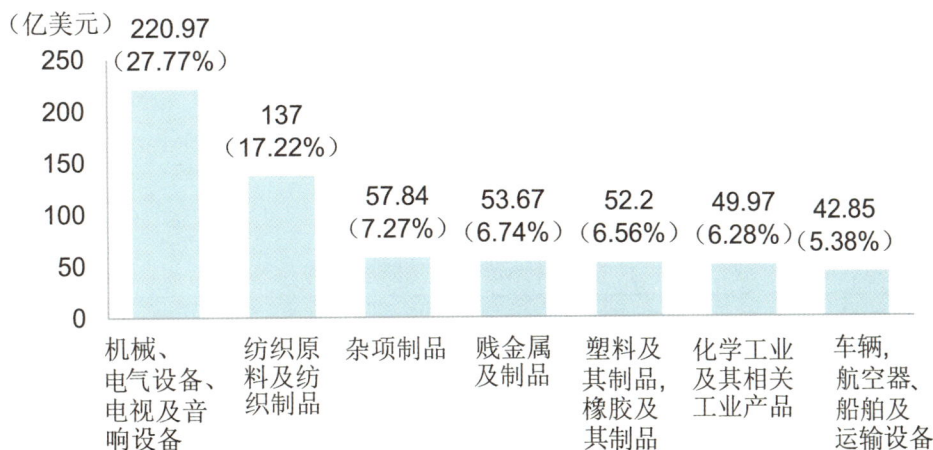

图2-4-24　2012年山东省主要出口物品金额及占全省出口总值比重

3）与山东省相比，广东省对机电设备、金属制品、化工业产品、重工业产品（汽车、钢材）的出口相对不足。

如图2-4-24所示，2012年，山东省机械电器设备出口占全省出口的首位，总额达220.97亿美元，占全省出口比重为27.77%；贱金属及制品总额达53.67亿美元，占全省的比重为6.74%；化学工业机械相关产品总额达49.97亿美元，占全省比重为6.28%，车辆、航空器、船舶总额为42.85亿美元，占全省比重为5.38%。而广东省对这几类产品的出口相对不足。

4）广东省出口结构较江苏省、浙江省、山东省而言更加多样化。

2012年，位列广东省出口额前三类的产品占全省出口总额百分比之和为21.94%。并没有某一种产品在广东省出口总额中占绝对优势，这使得广东省有更大的潜力去发展更多的出口产品。

就同类产品占全国同一市场的比重而言，广东省以出口劳动密集型产品（服装、鞋类、家具、集装箱）与电子产品（电话机、自动数据处理设备、液晶显示板）为主，机电产品、高新技术产品、钢铁、汽车所占比重较小。

从出口数量和金额占全国同类物品出口比重来看，2012年，广东省主要出口产品情况如下：手持或车载无线电话机占全国同类物品出口量比重为59.1%，占全国同类物品出口总值比重为54.23%；服装及鞋类占全国出口总值比重为57.75%；液晶显示板占总量比重为68.4%，占总值比重为35.88%；自动数据处理设备及部件占总量比重为59.1%，占总值比重为28.29%；家具及其零部件占总值比重为40.99%；以上几类产品出口总量或总值超过全国同类出口产品的一半，在全国出口市场占有绝对主导地位。集

广东省经济发展报告（2015）
全球经济分化和三期叠加下的广东经济：预测、分析与对策

Guangdong Economy in the Context of Global Economic Differentiation and Three Phase
Stack: Forecast, Analysis and Solution

装箱占全国出口总量的比重为20.1%，占总值比重为25.56%；纺织品占全国出口总值的比重为12.99%，在全国也占据重要地位；钢材占全国出口总值的比重为6.94%；汽车占全国出口总值的比重为6.11%，虽然就全国范围而言比重不小，但与广东省其他主要出口品以及山东省等其他发达省市相比落后不少。机电产品与高新技术产品则与江、浙两省相去甚远。

（3）广东省出口物品去向分析

1）与江苏省、浙江省、山东省相同，广东省出口贸易的洲际集中度极高，主要集中在亚洲、北美洲与欧洲，如表2-4-6所示。

表2-4-6 广东省对外贸易的洲际结构变化（%）

年份 地区	2010		2012	
合计	进出口	出口	进出口	出口
亚洲	64.33	53.48	65.21	57.54
非洲	1.02	1.06	3.29	2.72
欧洲	13.04	14.92	12.82	15.57
拉丁美洲	1.75	2.31	4.03	4.93
北美洲	18.07	26.89	12.40	17.69
大洋洲及其他	1.80	1.35	2.25	1.55

数据来源：根据2001年和2013年《广东统计年鉴》整理。

2012年，广东省主要出口市场占全省出口市场总值的比重，亚洲为57.54%，北美洲为17.69%，欧洲为15.57%，三者之和占广东省出口总值的比重为90.8%，占据了绝对优势。

与广东省相类似的，江苏省、浙江省、山东省的出口贸易市场也主要集中在亚洲、北美与欧洲。2012年，江苏省主要出口市场占全省出口市场总值的比重，亚洲为28.9%，北美洲为21.6%，欧洲为27.2%，三者之和为77.7%；浙江省出口市场比重，亚洲为18.1%，北美洲为21.6%，欧洲为29.6%，三者之和为64.6%；山东省出口市场比重，亚洲为28.2%、北美洲为17.2%、欧洲为22.4%，三者之和为67.8%。亚洲、北美洲和欧洲在这三省的出口比重之和均占2/3以上。

2）在广东省出口贸易中，亚洲占据着绝对的主导地位，其次才是北美洲和欧洲。而江苏省，浙江省，山东省在几大洲所占比例上则较为均衡，同时，欧洲占苏、浙、鲁三省省内出口比重均高于广东省，北美洲占三省内比重则与广东省近似。

从横向比较来看，广东省的贸易对象相对集中，在广东省进出口贸易中，亚洲占据着绝对的主导地位，其次为北美洲和欧洲。

表2-4-7列出了2012年广东省排名前20位的贸易伙伴国及地区，其中，绝大部分都分布在亚洲，在前十名的贸易伙伴中，美国和德国属于发达国家。由表2-4-7可以看出，广东省的对外贸易具有深厚的

地缘特征，而与欧美国家的联系还需要进一步加强。2012年，广东省与亚洲的贸易额占广东省整体贸易总额的65.21%，与北美洲和欧洲的贸易份额分别为12.40%和12.82%。与这三个洲的出口贸易额合计占广东贸易总额的90.44%。可以说，广东省出口贸易的洲际集中度极高，出口贸易的外部区域结构极不平衡。

表2-4-7　2012年广东省主要出口贸易伙伴及其贸易额（%）

排序	国家和地区	进出口	出口	排序	国家和地区	进出口	出口
1	中国香港	21.16	35.17	11	澳大利亚	1.48	1.32
2	美国	11.43	16.57	12	英国	1.44	2.14
3	日本	8.01	4.66	13	印度尼西亚	1.36	1.15
4	中国台湾	5.73	1.41	14	荷兰	1.33	1.98
5	韩国	5.59	2.55	15	法国	1.24	1.28
6	德国	2.71	3.02	16	印度	1.15	1.60
7	马来西亚	2.57	1.23	17	菲律宾	1.08	0.70
8	泰国	2.16	1.21	18	加拿大	0.97	1.12
9	新加坡	1.92	1.62	19	巴西	0.94	1.23
10	南非	1.82	0.57	20	意大利	0.90	1.07

数据来源：根据《广东统计年鉴2012》整理。

从纵向比较来看，广东省的出口市场结构也有一定的调整，表现为亚洲和欧洲的地位在上升，而北美洲的市场份额大幅下降。在绝对额方面，广东省与各洲的出口贸易额总体上均呈上升趋势。从各洲占广东省外贸额的相对比重上看，广东省与亚洲的贸易联系有逐渐加强的趋势，2000年与亚洲贸易额所占比重为64.33%，十年间略有上升，2012年达到65.21%。2000~2011年，与北美洲和欧洲的贸易比重分别由18.07%和13.0%下降为12.4%和12.8%，由此可见，广东省与欧美发达国家的贸易联系有趋弱的迹象，尤其是与北美地区的贸易趋弱迹象尤为明显。

图2-4-25列示了广东省与世界上主要发达经济体贸易份额的变化。从图2-4-25中可以看出，2000~2011年，英国、德国、法国、意大利、瑞士等欧洲发达国家在广东省贸易中的地位有所下降，与此同时，欧盟整体在广东省贸易往来中的比重也由12%下降为11%；北美两个经济体也呈现出类似的趋势，尤其是美国，其在广东省贸易国别结构中的比重由17%锐减为11%；与此趋势相对应，东盟在广东省贸易总额中的比重从8%上升为10%，体现出与广东省日渐紧密的联系，同时也在一定程度上反映了两地的地缘优势以及中国—东盟自由贸易区所带来的贸易自由化效应。

在主要出口市场占全省出口总值的比重中，江苏省出口市场的亚洲比重约为28.9%（中国香港6.6%+东盟7.8%+日本9.4%+韩国5.1%=28.9%），美国为21.6%，欧洲约为27.2%（欧盟25.8%+俄罗斯1.4%=27.2%）；浙江省出口比重亚洲约为18.1%（中国香港3.6%+东盟6.1%+日本5.9%+韩国

2.5%=18.1%），美国为16.9%，欧洲约为29.6%（欧盟26.8%+俄罗斯2.8%=29.6%）；山东省的欧洲比重为28.2%（日本14.3%+韩国13.96%=28.2%），美国为18.6，欧洲约为22.6%（比利时11.4%+西班牙11.2%=22.6%）。亚洲、北美、欧盟在这三省中的出口比重均介于15%~30%，比例十分均衡。同时，三省都以欧盟为主要欧洲市场，与广东省类似，但平均约高出广东省10个百分点。而北美市场与广东省几乎持平。特别是，山东省在巴拿马、墨西哥等中南美洲地区也占有17.2%的省内出口份额，潜力巨大。

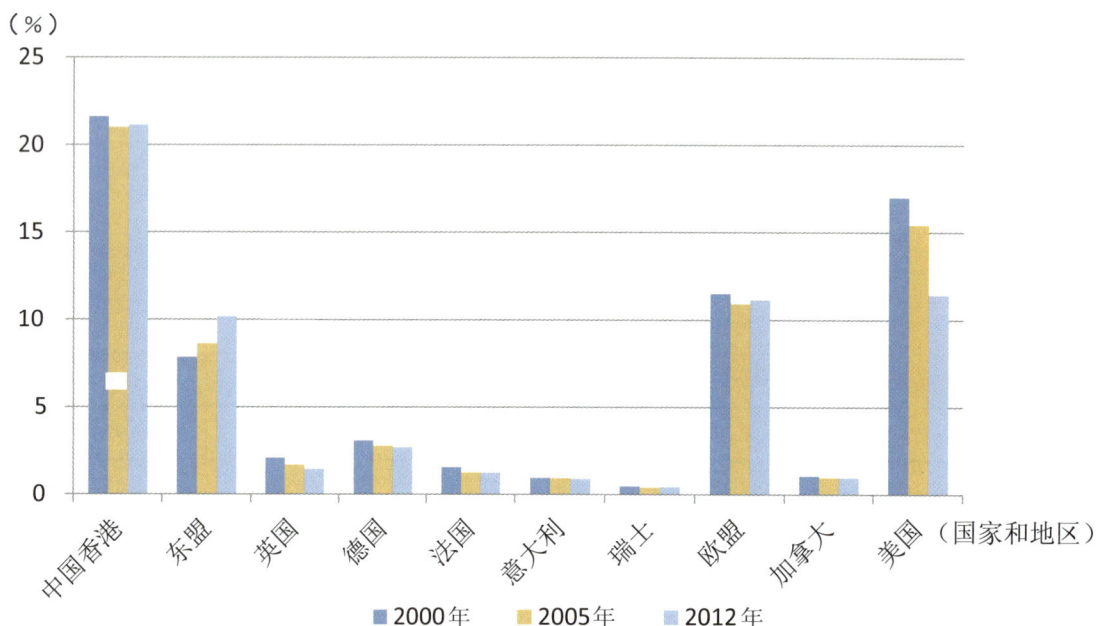

图2-4-25　广东省主要贸易对象份额变化图

　　3）广东省的亚洲市场以香港地区为主导，而江苏省、浙江省、山东省则以东盟、日本和韩国为主。

　　在广东省的出口总额中，香港地区占33.7%，东盟与日韩相加占23.84%。香港地区在广东省的亚洲市场乃至整个出口市场中都占有举足轻重的地位。而江苏省的出口总额中香港仅占6.6%，东盟与日韩占了22.3%；浙江省出口总额中香港地区占3.6%，东盟与日韩占14.5；山东省没有香港市场，整个亚洲市场为东盟与日韩，相加占28.2%。可见，这几个省份的亚洲市场均主要由东盟与日韩构成，见图2-4-26至图2-4-29。

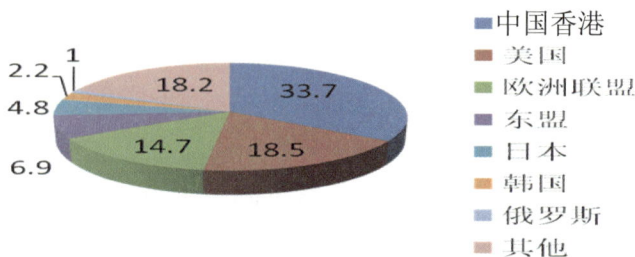

图2-4-26　2012年广东省主要出口市场占全省出口总值比重（%）

中国香港
美国
欧洲联盟
东盟
日本
韩国
俄罗斯
其他

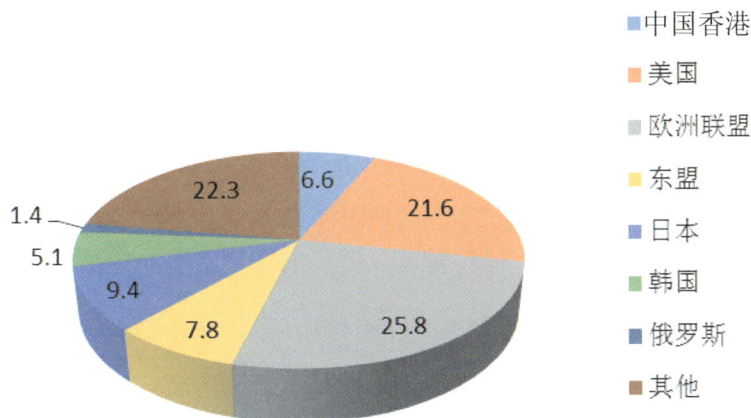

图2-4-27　2012年江苏省主要出口市场占全省出口值的比重（%）

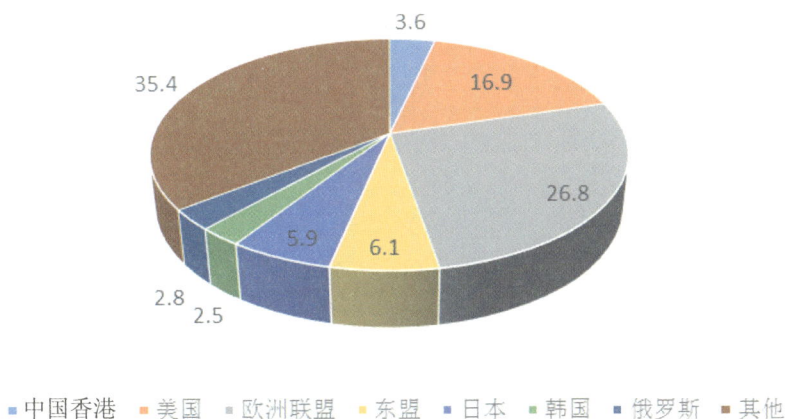

■中国香港 ■美国 ■欧洲联盟 ■东盟 ■日本 ■韩国 ■俄罗斯 ■其他

图2-4-28　2012年浙江省主要出口市场占全省出口值的比重（%）

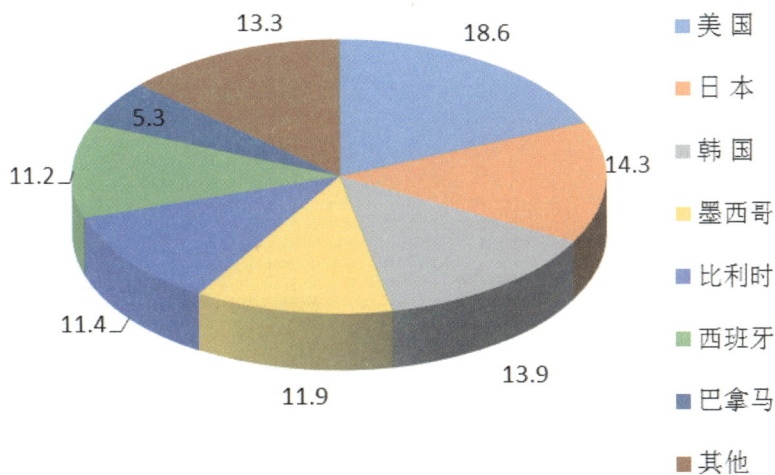

美　国
日　本
韩　国
墨西哥
比利时
西班牙
巴拿马
其他

图2-4-29　2012年山东省主要出口市场占全省出口总值比重（%）

4）就占全国对同一地区出口总值的比重而言，广东省是香港在内地最为重要的贸易伙伴，同时在欧盟、美国、日本、韩国，东盟、俄罗斯也占有重要的贸易地位。江苏省、浙江省、山东省虽在对香港出口方面贡献不足，但在对欧美、日本、韩国、东盟、俄罗斯出口方面与广东省具有同样重要的地位。同时，山东省对南美洲、北欧以及南欧某些地区的出口贸易也为中国对外贸易打开了一扇新的大门。

广东省对香港的出口占全国对港出口的70%，占绝对领先地位。同时，广东省对美国、欧盟、东盟、日本、韩国、俄罗斯的出口总值分别占全国出口总值的29.6%、21.4%、22.7%、17.9%、14.4%、15.4%，都占有重要地位，见图2-4-30；而江苏省对中国香港、美国、欧盟、东盟、日本、韩国、俄罗斯的出口总值分别占全国的8.2%、20.6%、22.4%、15.3%、21%、19.9%、12.3%，见图2-4-31；浙江省则分别占3%、10.8%、15.5%、8%、8.7%、6.6%、17.3%，见图2-4-32；而山东省除在美国、日本、韩国分别占6.71%、11.64%、20.66%以外，在墨西哥、比利时、西班牙、巴拿马分别占77.07%、83.11%、63.31%、65.09%，见图2-4-33，说明其在中南美洲、北欧、南欧的出口在全国占有绝对主导地位，也为中国的对外贸易开辟了新的道路。

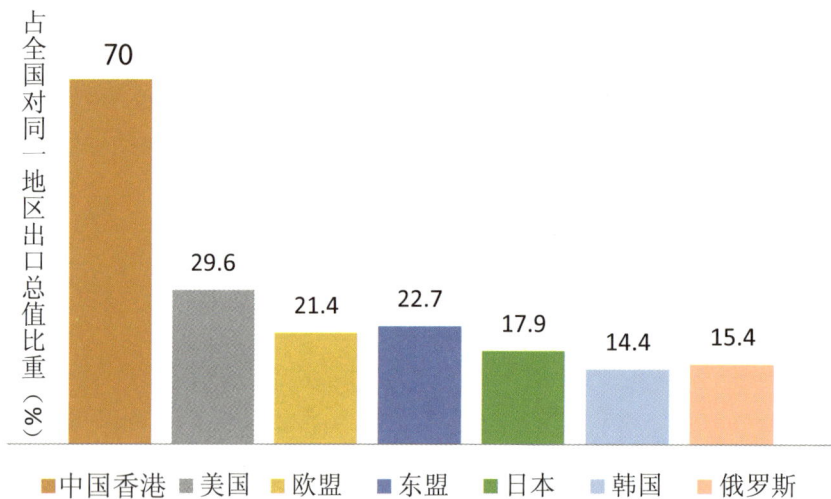

图2-4-30　2012年广东省主要出口市场（国家和地区）

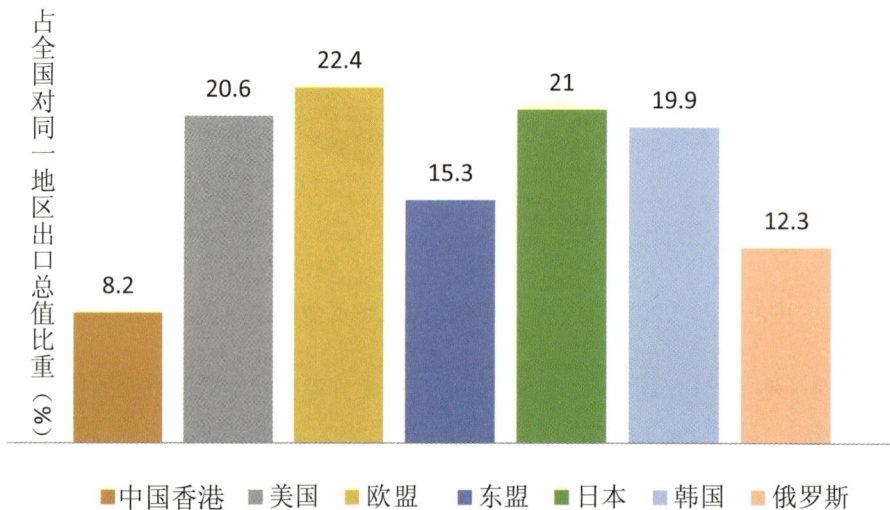

图2-4-31　2012年江苏省主要出口市场（国家和地区）

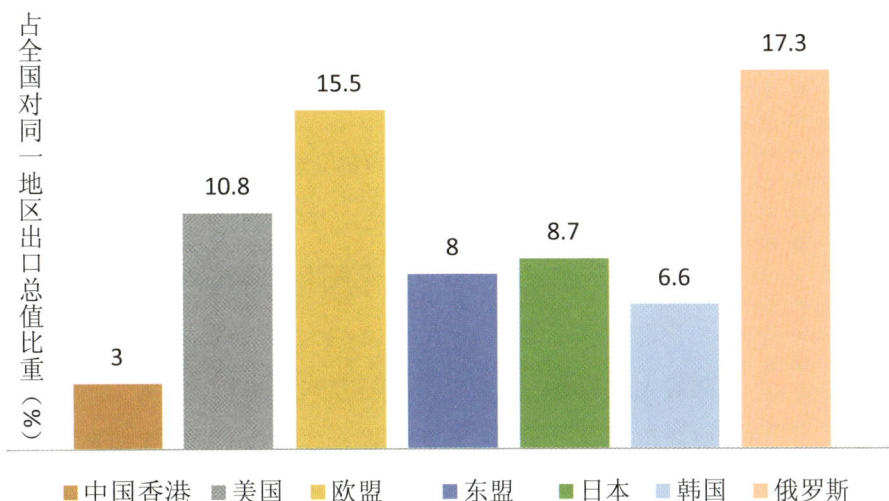

图2-4-32 2012年浙江省主要出口市场（国家和地区）

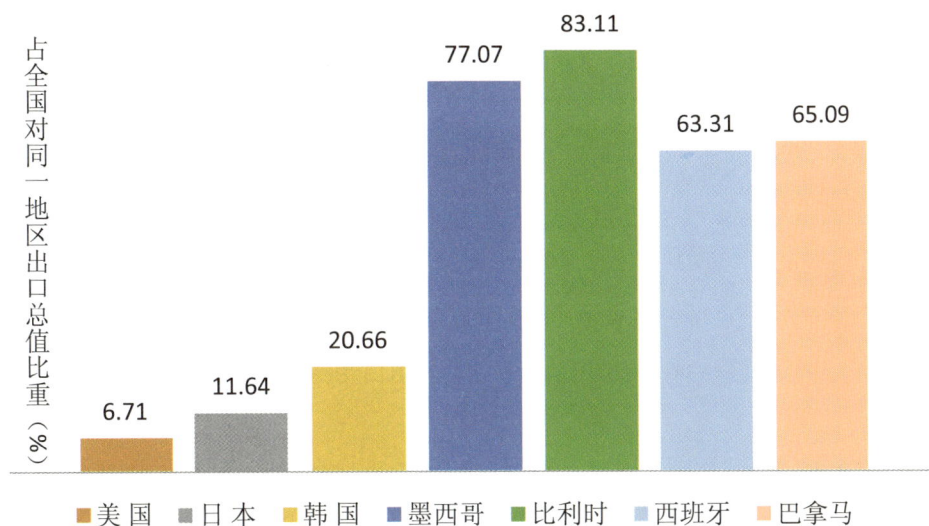

图2-4-33 2012年山东省主要出口市场（国家和地区）

（4）广东省出口方式结构分析及与江苏、浙江、山东三省的对比

1）广东省贸易出口方式以加工贸易为主，一般贸易也占有相当比例，其他贸易方式较少；江苏省与广东省情况类似，而浙江省则以一般贸易为主。见图2-4-34。

2012年，广东省加工贸易出口总额为2755.71亿美元，占全省出口贸易总额约57%；一般贸易总额为1492.28亿美元，占全省出口总额38%；其他贸易方式总额为284亿美元，占全省出口总额5%。江苏省加工贸易出口总额为1598.1亿美元，占全省出口贸易总额约56%；一般贸易总额为989.3亿美元，占全

广东省经济发展报告（2015）
全球经济分化和三期叠加下的广东经济：预测、分析与对策

Guangdong Economy in the Context of Global Economic Differentiation and Three Phase Stack: Forecast, Analysis and Solution

省出口总额42%，其他贸易方式总额为118.1亿美元，占全省出口总额2%。可见，两省的出口方式构成均以加工贸易为主导（超过五成），一般贸易也占有超过1/3的比重，而其他贸易比例较小，两省贸易构成基本相同。

浙江省加工贸易出口总额为330.1亿美元，占全省出口贸易总额约83%；一般贸易总额为1450.2亿美元，占全省出口总额15%，其他贸易方式总额为24.5亿美元，占全省总额2%。一般贸易在浙江省出口贸易方式构成中占绝对主导地区，而在广东省、江苏省备受青睐的加工贸易所占比例则不大，其他贸易更是微乎其微。

广东省是我国对外贸易总额最大的省份，它的出口贸易方式以加工贸易为主，体现了加工贸易在我国对外贸易整体格局中的重要地位。而加工贸易在广东省对外贸易中占有重要地位这一特点，充分显示了加工贸易"两头在外"的特点。

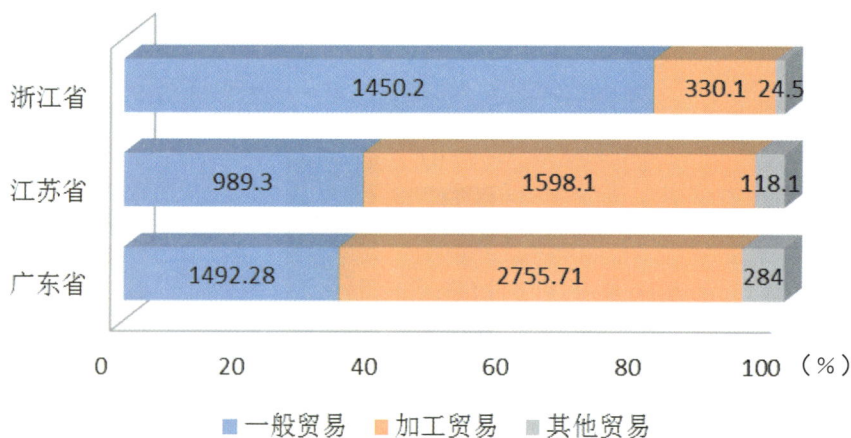

图2-4-34　各类出口贸易占全省出口贸易总额比重

"两头对外"是指原材料从国外进口，生产的制成品也销往国外，作为国际加工、组装和制造者的特征非常明显，主要是从原材料出口国进口初级产品和自然资源，从亚洲周边地区进口初级产品和半成品，从发达国家进口高技术零部件甚至全拆装零部件，利用广东省的劳动力以及本地零部件进行再加工、组装和制造，最终把产成品出口到发达国家。通过前文对外贸依存度与进口方式的分析，不难看到，导致我国加工贸易两头对外特征的最主要原因就是我国各地加工贸易中零件过度依赖外国市场。而这种过高的依赖性严重阻碍了我国对外贸易的均衡发展。国产料件很少使用，严重影响加工贸易产品国产率，当一个贸易大省的最主要贸易方式过于依靠进口国外零部件时，这种贸易就失去了一定的独立性，发展的好坏全依靠无法掌控的国外市场。

从对外贸易发展规律来看，发达国家加工贸易在进出口中所占的比重低，发展中国家加工贸易在进出口中所占比重高，在经济发展到一定阶段后，加工贸易在进出口中所占比重则呈下降态势。从20

世纪80年代开始，我国加工贸易占进出口的比重呈逐年增长态势，1980年为5.7%，1990年为38.3%，1998年为53.4%，2003年为47.6%，2012年为57%。但是，由于对欧美等主要市场的加工贸易出口增速明显减缓，广东省加工贸易依靠两头对外的形式已经无法长久维持，转型升级的压力进一步加大。我国目前开展的加工贸易技术含量低，中间投入品主要依靠进口，对国产料件的利用率不高。尽管国内有相关的配套企业，但由于我国产业结构长期封闭落后，缺乏竞争力，很难为加工贸易企业提供符合质量要求的原材料和中间产品。加工贸易企业由"两头在外"的简单产品生产向研发设计、品牌营销转型势在必行。

2）广东省的加工贸易、一般贸易、其他贸易均占全国同类出口方式的首位。其中，加工贸易占据最主要地位，一般贸易与其他贸易也占有相当大的比重。

2012年，广东省一般贸易、加工贸易、其他贸易分别占全国同类出口方式的21%、37%、24%；江苏省一般贸易、加工贸易、其他贸易分别占全国同类出口方式的13%、22%、10%；浙江省一般贸易、加工贸易、其他贸易分别占全国同类出口方式的20%、4%、2%。广东省三类出口方式均超越其他省份，其中，加工贸易以超过1/3的比重遥遥领先，其他贸易也以接近1/4的比重大幅度领先，而占比较小的一般贸易则与视其为本省最重要出口方式的浙江省基本持平，由此可见，领先的贸易规模成为广东省各项出口方式处于前列的重要原因，见图2-4-35。

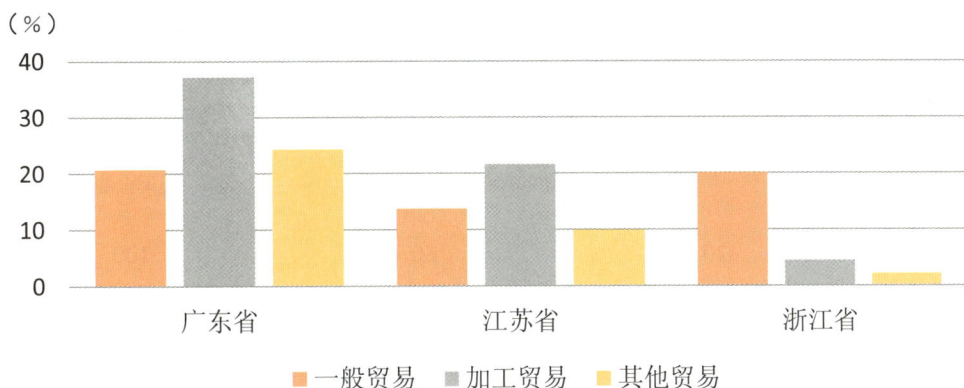

图2-4-35　三省占全国同一贸易方式出口总值的比重（%）

（5）广东省出口主体结构分析

1）外资企业出口在广东省出口总值中具有最重要地位，反映了广东省经济是典型的外资经济。

2012年，广东省外资企业出口额为2818.5亿美元，占全省各类企业出口额的61%；民营企业出口额为999亿美元，占各类企业出口额的23%；国有企业出口额为545.1亿美元，占各类企业出口额的10%；其他企业出口额为169.4亿美元，占各类企业出口额的6%；外资企业占据了广东省出口市场的半壁江山，充分显示了广东省是典型的外资经济。

　　江苏省、山东省与广东省各类企业出口构成相类似。2012年，江苏省外资企业出口额为1923.2亿美元，占全省各类企业出口额的68%；民营企业出口额为483.4亿美元，占各类企业出口额的22%；国有企业出口额为243.2亿美元，占各类企业出口额的7%；其他企业出口额为55.7亿美元，占各类企业出口额的3%。山东省外资企业出口额为565.6亿美元，占全省各类企业出口额的52%；民营企业出口额为281.8亿美元，占各类企业出口额的30%；国有企业出口额为120.9亿美元，占各类企业出口额的9%；其他企业出口额为73.8亿美元，占各类企业出口额的9%。外资企业同样以超过半数的比重占据着苏、鲁两省出口市场的最重要位置。同时，从外资企业进出口在广东全省进出口中的重要地位以及近年来江苏省外商直接投资规模和比重不断扩大的趋势来看，江苏省进出口总值扩大的速度有超过广东省的势头。

　　与之不同的是，浙江省外资企业出口额为581.41亿美元，占全省各类企业出口额的31%；民营企业出口额为926.02亿美元，占各类企业出口额的53%；国有企业出口额为182.28亿美元，占各类企业出口额的8%；其他企业出口额为115.09亿美元，占各类企业出口额的8%。通过各省份出口企业性质对比发现，浙江省民营企业出口比重最大，反映了浙江省民营经济最发达。见图2-4-36。

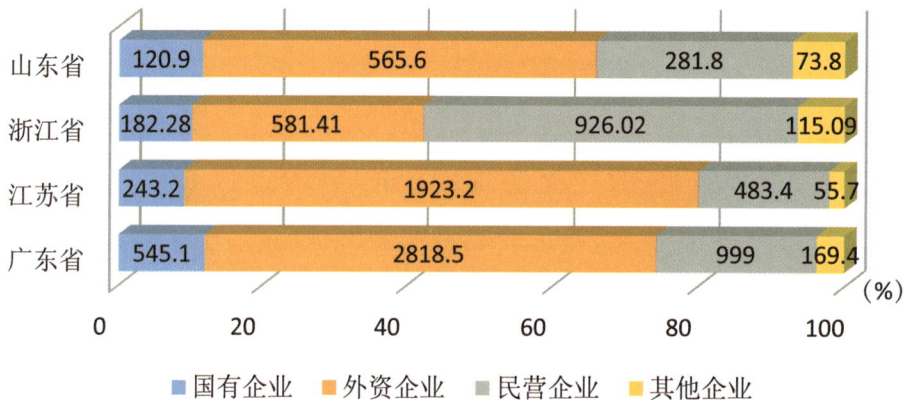

图2-4-36　四省不同性质出口企业出口额全省占比

　　2）广东省外资企业、国有企业、其他企业出口金额占全国同类企业出口总值比重均居首位。其中，外资企业占有较大优势，而国有企业、民营企业和其他企业也占有一定优势。

　　2012年，广东省各类企业出口金额占全国同类企业出口总值比重如下：外资企业占32.7%，国有企业占23.3%，民营企业与其他企业占24.3%。与广东省最接近的是江苏省，江苏省各类出口企业占全国同类企业出口比重分别如下：外资企业占22.3%，国有企业占10.4%，民营企业与其他企业占11.2%。广东省以外资企业占全国同类企业比重最大，其他各企业也都处于全国首位。但是，随着江苏省外资经济的不断发展，江苏省外贸总额的增长率大有赶超广东省之势。

与广东省情况不大相似的浙鲁各类企业出口金额占全国同类企业出口总值比重分别如下：浙江省，外资企业占6.7%，国有企业占7.8%，民营企业与其他企业占21.6%；山东省，外资企业占6.8%，国有企业占5.2%，民营企业与其他企业占1.5%。与这两省相比，广东省不仅在各类企业出口总额上遥遥领先，而且各类企业出口的分布比重也更为均衡。但不可忽视的是，浙江省民营企业出口金额占全国同类企业出口金额比重接近广东，并且由于浙江省更加注重民营企业的发展，民营企业发展增速已经超过广东省，并且大有在总额上超越广东省之势。见表2-4-8。

表2-4-8 四省不同性质出口企业出口额全国占比（%）

省份 \ 企业性质	国有企业	外资企业	民营企业及其他
广东	23.3	32.7	24.3
江苏	10.4	22.3	11.2
浙江	7.8	6.7	21.6
山东	5.2	6.8	1.5

数据来源：根据《2013年广东国民经济与社会发展统计公报》、《2013年江苏国民经济与社会发展统计公报》、《2013年浙江国民经济与社会发展统计公报》、中国海关总署网整理。

【小结】

广东省出口市场规模与增速均居全国首位，出口方式以加工贸易为主，外资企业出口在广东省出口总值中具有最重要地位，反映了广东省经济是典型的外资经济。同时，广东省出口贸易的洲际集中度极高，主要集中在亚洲、北美洲与欧洲。

与江苏省、浙江省、山东省相比，广东省出口结构更加多样化。广东省以出口劳动密集型产品（服装鞋类、家具、集装箱）与电子产品（电话机、自动数据处理设备、液晶显示板）为主，机电产品、高新技术产品、钢铁、汽车所占比重较小。

2.4.4 对外贸易的省内区域结构

（1）珠三角、粤东、粤西、粤北四地区比较

1）珠三角地区在广东省进出口市场中占有压倒性的主导地位，对外贸易在广东省省内的区域发展极为不平衡。

广东省经济发展报告（2015）
全球经济分化和三期叠加下的广东经济：预测、分析与对策

Guangdong Economy in the Context of Global Economic Differentiation and Three Phase
Stack: Forecast, Analysis and Solution

表2-4-9　2012年广东省进出口地区结构

地区	出口		进口	
	金额（亿美元）	占全省比重（%）	金额（亿美元）	占全省比重（%）
广东全省	3589.56	100.00	2521.62	100.00
珠三角	3417.77	95.21	2430.46	96.38
深圳	1619.79	45.13	1081.75	42.90
东莞	551.67	15.37	389.70	15.45
广州	374.05	10.42	393.32	15.60
佛山	245.78	6.85	137.62	5.46
珠海	177.83	4.95	196.57	7.80
中山	177.36	4.94	67.34	2.67
惠州	171.49	4.78	120.92	4.80
江门	79.49	2.21	30.91	1.23
肇庆	20.30	0.57	12.34	0.49
粤东地区	93.59	2.61	41.86	1.66
粤西地区	31.27	0.87	17.76	0.70
粤北地区	46.93	1.31	31.55	1.25

数据来源：根据《广东统计年鉴2013》计算整理。

如表2-4-9所示，2012年，广东省出口总额为3589.56亿美元，进口总额为2521.62亿美元，其中，珠三角地区出口额高达3417.77亿美元，占全省出口比重95.21%，进口额高达2430.46亿美元，占全省进口比重的96.38%。珠三角地区占据了广东省进出口贸易的绝大部分份额。而粤东、粤西、粤北地区出口额分别只占全省的2.61%、0.87%、1.31%；进口额只占全省的1.66%、0.70%、1.25%。也就是说，广东省除珠三角以外的其他区域对外贸易都十分落后，省内对外贸易的区域差距非常大。

而对外贸易情况也正是经济整体情况的一个缩影。广东省是全国改革开放的排头兵，但省内发达地区与平均地区之间的差距比全国还大，既有位于全国最发达城市序列的广州市和深圳市、位于全国经济最发达区域序列的珠江三角洲，同时又有位于全国最贫困县序列的东西两翼及山区县。广东省的经济不平衡发展造成了最富的地方在广东省，最穷的地方也在广东省的局面，贫富差距十分明显。这也是广东省提出要加快转型升级的原因。

近年来，珠三角经济实力进一步增强，呈现工业化、城市化、信息化和国际化互动共进的良好格局，经济总量继续保持快速增长态势，经济结构调整取得较大进展，产业进一步优化升级，经济效益进一步提高，区内人民的生活水平和质量有了较大提高。与此同时，粤东、粤西、粤北与珠三角的差

距也在进一步拉大。东西两翼与珠三角的人均地区生产总值扩大为四倍，山区县与珠三角的差距也保持在五倍，劳动力与产业由珠三角向粤东、粤西、粤北的转移迫在眉睫。

2）广东省各区域出口与进口分别占外贸总值的比重不尽相同。珠三角地区与粤北出口约为进口的1.5倍，粤西地区出口则接近进口的2倍，而粤东地区则超过了2倍。

（2）珠三角内部比较

珠江三角洲经济最重要的特点是外向型。珠江三角洲地区的国民生产总值约一半是通过国际贸易来实现的，外贸出口总额占全国的10%以上。不少企业的绝大部分产品供应国际市场。珠江三角洲地区发展外向型经济的基本途径是从境外引进资金、先进的技术、设备和管理。同时该地区有临近香港地区、澳门地区面向东南亚的位置优势，有侨乡的优势，有多优良海港和劳动力丰富等优势，再加上国家为这里制定的优惠政策，使这里成为吸引外商投资和外企落户的风水宝地。

2012年，深圳市出口总额为1619.79亿美元，占全省的45.13%；进口总额为1081.75亿美元，占全省的42.9%，几乎占据珠三角进出口市场的半壁江山。而东莞、广州、佛山、珠海、中山、惠州、江门、肇庆各地区出口总值之和为1797.98亿美元，占全省的50.1%；进口总值之和为1348.71亿美元，占全省总值的53.48%。可以说，在珠三角地区，深圳市与其他各地区平分秋色，见图2-4-37。

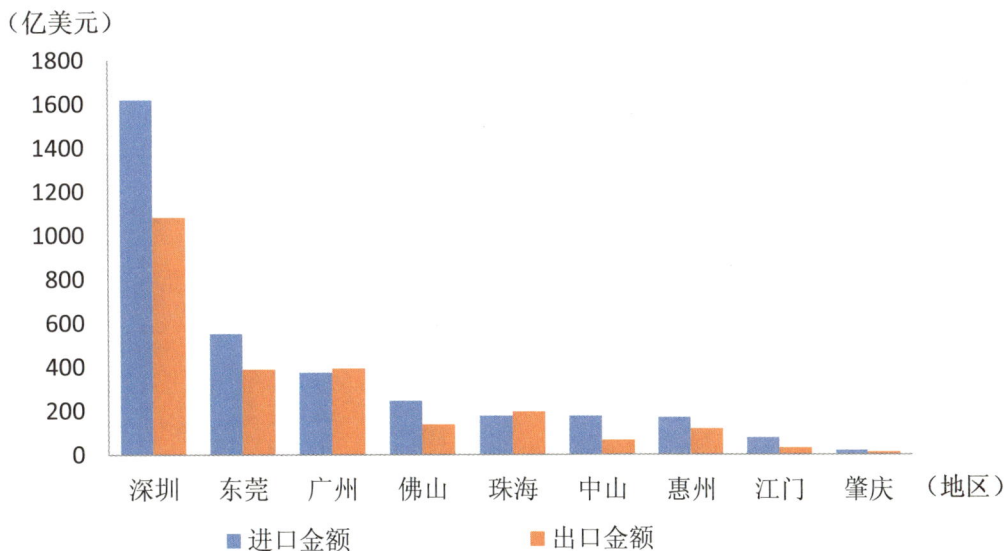

图2-4-37　2012年珠三角进出口地区结构

【小结】

珠三角地区在广东省进出口市场中占有压倒性的主导地位，粤东、粤西、粤北与珠三角差距巨大，对外贸易在广东省内的区域发展极不平衡。而在珠三角内部，深圳市与其他各地区各自占据珠三角外贸总额的半壁江山。

广东省经济发展报告（2015）
全球经济分化和三期叠加下的广东经济：预测、分析与对策

Guangdong Economy in the Context of Global Economic Differentiation and Three Phase
Stack: Forecast, Analysis and Solution

2.4.5 外资结构

（1）随着中国对外开放程度逐年加深，外商对全国的投资金额逐年增加，广东省接受外商直接投资数额虽有所增加，但已逐渐失去了改革开放初期的不可比拟的重要地位

从"六五"期间（1981～1986年）外商在全国的10.1亿美元投资到"十一五"期间（2006～2012年）的851.83亿美元外商投资，短短三十年间，中国接受外商投资急剧增加了约8500%，体现出改革开放后中国对外开放的程度日新月异。

多年来，广东省一直是中国外商直接投资最集中的地区，外资经济在广东经济中占有重要地位。从1981年至今，外商在广东省投入的资金始终占全国的1/5以上，改革开放以前与改革开放初期甚至一度超过了1/4。但是，近年来，随着中国区域发展格局和各地竞争力的变化，外商直接投资在中国的区域选择开始发生变化。长三角和环渤海地区外资流入相对增加，珠三角地区外资流入相对减少。广东省直接利用外商投资的金额占全国总水平的比例已从最高的23.6%逐年降低至"十一五"期间的21.3%。江苏、浙江两省1981年几乎没有外商投资的状况，但"十一五"期间，江苏省利用外商直接投资236.5亿美元，超出广东省的181.20亿美元近1/3，一举成为全国直接利用外商投资额最高的省份。浙江省的情况与此类似，改革开放以来每五年直接利用外商投资的金额都有成倍的增长，在"十一五"期间超过100亿美元，成为我国大规模直接利用外资的重要省份之一，见图2-4-38。

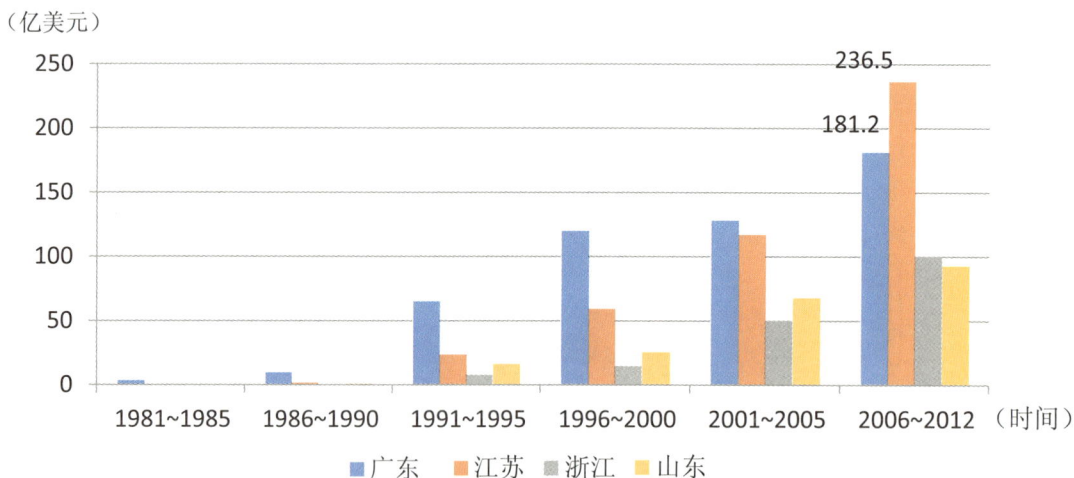

图2-4-38　1981～2012年各省每年利用外商直接投资的金额变化

此外，山东省的情况与江、浙两省类似，改革开放以来利用外资的比例大幅度提升，在"十一五"期间达到92.8亿美元，与改革开放初期相比翻了近六倍。

（2）从外资的国别来源来看，各个国家或地区对广东省直接投资占对中国内地直接投资的百分比都在近十余年逐渐下降，而长三角地区的同一数据则有一定程度的提高。广东省最受香港地区外资重视，长三角地区则受台湾地区和美国青睐

2000～2009年，来自我国香港地区、台湾地区，新加坡、韩国、日本、美国的外商纷纷增加对中国内地的投资，内地其他省份的开放使得广东省的重要性有所下降，结构上除日本外的各个国家或地区的对粤投资比重十年间下降15~28个百分点不等，但日本对粤直接投资在小幅度波动中有上升的态势，徘徊在15%~16%，见图2-4-39。

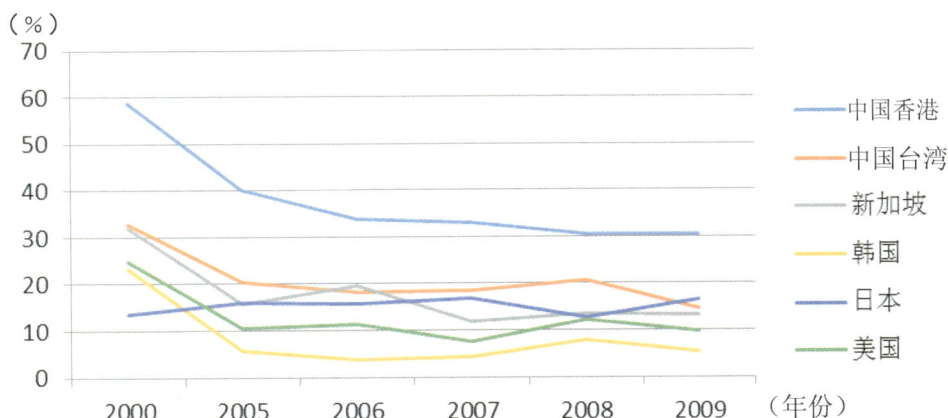

图2-4-39　部分国家和地区在粤直接投资占其在中国内地全部直接投资比重

在除日本外的各个国家或地区中，对粤直接投资占其在中国内地直接投资总额降幅最大的是香港地区，从2000年的58.67%下降到2009年的30.55%。但下降后广东省仍是香港地区最重要的外资投资市场之一；我国台湾地区与新加坡的对粤投资程度相似，均从2000年的32%左右下降到2009年的14%左右，跌幅超过一半；韩国和美国的对华投资结构也在这十年间经历了较大调整，截至2009年，两国对粤直接投资额均低于对华投资总额的10%。

与此相比，长三角的两省一市在这十年间得到的外资投入占全国总量的比例虽小有波动，但总体仍呈上升态势，在外商眼中的重要性逐渐增加。

在长三角地区，江苏省利用的外资直接投入的绝对值和相对全国的百分比均为最高，江苏省也在2009年超过广东省成为外商在中国内地最为重视的省份，接受的来自香港地区的直接投资超过香港地区对中国内地直接投资总额的20%，来自新加坡、韩国、日本与美国的直接投资均超过该国对中国内地直接投资总额的30%，来自台湾地区的外资更是达到了对中国内地总投入的65.39%。这样的增长速度对于"六五"期间并未开始接受外资的江苏省来说是非常出色的，也直接反映了外商近年来对长三角地区重视程度的攀升。见图2-4-40。

与江苏省相比，长三角区域的浙江省和上海市利用外商直接投资占其在中国全部直接投资的比重

则较低，并在2006年至2007年经历了不同程度的下跌。

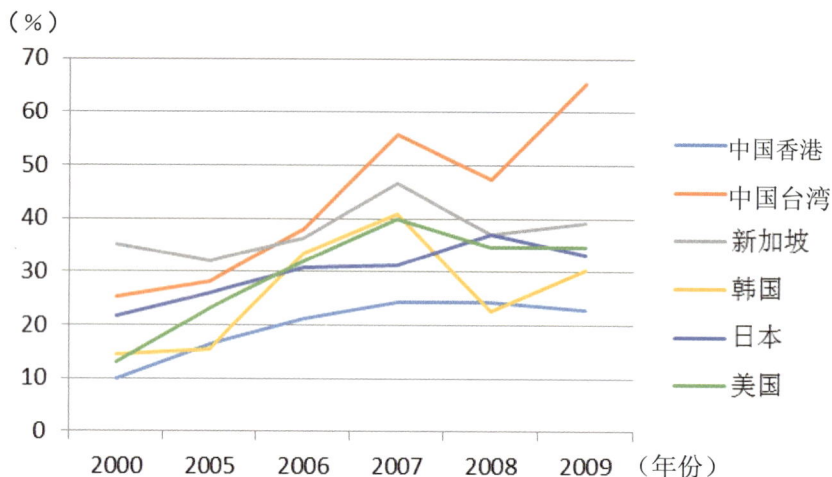

图2-4-40   部分国家和地区在江苏省直接投资占其在中国全部直接投资的比重

　　对上海市注入外资占其对中国内地投资总量最多的国家是日本，其在国内最重视的外资投入地区始终为上海地区，从2000年以来对沪投资的重视程度屡屡攀升，更是在2008年超过了其对中国内地投资总量的1/4。此外，来自美国的外资也很重视上海市，对上海市的投资占比一路提高，更是在2007年达到峰值20.15%。见图2-4-41。

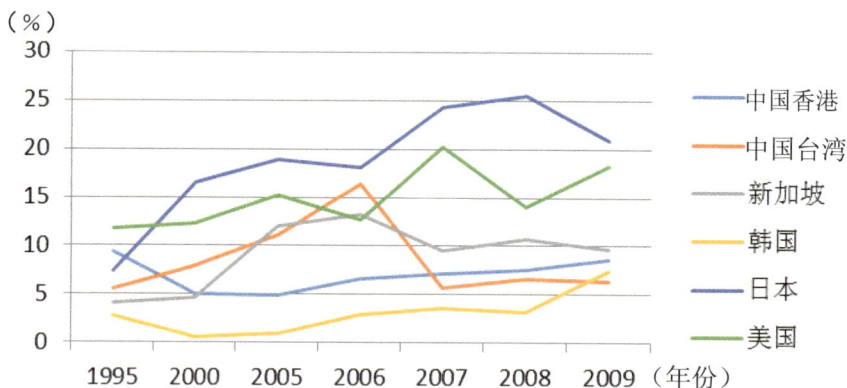

图2-4-41   部分国家和地区在上海市直接投资占其在中国全部直接投资的比重

　　浙江省在2006～2008年，受到外商重视的程度经历过一个较大幅度的下跌。现阶段在浙江省的外资主要来源国家中，美国对其最为重视。但2006年达到峰值21.64%后，美国对浙江省的投资占其对中国内地全部直接投资的比重也有所下降，直到2009年的15.11%。浙江省的第二大外资来源是香港地区，其对浙江省的直接投资占对全国全部直接投资的比重达到12.58%。见图2-4-42。

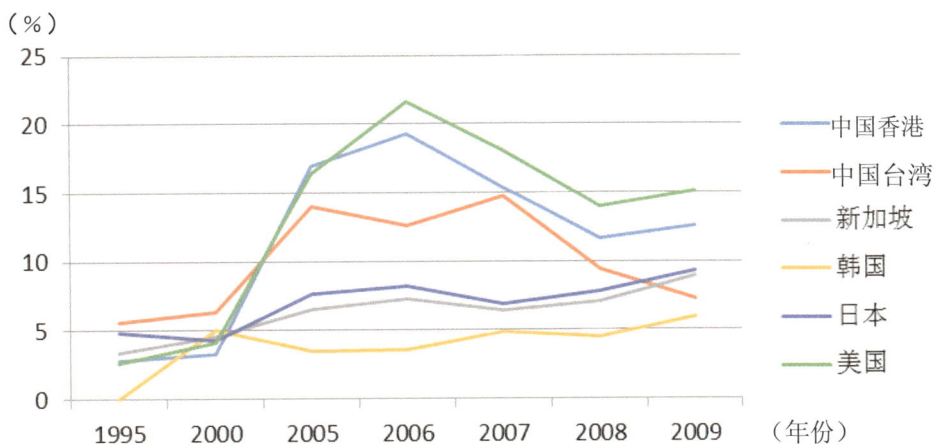

图2-4-42　部分国家和地区在浙江省直接投资占其在中国全部直接投资的比重

【小结】

近十年来，广东省接受外商直接投资数额虽有所增加，但在外商眼中已逐渐失去了改革开放初期不可比拟的重要地位。各个国家或地区对广东省直接投资占对中国内地直接投资的百分比都在近十余年逐渐下降，而长三角地区的同一数据则有一定程度的提高。这与中国逐年加深的对外开放程度是密切相关的，"十二五"期间，这种趋势没有改变，而且还在加强。

2.5 能源、环境问题分析

广东省既是能源消费大省，又是资源短缺大省，能源生产远远不能满足能源消费，能源自给率低。随着经济发展，能源需求快速增长，主要依靠从省外调进或者进口解决，对外依存度高，能源供应的安全稳定性受到严重威胁。此外，由于广东省工业用水污染较为严重，污染排放量偏大，对生态环境保护造成了严重影响，能源结构需要进一步调整和优化。

2.5.1 能源资源开发及其现状

（1）广东省能源资源匮乏

广东省煤炭、石油、水能以及油页岩等一次能源资源的可开采储量约25.7亿吨标准煤，人均资源占有量仅33吨标准煤，不到全国人均储量的1/20。主要能源资源及其开发现状如表2-5-1所示。

广东省经济发展报告（2015）
全球经济分化和三期叠加下的广东经济：预测、分析与对策

Guangdong Economy in the Context of Global Economic Differentiation and Three Phase
Stack: Forecast, Analysis and Solution

表2-5-1 广东省能源资源储藏量与开发状况

能源资源种类		单位	数量	能源资源特点、分布与开发状况
煤炭资源		亿吨	5.38	韶关、梅州、清远、茂名地区
水电资源可开发装机容量		万千瓦	883	主要分布在珠江、韩江。其中珠江581万千瓦，韩江133万千瓦，粤东诸河47万千瓦，粤西诸河72万千瓦。开发率已达74%，开发潜力有限
油气资源		亿吨	3.4	珠江口盆地
油页岩资源		亿吨	54	茂名
风能	陆上①	万千瓦	150	主要分布在广东省的沿海地区、近海海上和内陆的高山地带。已有陆地风电场，2004年装机容量8.34万千瓦，发电成本高
	近海	亿千瓦	1	
生物质能②		吨标准煤	7600万	类型多，有开发潜力；但技术上不够成熟，多处于研发阶段
海洋能			丰富	汕尾市有一座波浪能电站；技术上不成熟
太阳能（年辐射总量）		千焦耳/平方厘米	418.4~564.8	技术可行，因经济性较差，未大规模推广
地热能③			丰富	丰顺热电站已并网运行20多年

注：①广东省近期具备开发条件的风电场可装机容量。②生物质能源的理论生成量。③属中低温断裂型地热资源。

数据来源：根据中国国家统计局网站信息整理。

从传统能源来看，全省煤炭、石油、天然气、油页岩人均资源占有量低，水电资源的开发率已达74%，未来开发潜力较低。从新能源来看，广东省的海洋能、地热能储量丰富，风能、太阳能、生物质能储量充足，开发前景好。但由于技术不成熟，经济性差，发电成本高的原因，新能源所占比重较低，广东省主要依赖传统能源，能源资源较为匮乏。未来应加大对新能源的研发和推广应用力度，改善能源资源紧张的现状。

（2）能源生产增长不能满足经济发展的需求，能源压力大

从纵向来看，从图2-5-1可以看出，1990~2012年，广东省能源生产增长率不稳定，增长率最高的年份是1997年，达到43.3%，之后几年连续下滑，2005年回升到20%左右。在1999~2002年，2006~2008年，广东省能源生产出现了负增长的现象，依赖外省能源调入，这与该段时期经济发展迅速，自身能源资源匮乏，能源生产能力赶不上经济发展的速度有关。2009年，本省能源生产增长率为12.5%，之后波动下滑，2010年和2012年广东省能源生产几乎没有明显增长。

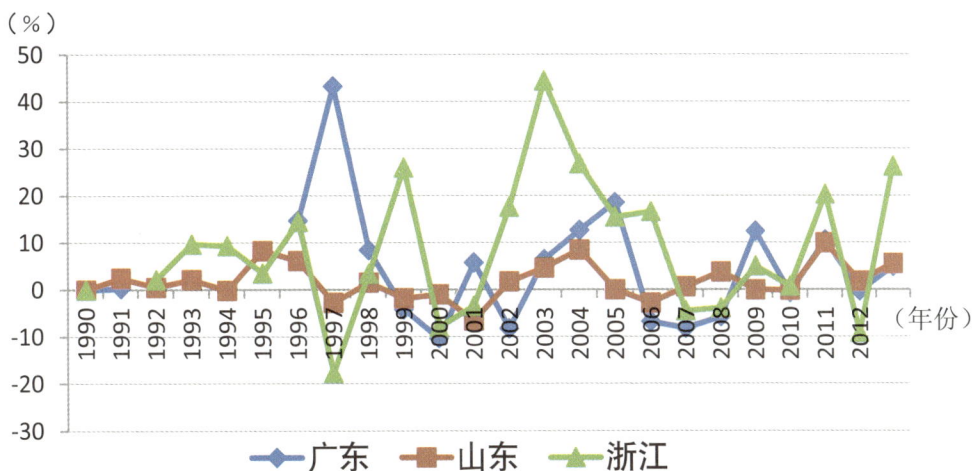

图2-5-1　1990～2012年广东省、山东省和浙江省能源生产增长率

从横向来看，从图2-5-2可以清楚地看出，广东、浙江、山东三省的电力生产增长率1990年以来的变化趋势趋同。山东省历年的电力生产增长率最高，最高年份达到50%以上，这与山东省能源资源基础好，煤炭、石油储量较为丰富有关。浙江省历年电力生产增长率低于山东省，但高于广东省，1998年以后大部分年份增长率在20%以上，最高年份达到30%左右。广东省的电力生产增长率在三个省份中最低，且与山东省差距较大，历年增长率均在20%以下。2010年，广东省的电力生产增长率达到历史最高值20.1%，但之后两年，三省的增长率均连续大幅度下降，2012年，三省的增长率均在5%以下，其中广东省出现了负增长。2013年，广东省GDP总量达62164亿元，山东省为55000亿元，浙江省为37569亿元。对比三省的能源生产增长状况，结合广东省多年GDP第一大省的地位，经济总量大，经济增长迅速，人口总数多，以加工贸易为主，工业发达，能源需求量巨大的特点，广东省的能源压力比山东省、浙江省更大。

广东省经济发展报告（2015）
全球经济分化和三期叠加下的广东经济：预测、分析与对策

Guangdong Economy in the Context of Global Economic Differentiation and Three Phase
Stack: Forecast, Analysis and Solution

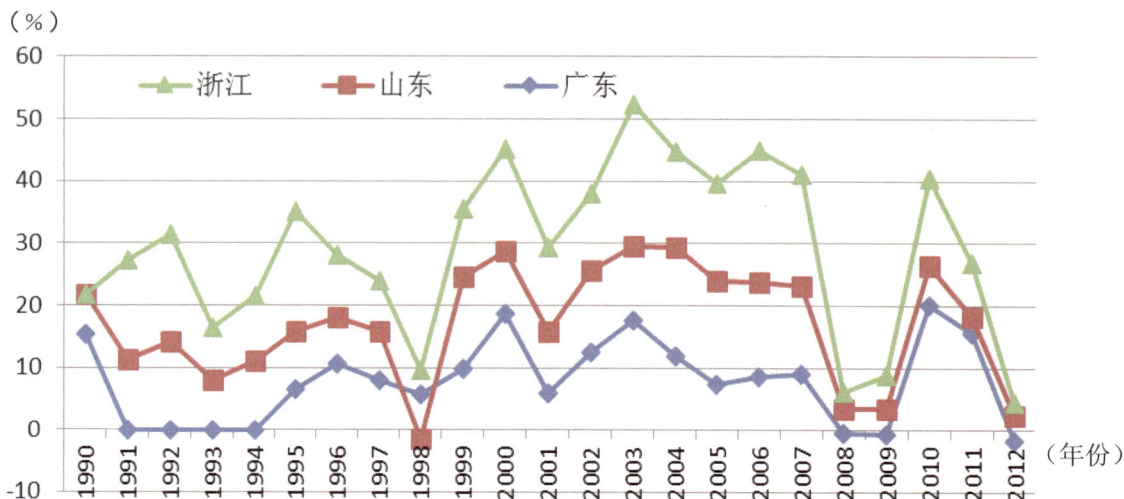

图2-5-2　1990～2012年广东省、山东省和浙江省电力生产增长率

　　总的来看，广东省能源资源匮乏，人均资源占有量远低于全国平均水平。能源生产的增长速度赶不上经济发展的速度，能源消费依赖外省调入。广东省主要依赖水电等传统能源，能源压力大。新能源储量丰富，开发前景好，但目前技术水平较低，新能源的比重不高。未来应加强新能源的研发和推广力度，改善本省能源紧张的局面。

2.5.2 能源供需平衡状况

（1）能源供应自给率低，对外依存度高

　　广东省能源生产总量从1990年的1006.24万吨标准煤提高到了2010年的5268.89万吨标准煤的峰值水平，年平均增长率达到了8.63%，总体发展速度还是很快的。但是，随着原煤产出的逐渐减少，到2006年，广东省完全退出原煤生产，从而使能源生产总量在2010年之后开始下降，2012年，能源生产总量为5088.88万吨标准煤，比2010年的最高水平下降了3.42%。见表2-5-2。

　　2012年，广东省继续加强同省外的联系和合作，扩大能源调进，能源调进总量为25768.99万吨标准煤，比2011年略有减少。其中，从外省调入17527.03万吨标准煤，比2011年减少了878.9万吨标准煤。从国外进口8241.96万吨标准煤，比2010年增加了737.9万吨标准煤。能源调进以外省调入为主，外省能源调入量占能源调进总量的68.2%，从国外进口的能源占能源调进总量的31.8%。从能源品种来看，从省外调进的能源以原煤、电力、原油和燃料油为主。

　　从外省调入的能源主要是原煤和电力，原煤主要从北方几个产煤省份调入，电力以从西部引进为主。从国外进口的能源主要是原油和燃料油。

表2-5-2 广东省能源生产总量及构成

项目 \ 年份	1990	1995	2000	2005	2010	2011	2012
能源生产总量（万吨标准煤）	1006.24	2622.53	3711.69	4758.79	5268.89	4846.76	5088.88
原煤（%）	63.1	29.1	8.0	7.2	–	–	–
原油（%）	7.0	35.5	53.6	44.1	37.9	34.0	34.0
电力（%）	29.9	34.9	27.1	36.2	40.7	43.2	44.2
天然气（%）	–	0.5	11.3	12.5	21.5	22.9	21.8

（2）能源消费缺口大

从1999年起，广东省能源生产和消费就出现较大的缺口，且该缺口呈逐年扩大的趋势，处于供不应求的紧张状态。观察图2-5-3可以发现，1999年，广东省能源消费量为8735万吨标准煤，生产量为3509万吨标准煤，消费量约是生产量的2.5倍。此后消费量逐年大幅增加，年平均增长率为10.6%，生产量也有增加，但1999年以来年平均增长率仅为3.1%，且2004年以后生产量有放缓和下降的趋势，能源消费的增长率远远快于生产的增长率。到2012年，广东省能源消费量达到29144万吨标准煤，生产量为5088.88万吨标准煤，消费量约是生产量的5.7倍，能源消费缺口扩大。

山东、浙江两省同样面临着能源供不应求的状况，且能源消费缺口也呈现逐渐扩大的趋势。2012年，山东省能源生产量为17261.75万吨标准煤，消费量为38899万吨标准煤，消费量是生产量的2.3倍；浙江省的生产量为1709.98万吨标准煤，消费量为18076.18万吨标准煤，消费量是生产量的10.6倍，浙江省的能源消费缺口目前是三省中最大的。

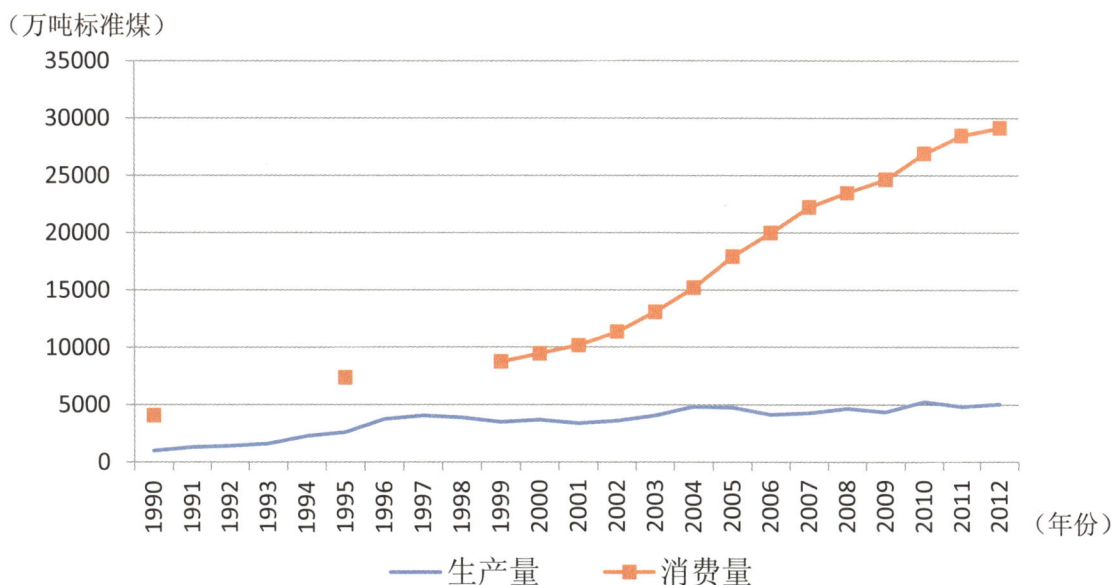

图2-5-3 1990～2012年广东省能源消费缺口

广东省经济发展报告（2015）
全球经济分化和三期叠加下的广东经济：预测、分析与对策

Guangdong Economy in the Context of Global Economic Differentiation and Three Phase
Stack: Forecast, Analysis and Solution

（3）主要能源依赖外部调入，供需不平衡

在主要的传统能源方面，与山东、浙江、江苏三省对比，广东省的天然气生产较为充足，基本可以满足本省供需平衡。从图2-5-4到图2-5-7可以清楚地看出，2012年，广东省的天然气产量除了满足本省需求之外，还有约9%的调出量。而其他三省的天然气生产量比重很小，90%以上依赖外省调入，浙江省的天然气生产量几乎为零，天然气全部依靠外省输入。电力是广东省的主要消费能源，2012年，广东省的电力生产量约占消费量的42%，58%的电力消费依赖外省调入，电力自给率不足50%。相比之下，浙江省的电力生产量达到总消费量的六成以上。此外，2012年广东省油品生产量约占消费量的22%，其余部分主要依靠外省调入和进口。四省中油品自给率最高的是山东省，生产量达到总消费量的一半以上。但总体来看，四省的油品生产均存在较为明显的供不应求局面，相当一部分的油品消费依赖进口。广东省的原煤消费存在严重的供需不平衡，广东省的煤炭资源较为匮乏，2012年原煤的生产量几乎为零，本省62%的原煤来自外省调入，其余部分为进口。浙江省的情况与广东省较为相似，所需原煤全部来自外省调入和进口。江苏省原煤生产量占需求量的比重不足10%，八成以上的原煤同样来自外省调入。四省中只有山东省的原煤生产可以满足四成以上的需求。

从总体上看，能源供需不平衡在沿海发达省市中较为常见。广东省存在较为明显的能源供需不平衡状况，除天然气外，电力、原煤、油品等主要传统能源的生产都不能满足本省需求，对外省能源调入和进口的依赖程度高，能源安全性较差。伴随着广东省经济的快速增长，能源的需求量将持续扩大，如果继续依靠上述传统能源，供需不平衡的局面将更加严重。因此，加快推进新能源的开发和利用，逐步降低对传统一次性能源的依赖程度是当务之急。

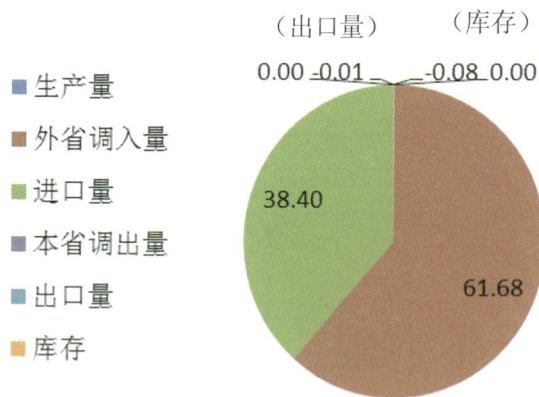

图2-5-4　能源平衡表：原煤

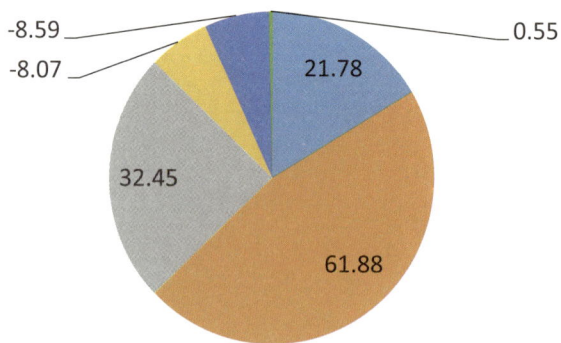

图2-5-5　能源平衡表：油品

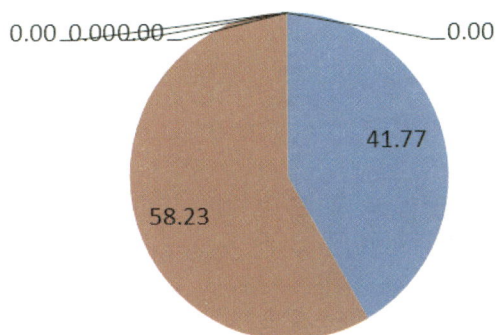

图2-5-6 能源平衡表：电力

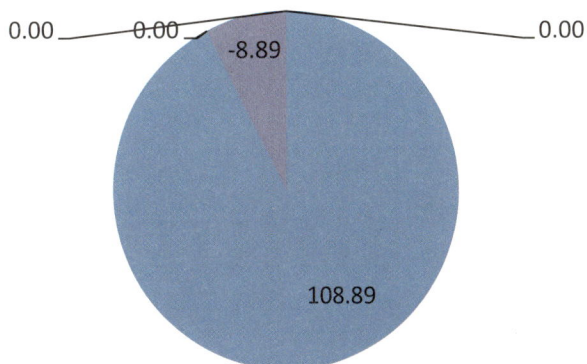

图2-5-7 能源平衡表：天然气

2010年以后，广东省的能源生产总量呈下降趋势，能源供给自给率低，原煤、电力、原油和燃料油等主要能源依靠外省调入和进口，能源的安全性差。广东省能源生产和消费一直存在较大的缺口，且近十年来该缺口逐年扩大，能源处于供不应求的紧张状态，山东和浙江两省也面临同样的问题。未来，伴随着广东省经济的发展，能源需求将继续增大，而能源生产乏力。因此，要提高传统能源的使用效率，加快新能源的开发和利用，逐步降低对传统一次性能源的依赖程度，改善能源供需不平衡的局面。

2.5.3 能源消费构成及特点

广东省是全国第一经济大省，而伴随着经济的发展是巨大的能源消耗，每年能源消耗量占全国能源消耗量的9.1%。然而，广东省常规能源十分匮乏，过于依赖进口和省外资源引入的滞后供应模式，将直接制约广东省经济可持续发展，导致能源供应中出现短缺、脱销等问题。下面从广东省能源消费总量、增长率和各项能源消费所占比重方面，分析广东能源消费构成及特点。

（1）能源消费总量及变化趋势

从图2-5-8可以看出，广东省的能源消费总量在1999年之后呈现连续飞速增长的趋势，到2012年，广东省的年能源消费量已经达到28144万吨标准煤，能源消费总量巨大。并且伴随着近年来广东省GDP8%左右的增长率，未来能源消费总量将继续以较快速度增加。而广东省的能源生产量在经历过一个较快增长时期后趋于平缓，2004年以后，广东省年平均能源生产量维持在5000万吨标准煤左右，并没有跟上能源消费量快速增长的节奏，能源消费与生产的缺口日趋扩大。

广东省经济发展报告（2015）

全球经济分化和三期叠加下的广东经济：预测、分析与对策

Guangdong Economy in the Context of Global Economic Differentiation and Three Phase
Stack: Forecast, Analysis and Solution

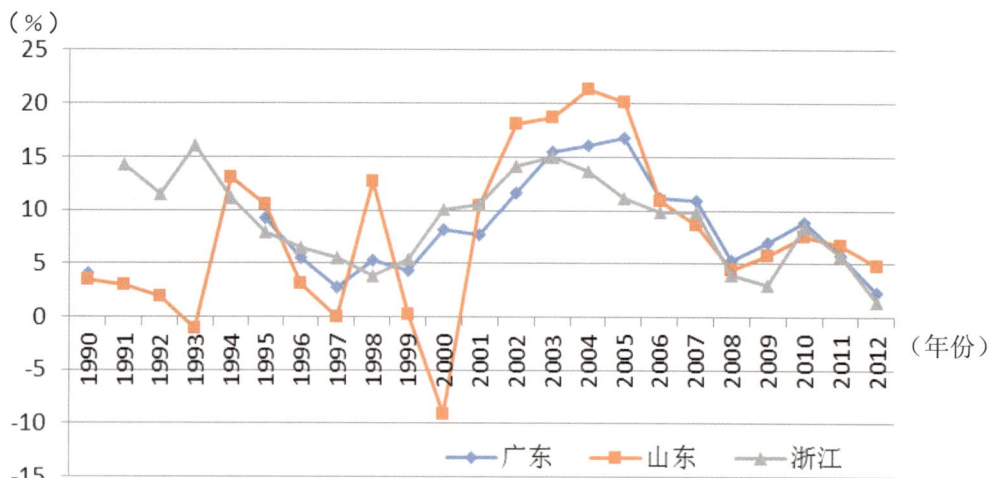

图2-5-8 1990～2012年广东省、山东省和浙江省能源消费增长率

从增长率来看，虽然近几年广东省能源和电力消费增长率呈波动下降趋势，但由于能源消费总量巨大，每年增长的绝对值依然较大，绝对值高于山东、浙江两省。从图2-5-8中可以清楚地看出，1997年之后，广东省的能源消费飞速增长，增长率在2005年到达峰值，由2.7%跳跃至16.8%。2005年之后，能源消费的增长速度放缓，增长率也呈现波动下降的趋势，2012年广东省能源消费增长率又回复到2.3%。

电力是广东省主要的能源消费对象，对比山东、浙江两省的电力消费增长率，从图2-5-9中可以看出，1990年以来广东省的电力增长率一直是三个省中最低的。而三省的电力消费增长趋势总体相同，2000~2007年，广东省的电力消费增长较快，年增长率维持在10%以上，2007年以后，电力消费增长的速度波动下降，2012年增长率低于5%。这与广东省电力使用的效率提高有关。

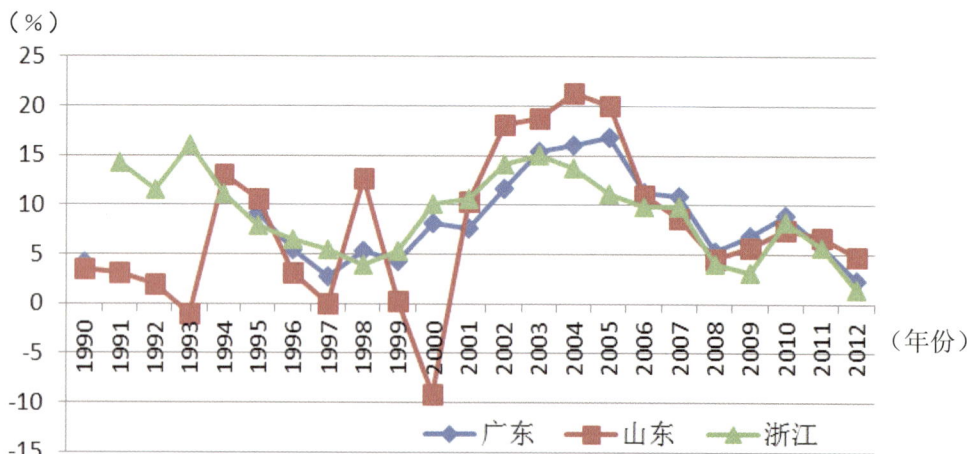

图2-5-9 1990～2012年广东省、山东省和浙江省电力消费增长率

（2）能源生产主要以原油和电力为主，能源压力大

从能源生产总量的构成来看，1990年以后，广东省能源生产结构发生了较大变化。表2-5-3中显

示，1990年，广东省能源生产六成以上是原煤，三成为电力，原油生产仅为7%，而天然气生产还没有起步。之后广东省原煤生产量快速下降，2000年原煤生产量占一次能源生产量的比重仅为8%，2005以后，广东省逐渐停止了原煤生产。而原油的比重则经历了一个先上升后下降的趋势，电力和天然气的比重一直以较快的速度增长，电力成为广东省能源生产中最主要的部分，天然气经历了一个从无到有的飞速发展过程，2010年以后，天然气比重维持在20%以上。2012年，广东省原油、电力和天然气的生产量占一次能源生产总量的比重分别为34%、44.2%和21.8%，原油和电力两者合计比重高达78.2%，是能源生产的主要品种。新的可再生能源的构成十分低，而传统能源工业的进一步发展开始面临成本增高、运输和环境污染压力等问题。而且随着作为广东省支柱产业的汽车产业的高速发展，粤港澳经济合作步伐的加快，为了使省内经济持续平稳发展，作为世界制造业基地的广东省需要充足的能源作为经济腾飞的后盾，因此，对能源的需求将会有增无减，广东省的能源压力将会更大。

表2-5-3 广东省能源生产总量及构成

年份 项目	1990	1995	2000	2005	2010	2011	2012
能源生产总量（万吨标准煤）	1006	2623	3712	4759	5269	4847	5089
原煤（%）	63.1	29.1	8	7.2	—	—	—
原油（%）	7	35.5	53.6	44.1	37.9	34	34
电力（%）	29.9	34.9	27.1	36.2	40.7	43.2	44.2
天然气（%）	—	0.5	11.3	12.5	21.5	22.9	21.8

与广东省的能源生产结构不同，山东省的能源生产中原煤和原油一直占据着主导地位。1990年，山东省的原煤生产占一次能源生产总量的比重约为46%，原油为52%，二者合计比重高达98%，天然气和电力生产所占比重微乎其微。1990年之后，山东省的原煤生产比重持续快速上升，而原油的比重则相应下降，2012年，山东省原煤和原油占一次能源生产总量的比重分别为75%和24%，二者合计比重超过99%，电力和天然气的比重更小了，二者合计比重不足1%。山东省的能源生产几乎被原煤和原油垄断，并且近十几年来更加依赖煤炭，能源生产结构过于单一。

与山东省相比，广东省的能源生产结构较为合理，以电力和原油生产为主，各种一次能源生产较为分散。山东省的能源生产结构过于倚重原煤，必然导致能源使用效率较低，且空气污染严重。

（3）能源消费结构变化大，以电力为主

广东省能源消费的种类主要是电力、油品和煤炭。改革开放初期，广东省能源消费主要是以煤炭、薪柴等不可再生能源为主，煤炭是第一大消费能源，电力消费也占了一定的比重。近年来，新能源（风电、太阳能、天然气）在能源总体消费中所占比重明显提高。

图2-5-10显示，1985以来，广东省的能源消费结构发生了巨大的变化。1985年，主要能源消费量所占比重最大的是煤炭，其次是电力、油品，三者的比重约为4∶3∶2。之后煤炭消费的比重一路下滑，由1985年的40%下降到2011年的12%，下降了28个百分点。电力消费的比重在1985年为29.1%，之后大幅度上升，并在1990年超过煤炭，成为本省最主要的消费能源。到2011年，电力的消费比重达48.6%，较1985年上升了19.5个百分点，电力消费占到了全省能源消费的一半。油品消费占全省主要能源消费的比重没有发生较大的变化，一直维持在一个相对稳定的水平，每年均在20%左右波动，目前居于煤炭之上，是广东省比重第二大的消费能源。

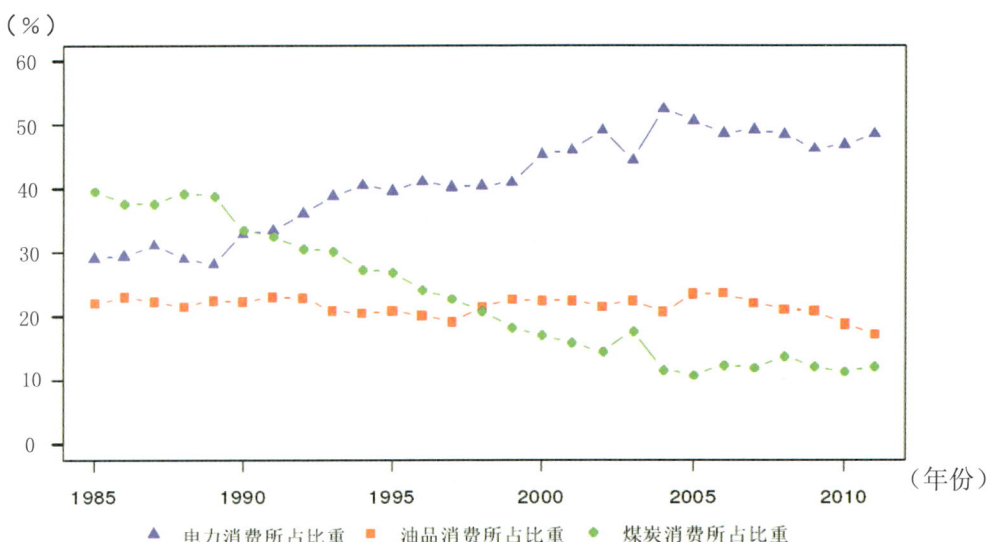

图2-5-10　1985年以来广东省主要能源消费量所占比重

广东省作为全国经济第一大省，能源消耗总量大，约占全国能源消耗量的9%，但近十年来能源消费的增长速度在下降。目前，广东省的能源消费结构以电力为主，其次是油品和煤炭，优于以煤炭消费为主的山东省。能源生产结构以原油和电力为主，新的可再生能源的构成十分低，传统能源工业面临成本增高、运输和环境污染的巨大压力。

2.5.4 能源使用效率

广东省是全国第一经济大省，伴随经济发展的是巨大的能源消耗，每年能源消耗量占全国能源消耗量的9.1%。然而，广东省常规能源十分匮乏，过于依赖进口和省外资源引入的滞后供应模式，将导致能源供应中出现短缺、脱销等问题。因此，能源使用效率至关重要，直接关系到广东省经济的可持

续发展。下面主要从工业用能效率方面，分析广东省能源使用的效率和发展趋势。

（1）工业用能效率不断提高

观察图2-5-11可以发现，在GDP排名前四的经济大省广东省、山东省、江苏省、浙江省中，广东省的工业用能效率一直是四省中最高的，并且呈逐渐提高的趋势。这体现在单位地区生产总值能耗和单位工业增加值能耗两个指标上。从图2-5-11中可以看出，自2005年以来，广东省单位地区生产总值能耗（等价值）一直是四个经济大省中最少的，远远低于能耗值最高的山东省，并且该能耗呈持续下降的趋势。2005年，广东省的单位地区生产总值能耗（等价值）为0.79吨标准煤/万元，到2012年下降到0.53吨标准煤/万元，仅为山东省的65%。

（吨标准煤/万元）

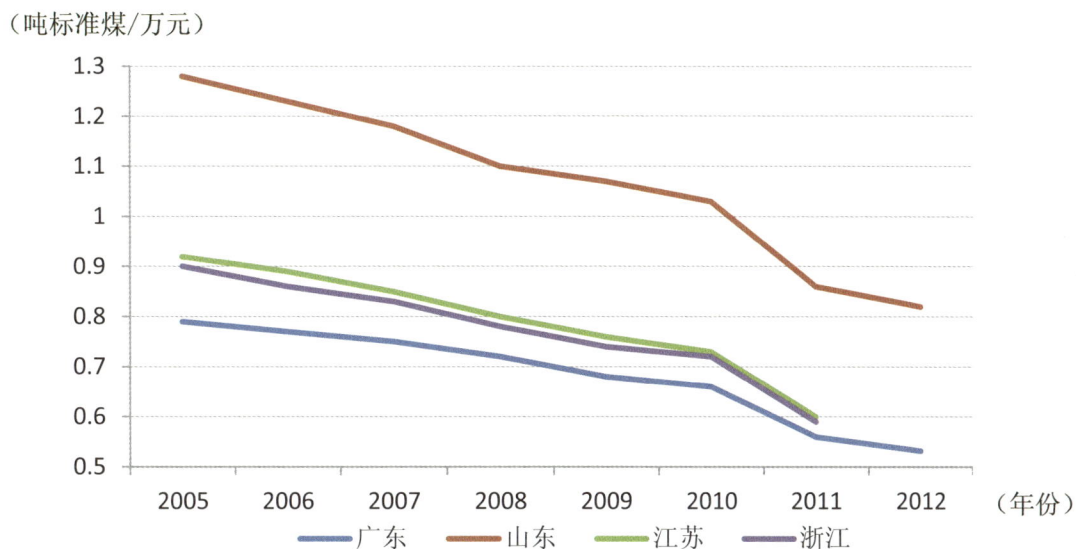

图2-5-11　单位地区生产总值能耗(等价值)

（2）单位工业增加值能耗四省最小

从图2-5-12可以清楚地看出，广东省的单位工业增加值能耗也一直是四省中最小的，仅为山东省的一半，且广东省的该能耗在继续下降之中。2005年，广东省的单位工业增加值能耗（规模以上相当量）为1.08吨标准煤/万元，山东省为2.15吨标准煤/万元。到2012年，两省的单位工业增加值均下降不少，广东省为0.63吨标准煤/万元，山东省为1.26吨标准煤/万元，但广东省的单位工业增加值能耗始终是山东省的一半左右。

广东省的能源使用效率与山东省、江苏省、浙江省相比，具有明显优势。广东省的工业用能效率近十年来一直是四省中最高的，并且呈现逐年提高的趋势。广东省单位工业增加值的能耗也是四省中最小的，仅为山东省的一半，并且还在继续下降之中。这与广东省以水电为主的能源消费结构有关。但是本省的能源压力依然很大，未来应继续发挥在工业用能效率方面的优势，进一步提高能源使用效

广东省经济发展报告（2015）
全球经济分化和三期叠加下的广东经济：预测、分析与对策

Guangdong Economy in the Context of Global Economic Differentiation and Three Phase
Stack: Forecast, Analysis and Solution

率，减轻能源和环境的压力。

（吨标准煤/万元）

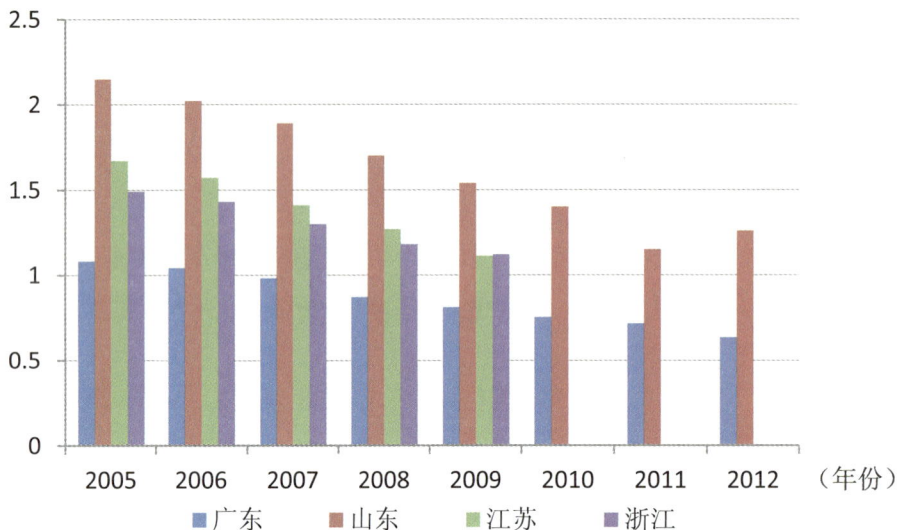

图2-5-12　单位工业增加值能耗（规模以上当量值）

2.5.5 能源生产消费与经济发展

（1）能源消费与经济发展的总体关系和主要指标

总体来看，能源消费和经济增长呈正相关的关系，二者同向变化。能源消费的增加会带动劳动生产率的提高，进而带动地区生产总值的提高，促进经济发展。而经济的快速发展势必需要消费和生产更多的能源量，能源消费和生产也就会增加。数据显示，广东省经济高速增长时，能源消费也有大幅度的提高，而能源消费增长率下降的年份，GDP增长也较为平缓，二者相互促进、相辅相成，能源消费和经济增长总体上呈螺旋上升的趋势。

在描述能源消费和经济增长的正相关关系时，引入以下变量：

$$能源生产弹性系数 = \frac{能源生产总量增长速度}{国民经济增长速度}$$

$$电力生产弹性系数 = \frac{电力生产总量增长速度}{国民经济增长速度}$$

能源（电力）生产弹性系数描述当经济增长一定比例时能源（电力）生产增长的比例，反映能源（电力）生产的增长速度和经济增长速度之间的关系。能源生产弹性系数大于1，说明能源生产的增长速度快于GDP增长的速度；能源生产弹性系数小于1，说明能源生产增长的速度慢于GDP增长的速度。

$$能源消费弹性系数 = \frac{能源消费总量增长速度}{国民经济增长速度}$$

$$电力消费弹性系数 = \frac{电力消费总量增长速度}{国民经济增长速度}$$

能源（电力）消费弹性系数描述当经济增长一定比例时能源（电力）消费增长的比例，反映能源（电力）消费的增长速度和经济增长速度之间的关系。能源消费弹性系数大于1，说明能源消费的增长速度快于GDP增长的速度；能源消费弹性系数小于1，说明能源消费增长的速度慢于GDP增长的速度。

从图2-5-13中可以看出，1995~2012年广东省能源消费弹性系数变化的过程，大致分为三个阶段：2003年以前，广东省的能源消费弹性系数一直小于1，但呈现波动上升的趋势，说明1995～2002年广东省的能源消费增长速度慢于经济增长的速度，但能源消费的增长速度在快速上升。2003~2005年，广东省能源消费弹性系数继续上升并且超过了1，说明这三年中广东省能源消费的增长速度快于经济增长速度。2005年之后，能源消费弹性系数出现大幅度下降，在2008~2010年，出现小幅度的上升后，继续下降，该阶段广东省进入了后工业化时期，能源消费弹性系数小于1，能源消费的增长速度慢于经济的增长速度。总体来看，广东省能源消费弹性系数呈现"M"型的变化趋势，对比山东省、浙江省发现，该变化趋势与全国其他经济大省基本相同。

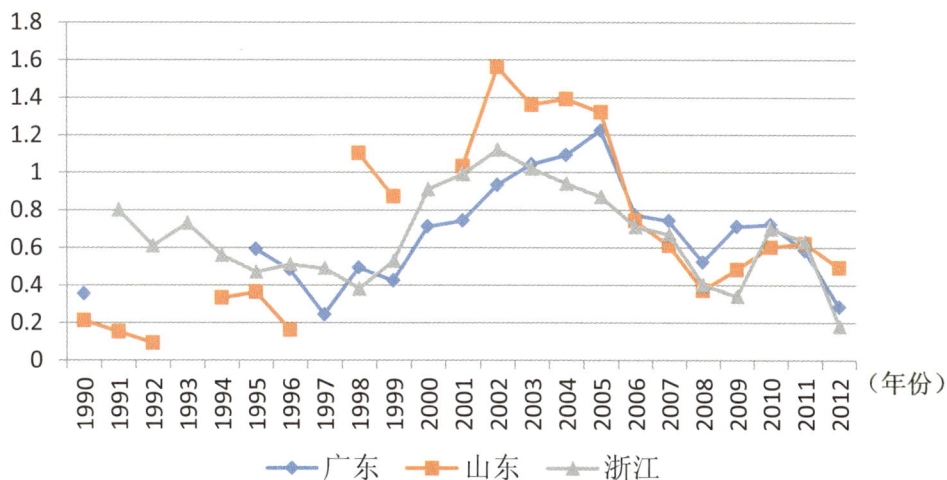

图2-5-13　1990～2012年广东省、山东省和浙江省能源消费弹性系数

电力消费在广东省能源消费中所占的比重最大，同时期，广东省电力消费弹性系数也具有类似的变化过程。从图2-5-14中可以看出，1999年以前，广东省的电力消费弹性系数小于1，说明该时期广东省电力消费增长速度慢于经济增长速度，2000年，广东省电力消费增长速度大幅度提高，电力消费增长速度是经济增长速度的2倍，此后一直到2004年，广东省电力消费的增长速度都快于经济增长的速度，电力消费弹性系数大于1。2004年以后，广东省进入后工业化时期，电力消费弹性系数下降到了1

以下，最低年份（2008~2009年）只有0.3左右，电力消费的增长速度明显慢于GDP的增长速度。

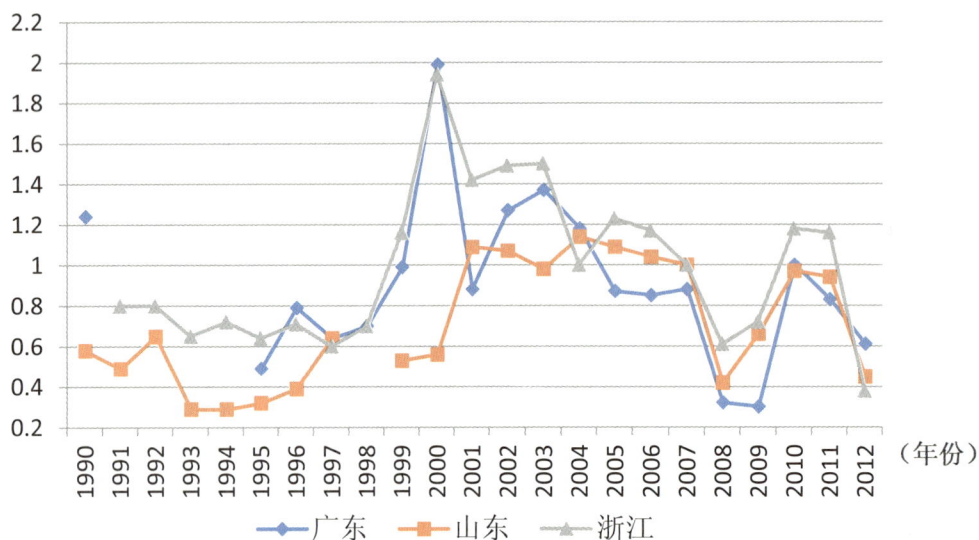

图2-5-14　1990～2012年广东省、山东省和浙江省电力消费弹性系数

（2）能源消费与经济发展的阶段性分析

改革开放以来，广东省经济发展迅速，与此同时，能源消费量也逐年上升，与经济发展阶段相吻合，能源消费与经济发展的关系大致可以分为以下几个阶段：

第一阶段为1978~1990年。这一阶段能源发展相对滞后，由于该阶段处于改革开放初期，经济发展速度较快，能源供应速度跟不上经济发展的速度，经济增长主要靠投入较多的劳动力来带动；1990年能源消费弹性系数为0.66，电力消费弹性系数为1.24。

第二阶段为1990~2000年。这一阶段为能源优化调整阶段，该阶段经济实现跨越式发展，工业发展飞速，广东省大量引进先进的生产工艺和设备，能源利用效率不断提高。2000年能源消费弹性系数上升为0.71，电力消费弹性系数为1.99。

第三阶段为2000年以后。该阶段广东省经济呈直线上升趋势，能源需求也快速增长，但由于新能源的出现和科学技术的进步，能源的利用效率大大提高，2011年能源消费弹性系数为0.58，电力消费弹性系数为0.83。

广东省能源一直处于供不应求的紧张状态，而且近十几年来，能源供求矛盾呈扩大的趋势。目前，全省的一次性能源生产总量为4846.76万吨标准煤，仅占全国一次性能源生产总量317987万吨标准煤的1.5%。此外，能源生产已经远远不能满足能源消费的需求，能源生产出现巨大的缺口，再加之能源消费与经济增长的外部矛盾，广东省能源发展前景不容乐观。

总的来看，能源消费和经济发展呈正相关的关系，广东省经济高速增长时，能源消费也有大幅度提高，二者相互促进，总体上呈现螺旋上升的趋势。改革开放以来，广东省经济快速发展，能源消费量也在逐年上升，与经济发展阶段相吻合。能源的生产和消费对经济发展具有重大意义，确保能源生产和消费的安全是经济长期发展的后盾。

2.5.6 生态环境

（1）工业用水污染严重，废水排放总量大

广东省的工业发达，水资源丰富，充足的淡水资源为大量工厂提供便利的同时，也产生了数量巨大的工业废水，废水中主要污染物的排放量明显高于全国平均水平，广东省的水污染严重。

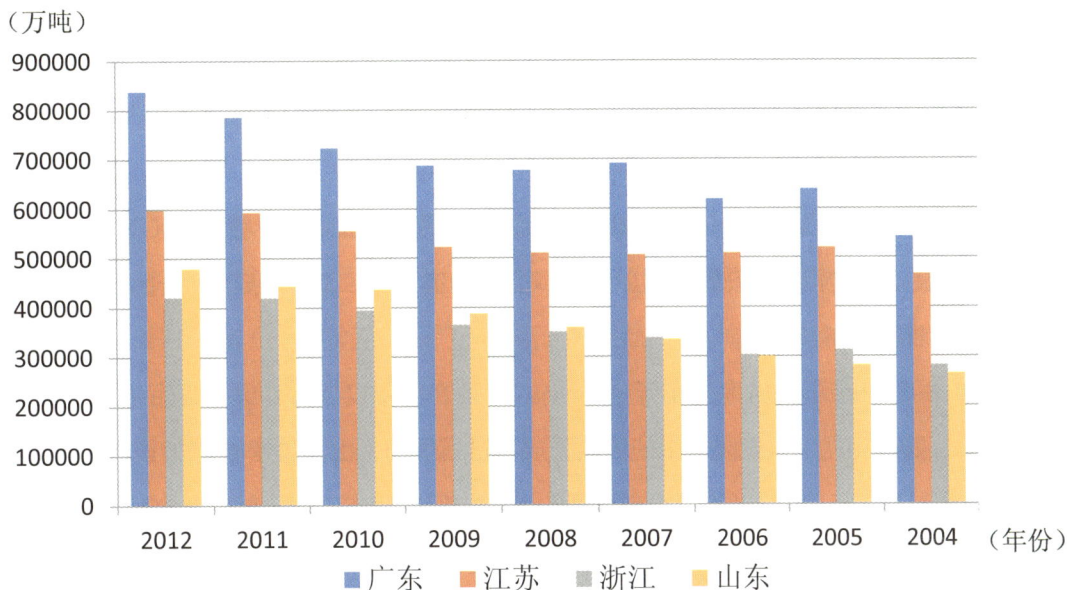

图2-5-15 废水排放总量

从图2-5-15中可以清楚地看出，广东省的废水排放总量大，且呈逐年增加的趋势。2004年，广东省废水排放总量为541717万吨，2012年增加到838551万吨，短短八年，废水排放总量年增加了296834万吨，增长了55%，废水排放的年平均增长速度高于全国平均水平，也高于山东、江苏、浙江三个经济大省。2004～2012年，广东省废水排放总量远远高于其他三个省份，约是浙江省和山东省的两倍，且差距有逐渐拉大的趋势。2004年，江苏省废水排放总量是466111万吨，广东省的废水排放总量比江苏省高75606万吨。而2012年，江苏省废水排放总量为598211万吨，广东省废水排放总量比江苏省高240340万吨。四个省份中，废水排放量最低的省份是浙江省和山东省，2012年废水排放总量都在500000万吨以下，其次是江苏省，广东省的废水排放总量一直是四省中最高的。

广东省废水中主要污染物排放也明显过高。观察2004~2012年四省废水中化学需氧量排放量柱形图（见图2-5-16），可以明显看出，广东省废水中的化学需氧量排放明显高于其他省份，且近几年大幅

广东省经济发展报告（2015）
全球经济分化和三期叠加下的广东经济：预测、分析与对策

Guangdong Economy in the Context of Global Economic Differentiation and Three Phase
Stack: Forecast, Analysis and Solution

（万吨）

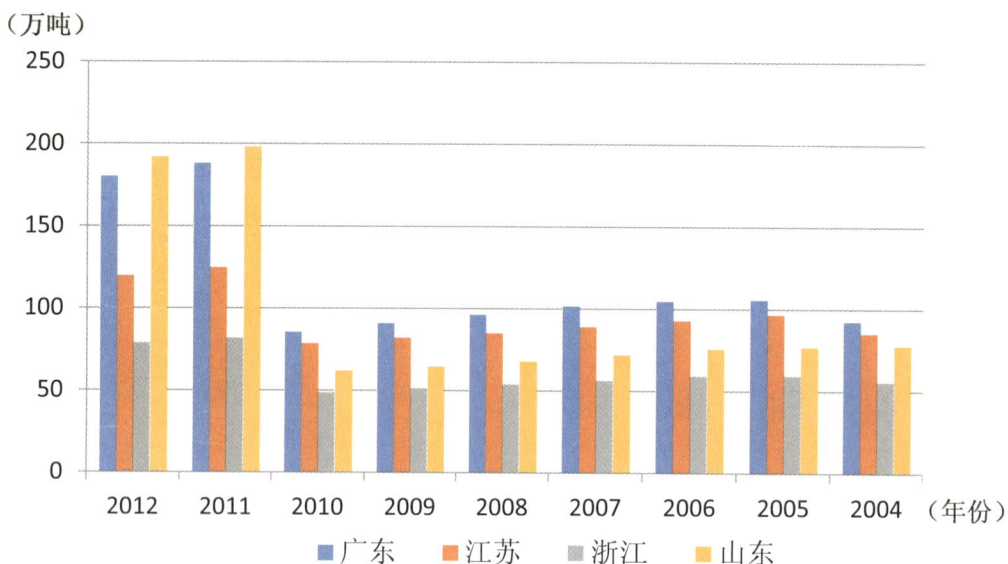

图2-5-16　化学需氧量排放量

度增加。2010年以前，广东省每年废水中化学需氧量排放量一直是四省中最高的，但都低于110万吨，并且2005年以后有缓慢下降的趋势。但2011年，广东省和山东省的化学需氧量排放量大幅度增加，山东省化学需氧量排放量首次超过广东省成为最多的省份，之后虽然有小幅度的回落，但2012年，广东省化学需氧量排放量仍然达到了180.29万吨，山东省为192.12万吨。2011~2012年，江苏省和浙江省的化学需氧量排放量也有较大幅度的增加，江苏省首次超过了100万吨，浙江省首次超过了50万吨，但远远小于山东省和广东省的数量。

广东省废水中氮氧的排放量也一直是四省中最高的，且2006年以后与其他三省的差距变得更为明显。图2-5-17显示，2011年，广东省废水中的氮氧排放量迅猛增加，由2010年的10.7万吨上升到2011年的23.1万吨，增幅超过100%。2012年虽出现小幅度的下降，但广东省废水中的氮氧排放量仍然居高不下。山东省、江苏省、浙江省也呈类似的趋势，出现大幅度的增长，其中山东省2012年废水中氮氧排放量位居第二，与江苏省差距不大，浙江省废水中氮氧排放量仍为四省中最小。

（万吨）

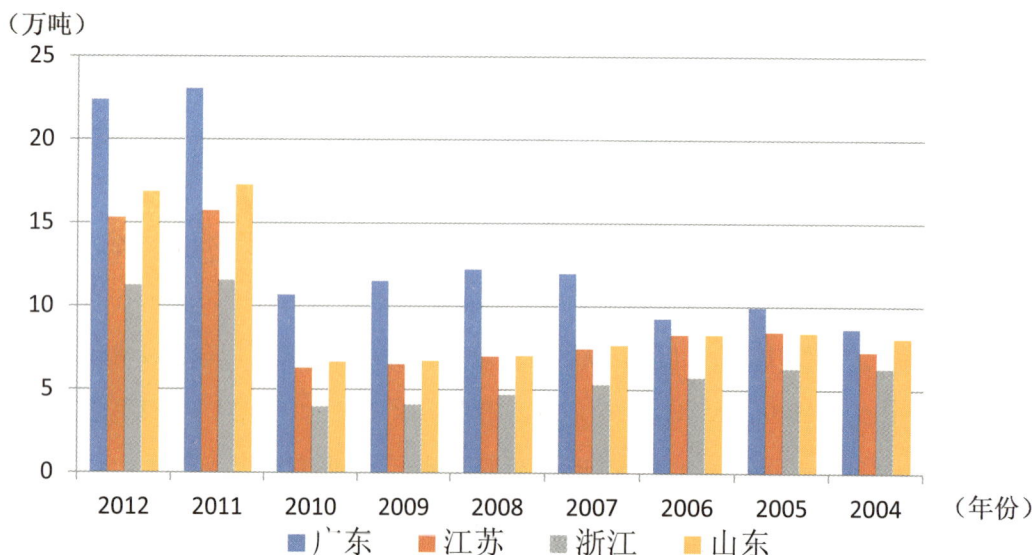

图2-5-17　氮氧排放量

对比以上三个指标可以发现，广东省的废水排放总量大，废水中主要污染物浓度高，工业用水污染严重，且近几年来有快速加剧的趋势。相比之下，浙江省的各项废水指标均为四省中最低的，且增长速度相对较慢，工业用水污染程度较轻，污水治理较好。广东省可以向浙江省学习相关经验，改进工业生产的流程和技术，加快产业结构升级，控制废水排放的总量不过快增长；同时加强废水处理的监管和执行力度，降低废水中主要污染物的排放量，实现达标排放。

（2）广东省废气污染程度较轻，仅次于浙江省

广东省的空气污染程度没有工业用水污染严重，废气污染程度比山东省轻，但比浙江省要重。对空气污染程度的衡量主要考察废气中主要污染物二氧化硫、烟（粉）尘和氮氧化物的排放量三个指标。

从图2-5-18中可以看出，2004～2012年，广东省废气中二氧化硫排放量总体上呈逐年缓慢减少的趋势。2005年，广东省二氧化硫的排放量为历年最高，达到129.4万吨，到了2012年，仅为79.9万吨，下降了约38%。广东省二氧化硫排放量的降低与原煤消费的比重下降有关。此外，广东省二氧化硫排放量在广东省、山东省、江苏省、浙江省中位于中间水平，远远低于山东省，但明显高于浙江省。2012年，山东省的二氧化硫排放量为174.9万吨，江苏省为99.2万吨，广东省为79.9万吨，浙江省仅为62.6万吨，山东省居高不下的二氧化硫排放量与其能源消费结构中煤炭的比重过高有关。

（万吨）

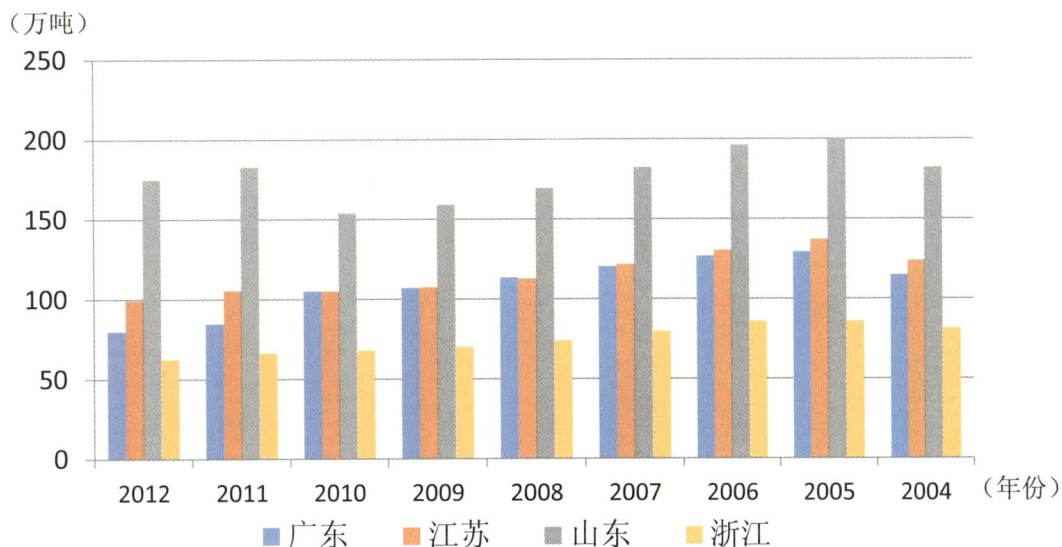

图2-5-18　二氧化硫排放量

广东省废气中烟（粉）尘的排放量较低，远远低于山东省和江苏省，与浙江省相当，空气质量较高。从图2-5-19中可以看出，2011年，山东省废气中烟（粉）尘排放量接近80万吨，是四省中最高的；江苏省位于第二，在50万吨以上；广东省和浙江省排放量大致相等，在30万吨左右。2012年，广东省的烟（粉）尘排放量仍然保持在上一年的水平，其余三省有较大幅度的下降，山东省2012年烟

广东省经济发展报告（2015）
全球经济分化和三期叠加下的广东经济：预测、分析与对策

Guangdong Economy in the Context of Global Economic Differentiation and Three Phase
Stack: Forecast, Analysis and Solution

（粉）尘排放量仍然最高，浙江省的烟（粉）尘排放量下降到25万吨左右，低于广东省，在四省中排放量最少。

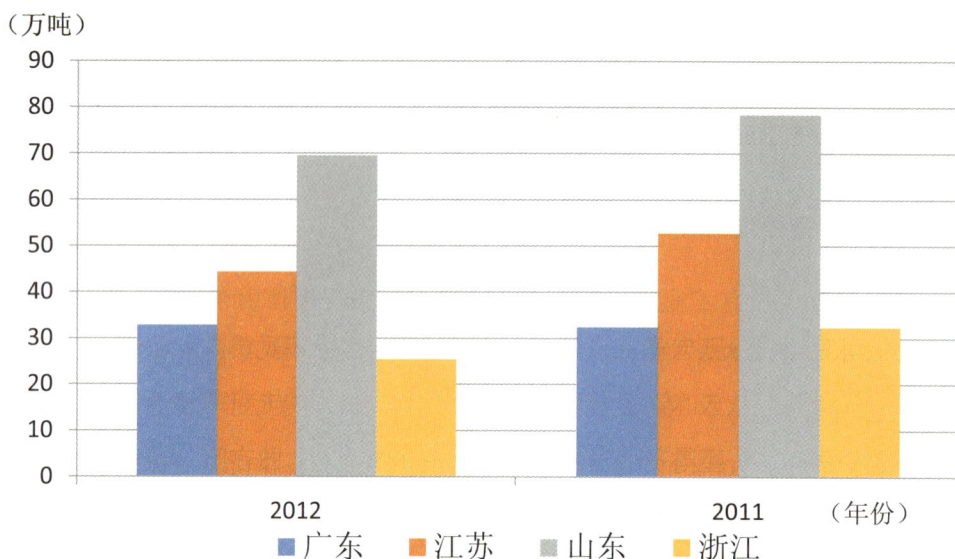

图2-5-19　烟（粉）尘排放量

山东、江苏、广东三省废气中氮氧化物的排放量较高，远远高于浙江省。从图2-5-20中可以清楚地看出，三省中氮氧化物排放量最高的依然是山东省，其次是江苏省、广东省。2012年，山东省废气中氮氧化物的排放量约为浙江省的两倍，广东省约为浙江省的1.6倍。

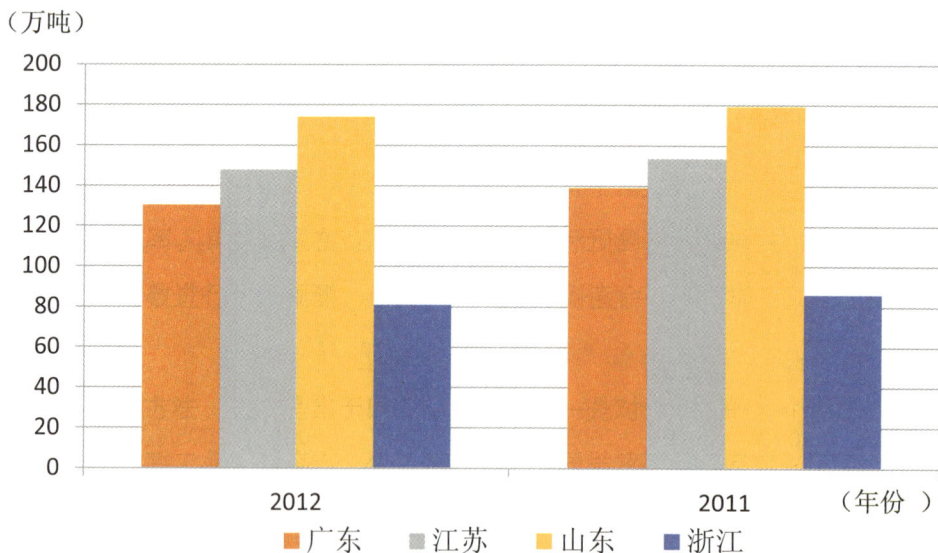

图2-5-20　氮氧化物排放量

对比四省的废气主要污染物指标可以发现，广东省的空气污染程度较轻，仅次于浙江省，各项污染物指标均位于第三。这与广东省能源消费结构的改善有关，广东省一次性能源消费中电力的比重越来越大，成为最主要的消费能源，其次为原油，天然气也逐渐占到了一定的比重，而原煤的消费比重

极小。相比原煤，水电和天然气是较为清洁的能源。这也是广东省废气中二氧化硫和烟（粉）尘的排放量较低，而氮氧化物的排放量较高的原因。山东省的能源消费过于倚重煤炭，废气中各项污染物的指标都很高，加之北方天气较为干燥，空气中的污染物不易被稀释，因此空气污染较为严重。浙江省排放废气中各项污染物指标均是最低的，空气污染程度最轻，空气质量较好，这说明浙江省在废气处理和废气达标排放方面水平较高。

总体来看，广东省的工业用水污染较为严重，废水排放量大，是四省中最高的，并且呈逐年增多的趋势。近年来广东省的废水排放量增加尤其快，与其他三省的差距也迅速拉大。广东省工业发达，水资源较为丰富，为实现经济的可持续发展，治理工业用水污染，控制污水排放量和污水达标排放是当务之急。相比之下，广东省的废气污染程度较低，仅次于浙江省，空气质量较好。

2.6 区域经济协调分析

从区域一体化程度来看，广东省珠三角一体化程度不断提高，构建了更为紧密的粤港澳经济联系，但是"最富在广东，最穷也在广东"的局面依旧没有得到根本性的改变。

改革开放以来，我国地方市场分割问题一直比较突出①。然而国内部分地区的经济一体化极大地促进了地区经济增长，如长江三角洲地区、珠江三角洲地区和环渤海地区。2009年初，国务院正式发布了《珠江三角洲地区改革发展规划纲要（2008~2020）》（以下简称《纲要》），指出"优化珠江三角洲地区空间布局，以广州市、深圳市为中心，以珠江口东岸、西岸为重点，推进珠江三角洲地区区域经济一体化，带动环珠江三角洲地区加快发展，形成资源要素优化配置、地区优势充分发挥的协调发展新格局"和"进一步发挥'窗口'作用，推进与港澳更紧密合作"。2012年《国民经济和社会发展第十二个五年规划纲要》指出"进一步深化粤港澳合作，落实粤港合作框架协议，促进区域经济共同发展，打造更具综合竞争力的世界级城市群"，把珠江三角洲地区一体化、广东区域经济协调发展和粤港澳经济合作发展提升到国家战略层面②。

发达国家已建立了统一开放的国内市场，因而国外的大部分学术研究主要关注国家间的开放问题，忽视了一国内部的区域一体化问题。Sandra Poncet（2002）③在一篇颇具影响力的文章中指出，中国的国内市场一体化程度很低，而且其水平还在不断下降，各省的国际市场一体化程度却在上升。根据新经济地理学的理论，区域一体化不仅带来了商品的跨地区流动，而且也使地区间资本与劳动力的

---

① 银温泉，才婉茹.我国地方市场分割的成因和治理[J].经济研究，2001（6）。
② 广东划分为四个经济区域，分别为珠三角、东翼、西翼和山区。其中珠三角地区包括广州、深圳、珠海、东莞、中山、佛山、江门、惠州和肇庆九市；东翼包括汕头、潮州、揭阳、汕尾四市；西翼包括湛江、茂名、阳江三市；山区包括韶关、梅州、清远、河源、云浮五市。
③ Poncet S.中国市场正在走向"非一体"——中国国内和国际市场一体化程度的比较分析[J].世界经济文汇，2012，1（5）：3-17.

广东省经济发展报告（2015）
全球经济分化和三期叠加下的广东经济：预测、分析与对策

Guangdong Economy in the Context of Global Economic Differentiation and Three Phase
Stack: Forecast, Analysis and Solution

流动、知识扩散等比以往任何时候更加容易。本书从广东省区域内经济协调发展绩效、珠三角经济一体化和粤港澳经济合作三方面研究广东省区域一体化的现状、存在问题和发展趋势。

2.6.1 区域经济差距

粤东、粤西、粤北在经济发展上与珠三角存在巨大落差，城乡差距较大，区域发展水平呈"哑铃型"趋势。

改革开放以来，广东省的各个区域都在发展，但由于区位条件和其他客观因素的制约，其各区域的经济发展差距进一步扩大了。广东省经济发展，与其高度的外向联系有关，多年来广东省的外向经济联系基本上发生在珠三角地区，非珠三角地区外向经济联系非常有限，加上珠三角地区的经济辐射能力并不强劲，导致了非珠三角地区发展相对缓慢。

（1）各区域经济占全省比例极不平衡，区域内不平衡现象非常严重

首先，从经济总量来看，2002年，珠三角、东翼、西翼和山区GDP分别占全省GDP的77.5%、8.1%、8.2%和6.2%，东翼、西翼和山区三个区域所占比例不到1/4。2012年，区域经济差距进一步扩大，珠三角地区以30%的土地面积和53%的常住人口，创造了全省GDP的79.07%，而其他三个区域占全省GDP的比例则分别由2002年的8.1%、8.2%和6.2%变化为2012年的6.85%、7.76%和6.32%。而江苏省按照区域划分为苏南、苏中和苏北地区，苏南所占比重从2002年的58.9%上升至2012年的59.9%，仅上升1个百分点，而另外两个区域所占全省比重均在18%以上。见图2-6-1、图2-6-2。

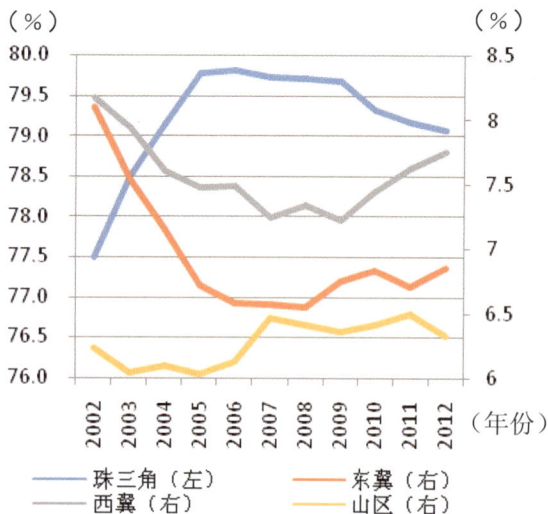

图2-6-1 广东省各区域GDP所占比重

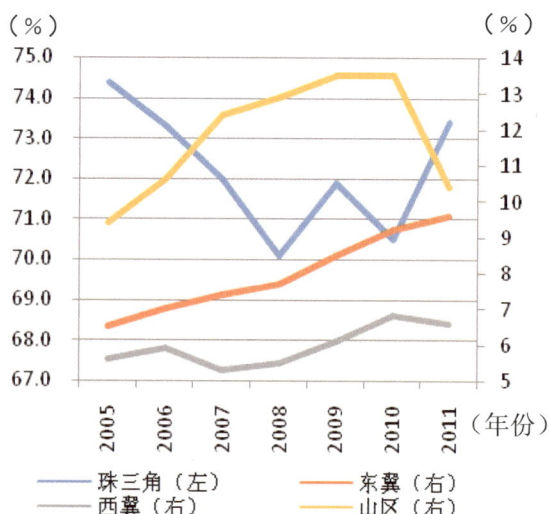

图2-6-2 广东省各区域固定资产投资所占比重

其次，固定资产投资历来被认为是拉动当前经济增长和长远经济发展的关键要素，尽管广东省四大地区投资仍然存在差距，但投资差距相对小于产出上的差距。2005年，珠三角九市固定资产投资占全省的74.4%，东翼、西翼和山区分别占全省GDP的6.5%、5.4%、9.6%。2012年，珠三角九市固定资产投资占全省的比重降至72%，其他地区特别是山区五市有不错的表现，所占比重达到了10%。相比之下，江苏省的投资均衡性更高，苏南地区所占全省比重从2002年的61%下降至2012年的54%。见图2-6-3和图2-6-4。

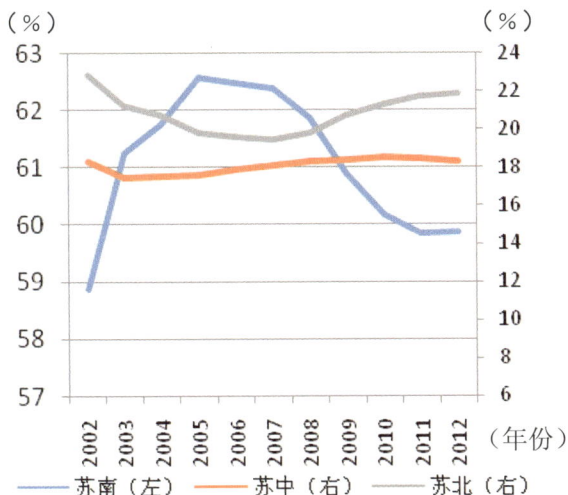

图2-6-3　江苏省各区域GDP所占比重

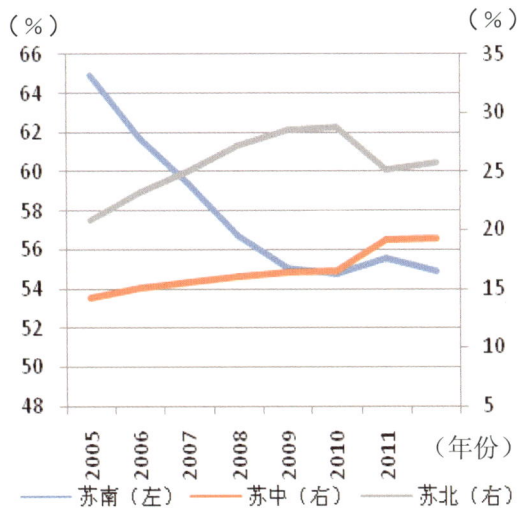

图2-6-4　江苏省各区域固定资产投资所占比重

再次，从对外开放程度和外商实际投资来看，珠江三角洲与东西两翼、粤北山区的差距更加明显。由于过去外商投资活动和进出口贸易活动主要集中在第二产业上，而珠三角地区的工业化程度明显高于其他地区，因此，全省的外商投资活动和进出口贸易活动高度集中在珠三角地区，并且不平衡的程度远高于经济产出总量的不平衡程度。2012年，珠三角九市地区生产总值占全省的79.1%，但其开放程度远甚于此。2012年，珠三角九市的出口额占全省的比重高达95.4%，而实际外商直接投资也高达91.4%。这种外向程度上的差距，一方面强化了珠三角地区的对外联系程度，另一方面也弱化了珠三角和非珠三角地区之间的经济联动。而江苏的苏南地区这两个指标从2002年的86.7%和87.9%降至83.9%和64%，较广东而言外向型经济的地区分布更加合理。见图2-6-5至图2-6-8。

最后，就地方财政一般预算收入而言，珠三角地区基本上保持在85%以上的份额，而江苏省的苏南、苏中和苏北地区2012年的比重分别为59.8%、16.3%和23.9%。见图2-6-9和图2-6-10。

广东省经济发展报告（2015）
全球经济分化和三期叠加下的广东经济：预测、分析与对策

Guangdong Economy in the Context of Global Economic Differentiation and Three Phase
Stack: Forecast, Analysis and Solution

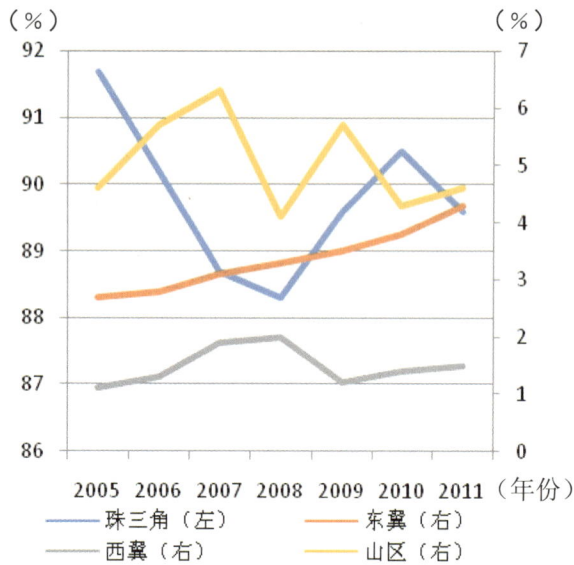

图2-6-5　广东省各区域外商直接投资所占比重

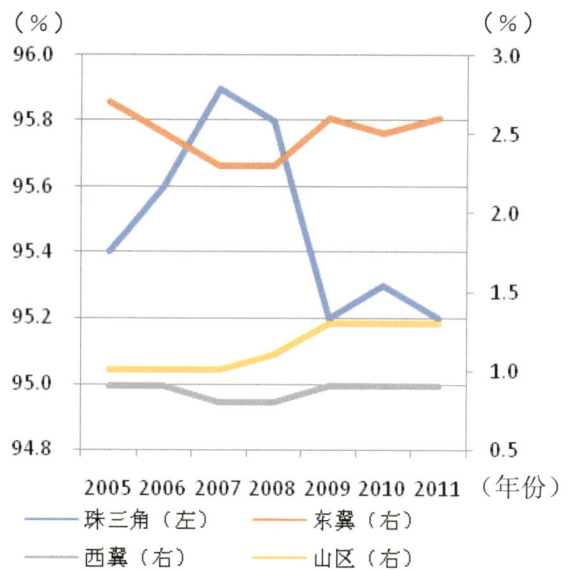

图2-6-6　广东省各区域出口所占比重

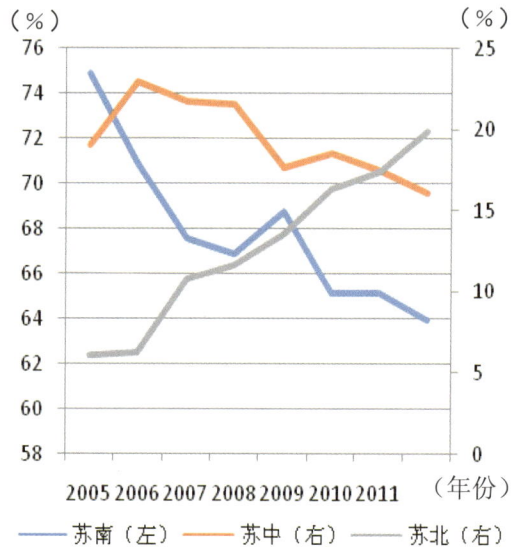

图2-6-7　江苏省各区域外商直接投资所占比重

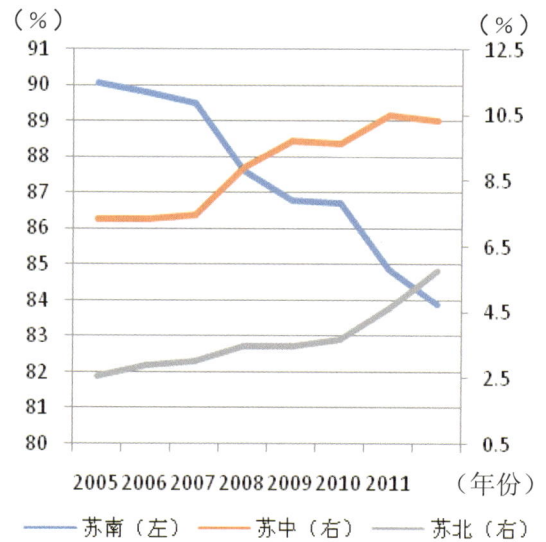

图2-6-8　江苏省各区域出口所占比重

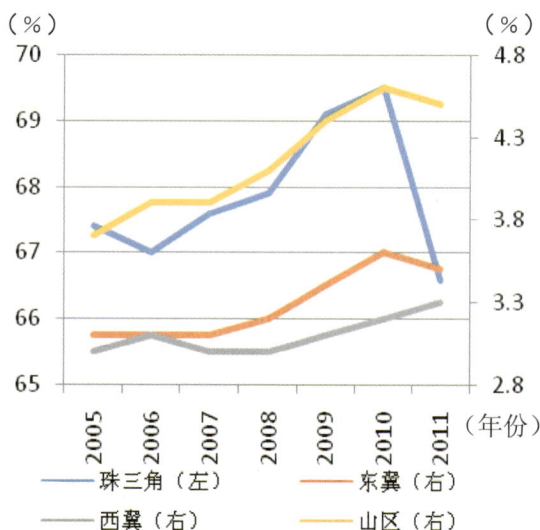

图2-6-9　广东省各区域地方性财政收入所占比重

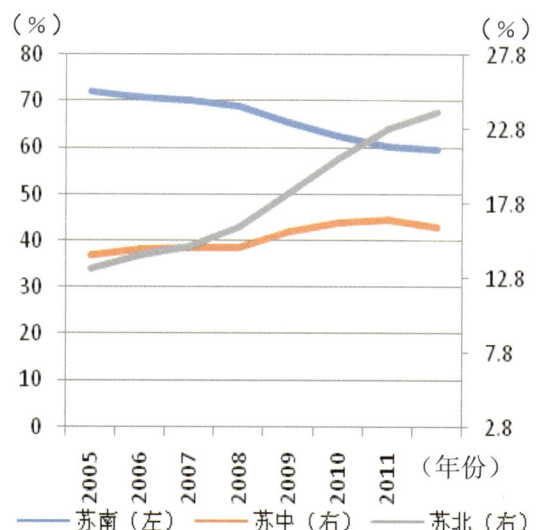

图2-6-10　江苏省各区域地方性财政收入所占比重

（2）广东省地区间经济分化日益明显，单一化的空间发展战略极为显著

一方面，2012年人均GDP 珠三角为83976元，东翼为24208元，西翼为30083元，山区为23335元。东西两翼和山区与珠三角的差距呈扩大趋势。2000 年，珠三角人均GDP 是其他三个区域的2.7~3.7倍；到2012年差距扩大至2.8~3.6倍。

另一方面，我们从广东省各市经济发展的变异系数和泰尔指数考察广东省地区发展差距。本部分采用变异系数来检验广东省经济趋同程度，即以不同城市间经济差距的度量来验证广东省一体化是带来趋异还是趋同。变异系数表达式如下：

$$CV_w = \frac{1}{\overline{y}} \sqrt{\sum_{i=1}^{n} (y_i - \overline{y})^2}$$

CV_w表示变异系数，y_i 是 i 地区的人均GDP，$\overline{y}$ 是各地区人均GDP，n 为地区个数。CV_w 指标值越大，表明区域间的经济差距越大，该指标值的时间序列即描述了区域经济差距的变化趋势，从区域经济差距的变化趋势我们即可判断趋同的存在性。

2000~2004年呈现快速上升趋势，从2000年的1.183迅速上升到2004年的1.293，并在2004年达到最大值；2004~2010年变异系数有所下降，但下降幅度很小，从2004年的1.293下降到2010年的1.262；2010年之后变异系数又开始上升，呈上升的趋势，2012年达到1.273。21世纪以来，广东省各地级市之间的经济发展差距呈扩大趋势。

与其他沿海省份的城市相比，2012年广东省各地级市之间的经济发展差距最大，广东省变异系数为1.27，江苏省为0.67，浙江省为0.91，山东省为0.53，广东省变异系数是江苏省和山东省的两倍左右，是浙江省的1.4倍。凸显广东省经济发展差距的问题。见图2-6-11和图2-6-12。

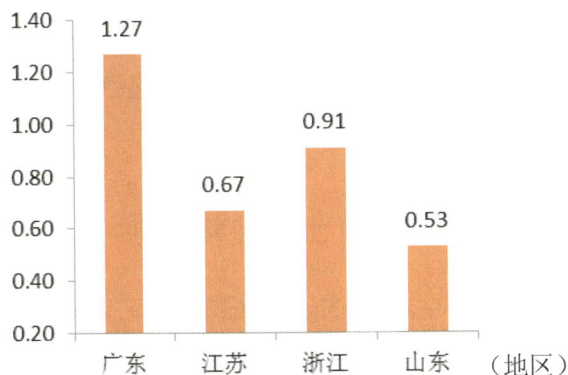

图2-6-11　2012年粤、苏、浙、鲁四省变异系数比较

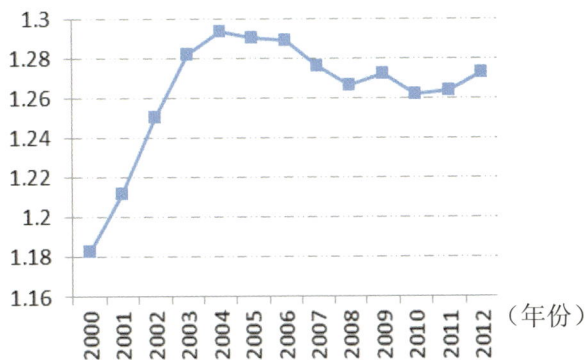

图2-6-12　广东省各市经济产出变异系数

从泰尔指数的计算结果中我们可以看出，广东省区域差距从2000年到2005年持续扩大，总体泰尔指数从2000年的0.085扩大到2005年的0.117，增长38.5%，之后泰尔指数有所下降，从趋势上来看，泰

广东省经济发展报告（2015）
全球经济分化和三期叠加下的广东经济：预测、分析与对策

Guangdong Economy in the Context of Global Economic Differentiation and Three Phase
Stack: Forecast, Analysis and Solution

尔指数与变异系数基本一致。

通过泰尔指数分解，可以获得区内、区间差距指数，2000~2005年，广东省区域间差距不断扩大，但上升的速度受到遏制，之后慢慢回落，到2012年，区间差距泰尔指数为0.061，较2000年的0.057有所增加；而区内差距则变动不大，且自2005年以来呈小幅下降趋势。通过考察各种差距对总体泰尔指数的贡献百分比，我们可以发现，四大区间差距贡献百分比一直呈上升趋势，从2000年的67.85%上升到2012年的72.36%，广东省的经济差距主要是四大区域的不均衡发展。

（3）城乡收入差距日益扩大，二元经济结构困境依然未能破解

广东省城镇居民人均可支配收入2001年突破10000元大关，2012年则达到30227元，比1978年增长72.3倍；1990年，广东省农村居民人均纯收入首次突破1000元，2012年首次突破10000元大关，达到10543元。但是广东省城乡居民收入差距在不断加大。2002年为2.84∶1，2003年突破3∶1，并在2006年达到改革开放以来的最高峰，为3.15∶1，2012年仍然维持在2.87∶1的水平。而2012年，江苏省城乡居民收入之比为2.43∶1，山东省是2.73∶1，浙江省是2.37∶1，见表2-6-1。

表2-6-1　2012年粤、苏、浙、鲁四省城乡居民收入差距比较

项目　　　　　　　地区	江苏省	山东省	浙江省	广东省
城镇居民人均可支配收入（元）	29677	25755	34550	30227
农村居民人均纯收入（元）	12202	9446	14552	10543
城乡收入比	2.43:1	2.73:1	2.37:1	2.87:1

2.6.2 区域产业同构性

随着区域一体化进程加快，珠江三角洲地区产业结构的差异性增强，但珠江三角洲地区东岸、西岸内部各城市间仍存在不同程度的产业同构性，趋同效应较为明显。

《纲要》指出：珠江三角洲地区到2012年要基本实现基础设施一体化，初步实现区域经济一体化；到2020年，实现区域经济一体化和基本公共服务均等化，并带动环珠江三角洲地区加快发展。本部分在新经济地理学的分析框架下，从行业空间集中度、地区间行业分工等角度，研究在珠江三角洲地区一体化背景下的制造业空间集聚和地区结构差异性，并对珠江三角洲地区人均产出进行 σ-趋同和β-趋同检验。

（1）珠三角行业的空间集中度上升，产业开始向周边地区逐步扩散

我们引入空间距离概念，采用Krugman(1991)、Midelfart 和 Knarvik（2000）设计的SP指数来分析。公式如下：

$$SP^k = c \sum_i \sum_j v_i^k v_j^k \delta_{ij}$$

其中，c为常数[①]，c的取值为任意数值。需要说明的是，本文只研究SP指数的变化趋势和横向比较，而不关心其真实水平的大小。为了将SP指数控制在（0，1），c取值为0.02。i、j、k分别表示地区i、地区j和行业k，$v_i^k = E_i^k \Big/ \sum_i E_i^k$，$E_i^k$为地区$i$行业$k$的工业总产值，$\delta_{ij}$表示两个城市中心区之间的直线距离。

城市与城市之间的距离采用两城市中心区的GCD（Great Circle Distance），即球面两个点之间的最短距离。计算公式为：$\delta_{ij} = \theta \times 111.19(km)$，$\cos(\theta) = (\sin\phi\sin\gamma) + (\cos\phi\cos\gamma\cos\lambda)$，其中$\phi$、$\gamma$分别是城市$i$中心区和城市$j$中心区的纬度，$\lambda$是城市$i$和城市$j$中心区经度之差。各城市中心区的经纬度数据来源于"地球在线"的网页（http://www.earthol.com/）。SP指数介于0和1之间，从静态来看，SP指数越接近0，表示行业在空间上越集中。从动态变化来看，当SP指数下降，表示行业k在空间上集中，反之则扩散。本文利用公式$SP^k = c \sum_i \sum_j v_i^k v_j^k \delta_{ij}$计算珠江三角洲地区2006~2010年制造业[②]两位数行业的SP指数，结果见表2-6-2。

从表2-6-2来看，30个制造业行业中有20个SP指数下降，这些行业的空间集中度上升。10个行业的SP指数上升，这些行业开始向周边地区逐步扩散。总体而言，珠江三角洲地区制造业仍处于倒"U"型曲线的左边，集聚效应大于扩散效应，但已经由单向聚集阶段转变为聚集与扩散并存的新阶段。一方面，烟草制品业、石油加工、炼焦及核燃料加工业、化学纤维制造业、工艺品及其他制造业等行业SP指数下降幅度较大，这些行业空间集中程度加深。另一方面，部分行业如皮革业、化学原料及化学制品制造业、通用设备制造业、废弃资源和废旧材料回收加工业等SP指数上升，这些行业从原来市场份额占有度最高的城市向周边城市扩散，其市场份额最高城市所占份额明显下降或者所属城市发生变化。

珠三角制造业行业集聚趋势仍占主导地位，特别是通信设备、计算机及其他电子设备制造业、交通运输设备制造业等技术、资本密集性行业空间集中度高。同时珠江三角洲地区制造业的发展已经进入聚集与扩散并存的新阶段，部分行业的扩散为地区间产业转移、行业分工的深化提供了新的发展契机。

---

① 常数c可根据空间距离的选取单位和实际研究的需要进行取值，从而使SP指数范围在（0，1），范剑勇（2004）取0.5，本文取0.02。范剑勇. 长三角一体化、地区专业化与制造业空间转移[J]. 管理世界，2014（11）.

② 根据国民经济行业分类与代码（GB/T 4754—2002），我们选取制造业两位数行业为例分析。

广东省经济发展报告（2015）
全球经济分化和三期叠加下的广东经济：预测、分析与对策

Guangdong Economy in the Context of Global Economic Differentiation and Three Phase
Stack: Forecast, Analysis and Solution

表2-6-2　珠江三角洲地区制造业两位数行业2006～2010年SP指数

行业代码	行业类别名称	SP指数					2006～2010年变动幅度
		2006年	2007年	2008年	2009年	2010年	
C13	农副食品加工业	0.641	0.644	0.625	0.631	0.614	−0.027
C14	食品制造业	0.535	0.515	0.536	0.496	0.501	−0.034
C15	饮料制造业	0.577	0.639	0.610	0.604	0.591	0.014
C16	烟草制品业	0.571	0.362	0.363	0.358	0.358	−0.213
C17	纺织业	0.616	0.626	0.619	0.610	0.605	−0.011
C18	纺织服装、鞋、帽制造业	0.651	0.623	0.614	0.616	0.616	−0.034
C19	皮革、毛皮、羽毛(绒)及其制品业	0.623	0.663	0.656	0.665	0.666	0.042
C20	木材加工及木、竹、藤、棕、草制品业	0.674	0.711	0.652	0.613	0.577	−0.097
C21	家具制造业	0.696	0.662	0.620	0.615	0.626	−0.070
C22	造纸及纸制品业	0.602	0.637	0.608	0.600	0.605	0.003
C23	印刷业和记录媒介的复制	0.668	0.684	0.648	0.657	0.654	−0.014
C24	文教体育用品制造业	0.603	0.632	0.619	0.623	0.623	0.020
C25	石油加工、炼焦及核燃料加工业	0.403	0.162	0.189	0.280	0.259	−0.144
C26	化学原料及化学制品制造业	0.450	0.477	0.528	0.653	0.667	0.216
C27	医药制造业	0.676	0.685	0.671	0.676	0.680	0.004
C28	化学纤维制造业	0.649	0.684	0.660	0.492	0.532	−0.117
C29	橡胶制品业	0.618	0.537	0.565	0.578	0.595	−0.024
C30	塑料制品业	0.694	0.674	0.649	0.641	0.646	−0.048
C31	非金属矿物制品业	0.468	0.495	0.481	0.477	0.496	0.028
C32	黑色金属冶炼及压延加工业	0.468	0.448	0.461	0.391	0.410	−0.058
C33	有色金属冶炼及压延加工业	0.460	0.306	0.338	0.358	0.395	−0.065
C34	金属制品业	0.674	0.682	0.665	0.657	0.656	−0.018
C35	通用设备制造业	0.577	0.569	0.609	0.618	0.622	0.045
C36	专用设备制造业	0.656	0.664	0.630	0.634	0.637	−0.019
C37	交通运输设备制造业	0.389	0.341	0.375	0.362	0.345	−0.044
C39	电气机械及器材制造业	0.661	0.649	0.646	0.641	0.636	−0.025
C40	通信设备、计算机及其他电子设备制造业	0.526	0.560	0.493	0.473	0.470	−0.056
C41	仪器仪表及文化、办公用机械制造业	0.605	0.604	0.627	0.621	0.619	0.014
C42	工艺品及其他制造业	0.738	0.737	0.655	0.648	0.621	−0.117
C43	废弃资源和废旧材料回收加工业	0.167	0.212	0.404	0.455	0.482	0.315

（2）珠江三角洲地区东岸制造业同构性在逐步减弱，而西岸则没有明显的变化趋势，随着珠三角一体化程度的加深，珠江三角洲各地区的专业化水平在不断提高

本部分从地区角度出发，借助Krugman（1991）提出的地区间行业分工指数，考察各地区间的制造业结构差异和专业化水平。地区间行业分工指数公式如下：

$$K_{ij} = \sum_k \left| s_i^k - s_j^k \right|$$

其中，i、j、k 分别表示地区i、地区j、行业k，s_i^k 表示地区i行业k的产值（用符号 E_i^k 表示）占地区i所有制造业总产值的比重，其表达式为：$s_i^k = E_i^k \Big/ \sum_k E_i^k$。该指数衡量的是两个城市之间制造业结构的差异程度，取值范围在0～2，数值越大表示两地区制造业结构的差异越强。我们利用公式 $K_{ij} = \sum_k \left| s_i^k - s_j^k \right|$ 计算了2010年珠江三角洲地区九市的地区间行业分工指数，计算结果如表2-6-3所示。

表2-6-3　2010年珠江三角洲地区九市地区间行业分工指数

	广州	深圳	珠海	佛山	惠州	东莞	中山	江门
深圳	1.224							
珠海	1.011	0.622						
佛山	0.977	1.216	0.788					
惠州	0.934	0.431	0.580	1.131				
东莞	1.005	0.690	0.553	0.771	0.692			
中山	0.890	1.072	0.688	0.471	0.995	0.525		
江门	0.800	1.306	1.091	0.710	1.097	0.894	0.683	
肇庆	0.958	1.310	1.125	0.772	1.098	0.985	0.797	0.686

广州市与其他城市（除江门市之外）之间的行业分工指数都在0.9～1.2，表明广州市与周边城市的产业结构差异较大，地区间的分工处于较高水平。从珠江三角洲地区东岸看，深圳、东莞、惠州之间的行业分工指数相对较低。深圳与惠州之间的产业同构性最强，其行业分工指数只有0.431。究其原因，深圳、惠州两市都以电子信息产业作为主导产业，其产值占两市工业总产值的比重分别达到57%和47%。珠江三角洲地区西岸各城市之间也存在不同程度的产业同构性。其中最为明显的是佛山市与中山市，两市之间的行业分工指数只有0.471，仅高于深圳市和惠州市的0.431。从两市的制造业结构来看，电气机械及器材制造业是两市的主导产业，分别占两市工业总产值的23%和21%；其次，两市在其他支柱产业如五金、塑料、化工等行业上也具有相似性。珠海市在2004年成为国家首批电子信息产业基地后，电子信息产业快速发展，占全市工业产值的比重由2004年的18%上升到2010年的34%，与深圳市、惠州市之间的产业同构性有所增强。

从珠江三角洲地区东岸来看，深圳市、东莞市、惠州市彼此之间的行业分工指数持续上升，产业

广东省经济发展报告（2015）
全球经济分化和三期叠加下的广东经济：预测、分析与对策

Guangdong Economy in the Context of Global Economic Differentiation and Three Phase
Stack: Forecast, Analysis and Solution

同构性逐步减弱。与东岸不同，西岸各城市间的指数则有升有降。

（3）珠江三角洲地区一体化加深加快了人均产出的趋同过程

σ-趋同是指各国（地区）间人均收入水平的差距随着时间的推移呈现缩小的趋势，一般用国家（地区）间对数人均GDP（或人均GDP）的标准差来衡量。但标准差没有考虑经济规模的影响，本部分将采用以人口规模为权数的加权变异系数来检验珠江三角洲地区九市间的σ-趋同，即以不同城市间经济差距的度量来验证珠江三角洲地区一体化是带来趋异还是趋同。

1993年到1995年加权变异系数从0.432下降到0.384，这是由于1992年我国开始全面向市场经济转型，原有的禀赋差异开始缩小。从1996年到2000年相对比较平稳，但从2001年到2003年随着珠江三角洲地区工业化、城镇化进程的加快，人均产出呈分异趋势，此后从2004年开始，伴随着珠江三角洲地区制造业产业结构差异增强，专业化水平提高，一体化程度加深，其经济差距不断下降，从2003年的0.413下降到2007年的0.382。由此可以得出，珠江三角洲地区九个城市从1993年到2007年加权变异系数总体呈现下降趋势，存在σ-趋同，珠江三角洲地区一体化加深加快了人均产出的趋同过程。见图2-6-13。

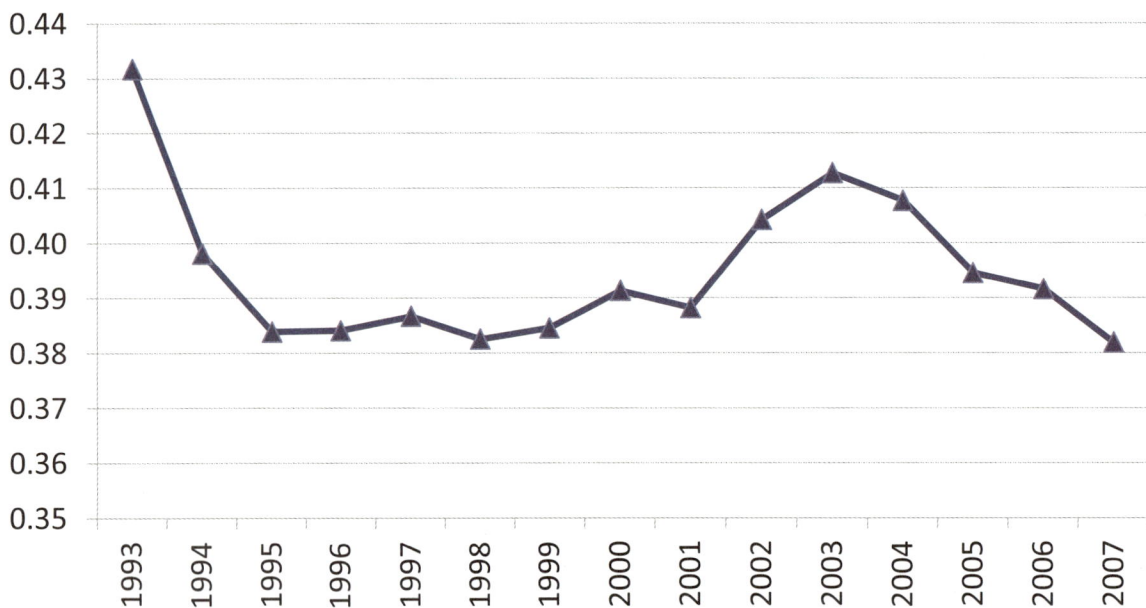

图2-6-13　珠三角人口加权变异系数

2.6.3 粤港澳经济合作

CEPA实施后粤港澳经济合作进入新阶段，但离贸易完全自由化仍有一段较大的距离。

改革开放三十多年来，香港地区一直是中国内地最重要的贸易伙伴、最大的境外投资来源地和对外投资目的地。2003年6月29日，中央政府与香港地区正式签署《内地与香港关于建立更紧密经贸关系的安排》（简称CEPA），意味着两地的合作进入了一个新阶段。

（1）香港地区和澳门地区是改革开放后广东奇迹的最大影响因素，两地间的经济合作模式由"港澳带动"演变为"融合发展"

首先，广东省拥有遍布全世界的"华侨"优势，现在分布在世界各地的华人华侨有3000万，而原籍广东的华侨就有2000万之多，占全国的2/3，遍及世界100多个国家和地区，居全国之首。霍英东、李嘉诚、李兆基、曾宪梓等香港地区富商都积极投资于广东省，为广东省改革开放做出了巨大贡献。基于无法复制的"血缘优势"，广东省成为港澳台和华侨直接投资内地的首选，加上政策的先行一步和投资环境、基础设施的改善，广东省的先发优势日益明显，2003年广东省实际利用外资155.8亿美元，侨资（包括港澳和台湾地区）达到120亿美元。2012年广东省实际利用港资148亿美元，利用澳资2.5亿美元，是2002年的2.11倍，占广东省全年实际利用外资的64%，在外商直接投资多元化的今天，港澳地区对于广东省的作用举足轻重。见图2-6-14和图2-6-15。

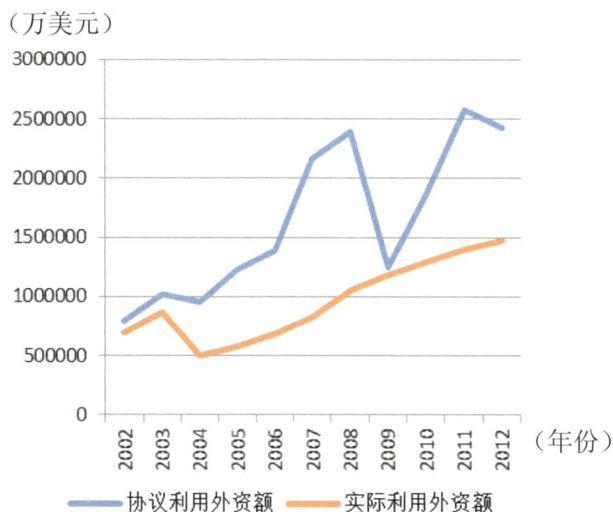

图2-6-14　广东省吸收香港地区直接投资

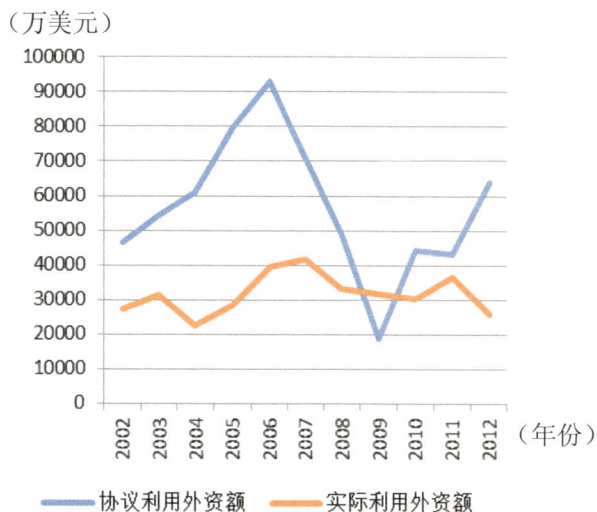

图2-6-15　广东省吸收澳门地区直接投资

其次，广东省在对外开放初期，以优惠政策和廉价的土地和劳动力，积极承接港澳地区制造业的转移，大力发展"三来一补"企业，粤、港、澳三地逐步形成了"前店后厂"的经济关系。促进了港澳地区和发达国家或地区的劳动密集型产业向广东省的转移，加工贸易成为最主要的贸易方式，香港地区一直以来都是广东省的最大贸易伙伴。2012年广东省对香港地区出口贸易额为2200亿美元，贸易总额为2276.48亿美元，是2002年的5.2倍和4.8倍。而所占广东省贸易总额的比重分别为38.31%和23.14%，比2002年分别上升了2.5个和1.6个百分点。香港地区是自由贸易港和世界转口贸易中心，使FDI的投资具有贸易互补效应，刺激广东省出口贸易的发展。

最后，随着广东省经济实力的增强，此前粤、港、澳关系主要是香港"带动"广东，现在则逐步调整为"互动"关系，并由"互动"关系逐步演变为"融合"关系和"一体化"的关系。以香港地区对外贸易为例，1997年回归祖国以来，香港地区与内地贸易总额从11161亿港元增长了三倍多，2012年达到36986亿港元，比重从36.34%猛增至50.35%。其中进口和出口均增长了两倍以上，进口比重已由37.67%上升至47.05%，出口比重从34.87%上升至54.09%，广东省乃至内地对港澳地区的发展起着至关重要的作用，见图2-6-16至图2-6-19。

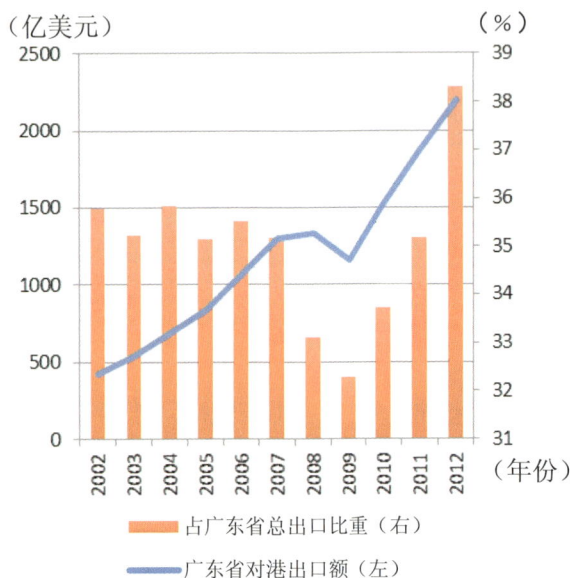

图2-6-16　广东省对香港地区出口贸易及其比重

图2-6-17　广东省对香港地区贸易总额及其比重

（2）CEPA实施后广东省对香港地区的服务贸易开放无论在承诺广度还是承诺深度上均有一定的提高；但是服务业开放进程较为缓慢，两地离服务贸易完全自由化仍有一段较大的距离

2003~2013年，中国内地与香港地区已相继签署了CEPA主体协议及其十份补充协议。计至《CEPA补充协议十》，双方已在数十个服务贸易领域公布了403项开放措施，涵盖了会计、法律、金融、旅游、运输等服务行业。CEPA协议实施也初见成效，根据香港政府统计处的数据，中国内地在2003～2011年一直稳占香港最大服务贸易伙伴的位置。Hoekman（1995）的频度指数法开创了量化服务贸易壁垒的先河，他根据GATS的承诺表，构建了三个频率指数，分别为部门覆盖指数、平均覆盖指数以及无限制覆盖指数，用来分析各国在GATS中的承诺水平。Hoekman将各国服务贸易承诺减让表中的各项承诺按开放的力度划分等级，分别为None（没有限制）、Bound（限制）和Unbound（不作承诺），并相应赋予分值为1分、0.5分和0分，然后进行加权计算。最后，计算出承诺覆盖率（某部门的承诺数占最大承诺数的比重）：

$$\text{AverageCount(X)} = \sum_{i=1}^{N} \sum_{j=1}^{n} a_{ij} / (N \times n)$$

其中，i代表×部门中的第i种活动，N代表×部门里子部门的总数，n代表服务贸易提供模式（共有4种），j代表第j种服务提供模式。a_{ij}用来衡量承诺表中该项服务活动是否做出了承诺，不管做出什么承诺，它等于1，否则等于0。

（百万港元）

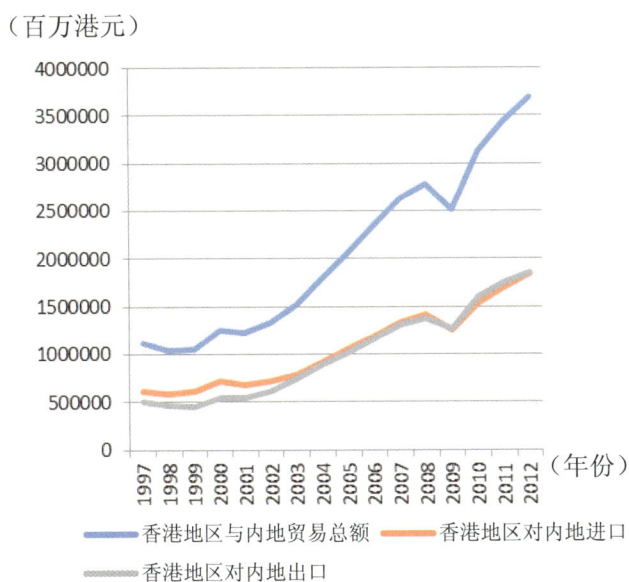

图2-6-18　香港对内地贸易规模

（%）

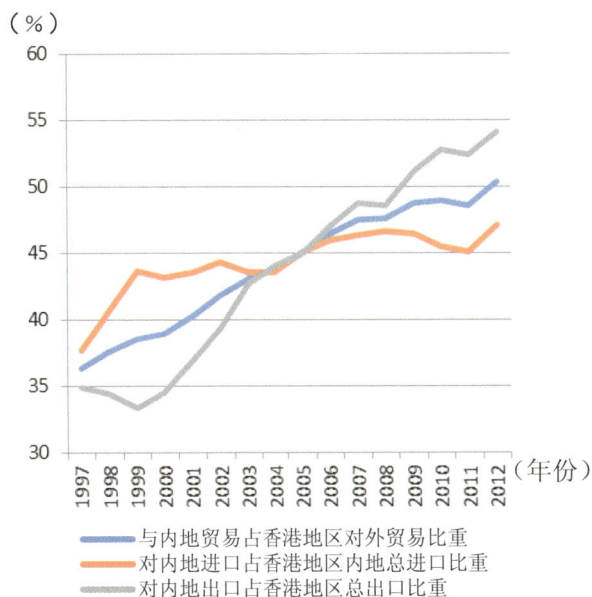

图2-6-19　香港对内地贸易比重

附件9是CEPA实施前中国内地开放服务市场最重要的文件，因此我们可以按照Hoekman的方法，计算出附件9的承诺覆盖率来表示CEPA实施前内地对香港地区的服务贸易开放度。最后通过计算CEPA和附件9的整体承诺覆盖率（合并重复的部门），可以得出CEPA实施后内地对香港的服务贸易开放度。

CEPA实施后总体承诺数比实施前增加了74个，承诺覆盖率增加了约12个百分点，由此可见，CEPA实施后中国内地对香港地区服务贸易的总体开放度有较大的提升。从服务贸易四种提供模式来分析，CEPA实施前开放度最高的是境外消费模式，承诺总数为88个，覆盖率达57.52%。CEPA实施前后开放度最低的均为自然人流动模式，CEPA实施前承诺覆盖率仅为4.58%，在CEPA中则只有3个承诺属于境外消费模式，比例较小。内地对香港服务开放的承诺覆盖率仍仅为52.94%，也就是说，还有接近一半的服务部门没有做出开放的承诺，与GATS相比，也仅仅提高了约12个百分点，说明内地对香港地区服务开放进度依然缓慢，仍有很大的提升空间。见表2-6-4。

同时，计算出CEPA实施前后的加权承诺覆盖率，以表示中国内地对香港地区服务贸易开放度的变化。CEPA实施前即附件9中内地的服务贸易加权承诺覆盖率为25.94%，签署并实施第一个CEPA协议后，内地对香港地区的服务开放度提升至27.66%，此后开始逐年缓慢增长，至CEPA补充协议十实施后，内地对香港地区的实际服务开放度已提升至39.19%，比CEPA实施前提高了13.25个百分点，说明CEPA无论在承诺广度还是承诺深度上都有较大提高。但是离服务贸易完全自由化仍有一段较大的距离。

表2-6-4　CEPA与附件9服务贸易承诺数比较

提供方式	指标	附件9	CEPA	附件9+CEPA
总体	承诺数（个）	250	145	324
	承诺覆盖率（%）	40.85	23.69	52.94
境外消费	承诺数（个）	88	3	89
	承诺覆盖率（%）	57.52	1.96	58.17
跨境交付	承诺数（个）	69	9	75
	承诺覆盖率（%）	45.10	5.88	49.02
商业存在	承诺数（个）	86	86	107
	承诺覆盖率（%）	56.21	56.21	69.93
自然人流动	承诺数（个）	7	47	53
	承诺覆盖率（%）	4.58	30.72	34.64

注：CEPA的承诺数及承诺覆盖率已合并重复开放的部门，附件9+CEPA的承诺数及承诺覆盖率已合并附件9和CEPA均开放的部门。

数据来源：根据《中华人民共和国服务贸易具体承诺减让表》及历年CEPA协议整理计算所得。

第3部分　广东省经济预测研究

3.1 研究简介

20世纪80年代，广东省以市场经济为取向，率先对外开放并迈出改革步伐，建立了经济特区、经济技术开发区、沿海开放城市，成功地先行一步。90年代借坚持改革开放的春风，开始建立社会主义市场经济框架，经济一路领先。截至2013年，广东省经济总量已经连续25年位居全国第一，成功超越"亚洲四小龙"，人均GDP达到中等收入国家水平。

然而，正是因为广东省经济总量大，产业结构复杂，对外依存度高，所以给宏观经济管理带来了一定的困难。近年来，国际性经济危机频发，广东省要继续保持经济平稳、较快增长所面临的挑战不小。为了给宏观经济预测预警提供一种相对科学、准确的工具，来辅助宏观经济的分析与决策，本书对广东省宏观经济指标进行了预测和分析研究。

在研究过程中，参考了国内多项研究项目，包括国家信息中心经济预测部年度模型、青岛计量模型、深圳市宏观经济预测系统、中山市宏观经济预测系统等。另外，从建模思路上，还参考了香港地区经济预测系统、澳门地区经济预测系统等。在现有研究的基础上，本书在以下几个方面做了改进：一是经济含义明确。每个模型符合经济学含义，做到有理论依据。二是统计上显著。在回归方程中，尽量做到每个解释变量都显著。但是，为了预测精度，并不是一定要每个变量都必须显著。三是预测效果较好。使用现实数据对预测数据进行了佐证，发现两者吻合程度高。四是简单直观。模型使用了内生变量的滞后项以及外生变量作为解释变量，既能体现经济惯性，又能体现外部环境的影响。五是易维护。当样本期和外部环境发生变化时，只要对数据和程序进行简单修改，即可得到预测结果。

广东省经济发展报告（2015）
全球经济分化和三期叠加下的广东经济：预测、分析与对策

Guangdong Economy in the Context of Global Economic Differentiation and Three Phase
Stack: Forecast, Analysis and Solution

3.2 预测模型的研究思路

下面将重点介绍广东省季度模型的研究方法、研究框架以及涉及的变量指标等。在研究方法上采取了理论驱动与数据驱动相结合的方法，按照模型设定、变量预测两个步骤进行。在研究框架上，将广东省经济放在国际、国内两个大环境下进行研究，建立了一个开放经济系统来预测广东省经济的发展趋势。

3.2.1 研究方法

本书将采用理论驱动与数据驱动相结合的方式，构建广东省宏观经济季度模型系统，用以预测广东省的主要宏观经济指标季度走势，为广东省季度经济形势分析和宏观经济管理提供工具辅助。所谓理论驱动，是指尽可能从现有的、成熟的经济理论出发构建经济模型，使得每个方程都具有经济学含义，不违背经济学常识。所谓数据驱动，是指以历史数据为基础，借助于计量方法选择合适的经济模型，使得每个方程都满足统计上的显著性。

季度模型的开发主要包括两个步骤：一是模型的设定，即选择哪些变量来解释因变量；二是变量的预测，即使用现有数据对因变量的未来值进行预测。

季度模型的研究，最重要（也是难度最大）部分是模型的设定，即选择正确、合理的解释变量。这些解释变量既要在理论上与被解释变量存在联系，又要在计量上满足一定的显著性要求。模型的选取是一个不断"试错"的过程：首先，以经济理论和客观现实为基础，构建一个理论上的模型；其次，根据历史数据，使用计量方法检验结果，并不断调试得到拟合程度和显著性最佳的结果；最后，用以预测，根据预测的准确度再对模型进行调整和校准。

预测分为两部分：一是对名义变量的预测，二是对价格指数的预测，之后汇总两种预测结果，得出实际变量及其增长率。具体表现在对增加值的相关指标预测，首先通过对指标的名义总量进行模拟预测，然后对价格指数进行模拟预测，最后使用名义预测值除以价格指数预测值得到实际值的预测值以及实际增长率。

之所以采取这种方法，主要是出于以下几点考虑：一是对于GDP的各个组成部分，如三次产业增加值、工业增加值、重工业增加值等，名义值和实际值同样重要，而且名义值可能更为客观、精确。二是部分指标只存在名义值，如全社会销售品零售总额、进出口总额等。三是价格缩减指数可能存在一定的测算误差，如果先平减再进行预测，会将太多的误差带入预测方程，影响预测精度。

在对指标的预测中，本书虽然采用单方程的方式，但还是以经济学理论为基础，并不是从数据到数据的数据挖掘方法。但是在整个预测过程中，为了使预测更贴近现实结果，部分方程还进行了ARMA模型等方法的验证。

3.2.2 研究框架

广东省既是中国第一经济大省，又是对外开放程度最高的地区之一。因此，广东省经济不仅受到国内政策的影响，而且也受到国际经济形势的影响。所以，我们将广东省经济放在国际、国内两个大环境下进行研究，建立了一个开放的经济系统来预测广东省经济的发展趋势。

广东省宏观经济季度模型具体将分为消费、投资、进出口、财政、收入、价格、金融七个模块，涉及一系列的行为方程、技术方程和恒等式，模型结构如图3-2-1所示。

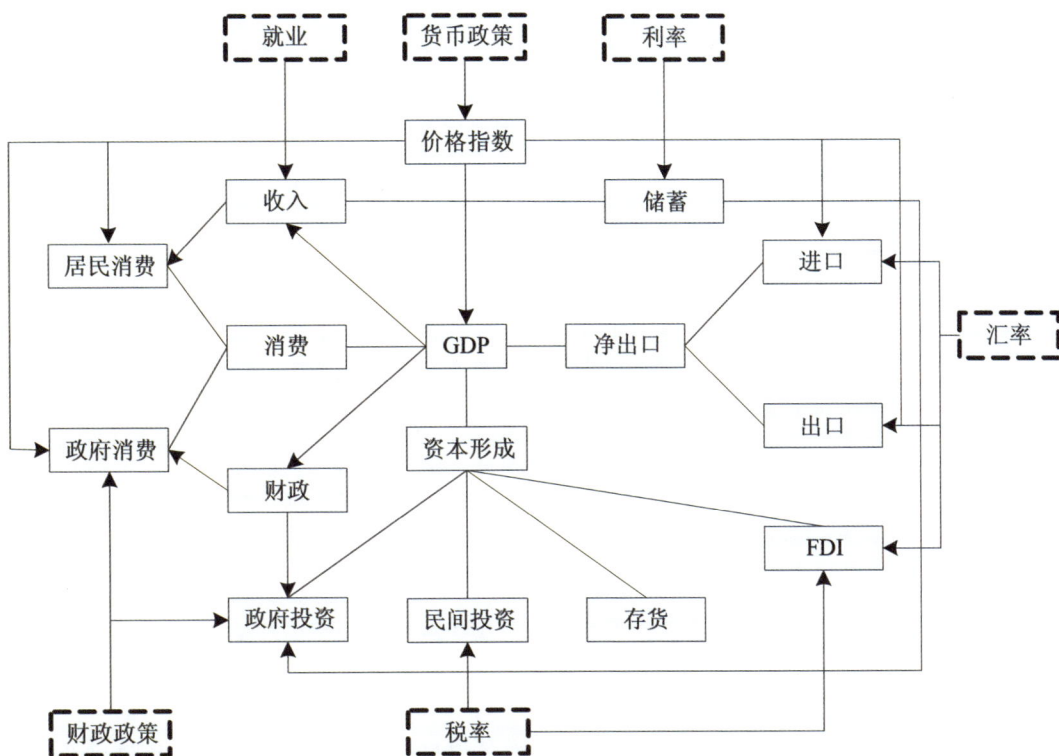

图3-2-1　广东省宏观经济季度模型结构示意图

注：其中一些变量将涉及多个经济变量，这里并没有一一列举出来。

3.2.3 涉及变量指标

广东省宏观经济季度模型涉及的变量主要包括广东省GDP、第一产业增加值、第二产业增加值、第三产业增加值、工业增加值、建筑业增加值、规模以上工业增加值、轻工业增加值、重工业增加值及其实际增长率、年末人口总数、农村居民纯收入、城镇居民可支配收入、全社会消费品零售总额、全社会固定资产投资总额、进口总额、出口总额、人民币实际汇率、人民币汇率、一年期贷款利率、居民消费价格指数、工业品出厂价格指数、固定资产投资价格指数、GDP缩减指数、人均储蓄余额、货币供应量M1和M2、财政收入、财政支出、OECD国家GDP总额等变量。

3.3 预测模型的设定

本部分主要是介绍季度模型的设定方法以及解释变量的选择过程，并阐述背后的经济学含义或依据。一个经济变量，除了具备历史变化趋势以外，还要受到外部环境、经济政策以及其他变量的影响。因此，模型设定的基本思路是，综合使用外生变量、内生变量的滞后期来预测内生变量。在选择解释变量时，要既符合理论上的经济学原理和常识，又满足计量上的显著性要求。从组成结构上，主要分为名义变量的模型设定和价格指数的模型设定两个部分。

3.3.1 基本原则

广东省宏观季度模型的设计方法和步骤可以简单归纳为先设计出理论模型，再根据数据结果和预测结果进行筛选。然而，宏观经济变量之间一般都存在着一定的相关性，因此模型设定必然会遇到解释变量的取舍问题。

在模型的设定和调整过程中，解释变量的选取主要根据以下三个原则进行：

原则1：经济含义明确，即符合经济学原理和常识。

原则2：统计上显著，即通过显著性水平检验。

原则3：预测效果好，即符合实际情况的变化趋势。

在实际操作中，力求满足以上三个原则。但是，在有些个别的情况下，优先考虑原则1和原则3，即虽然有些解释变量不显著，但是有助于提高预测效果，我们也在模型中将其保留。

例如：要解释全社会消费品零售总额，理论上相关的解释变量包括人口、GDP、城镇居民可支配收入或农村居民纯收入、汇率、商业贷款、货币供应量、居民消费价格指数等。但是，全社会消费品零售总额为名义值，包含了价格因素，因此居民消费价格指数、货币供应量等可能是多余的，计量检验证实了这一点。另外，计量结果也显示GDP、城镇居民可支配收入或农村居民纯收入的回归系数都不显著，需要从模型中删除。原因有二：一是模型选择的是季节差分后再进行回归，因而可能消除了消费与收入之间的相关关系；二是从数据来看，全社会消费品零售总额的增长速度明显快于城镇居民可支配收入的增长速度，这是由生产、分配体制的原因所致。与这些变量相比，人口因素、商业贷款更能稳定地体现了消费需求（或者是真实购买力）的增加。另外，汇率体现了国内外货币的购买力之比，对消费品需求也会产生影响，而且通过了显著性检验，因而一并保留在模型之中。

3.3.2 变量符号和前提假设

为了行文和预测程序的方便，先将预测所用到的变量及其代表意见整理成表3-3-1。

另外，以P加上相应变量，代表该变量的价格指数；以C_开头的变量，代表该变量的累计值；以R_开头的变量，代表该变量的实际值；以G_开头的变量，代表该变量的增长率。

表3-3-1　经济变量和含义

变量	含义	变量	含义
GDP	地区生产总值	ER	汇率（美国）
GDP1	第一产业增加值	R	一年贷款利率
GDP2	第二产业增加值	CPI	居民消费价格指数
GDP3	第三产业增加值	PPI	工业品出厂价格指数
GDP2–I	工业增加值	HCS	全社会消费品零售总额
GDP2_I–S	规模以上工业增加值	LOAN	贷款余额
GDP2–L	轻工业增加值	LOAN1	工业贷款
GDP2–H	重工业增加值	LOAN2	商业贷款
GDP2–C	建筑业增加值	M1	货币供应量M1
POP	人口	M2	货币供应量M2
I–R	农民人均纯收入	OECD	OECD国家GDP总额
I–U	城镇居民人均可支配收入	S1	第一季度虚拟变量
GI	地方一般预算收入	S2	第二季度虚拟变量
GE	地方一般预算支出	S3	第三季度虚拟变量
I	全社会固定资产投资	S4	第四季度虚拟变量
IM	进口总额	D1	金融危机虚拟变量，将2008年第三季度、第四季度，2009年第一季度设定为零，其余为1
EX	出口总额		
DUM2009	2009年以后为1，其他为0	@TREND	趋势项

模型设定采取log（自然对数）与dlog（自然对数的差分）两种方法，选择其中更为贴近现实的方法。一些基本的理论方法和前提假设如下：

（1）使用外生变量及内生变量的滞后期预测内生变量

选取的外生变量包括地方一般预算支出（GE）、汇率（ER）、一年贷款利率（R）、货币供应量M2（2）、人口（POP）和OECD国家GDP总额（OECD）。

（2）根据历史情况及相关机构预测，先预测2015年四个季度外生变量的值

1）OECD，预计OECD2010GDP增长为2%，按每个季度同比增长2%。

2）汇率，2015年第一季度为6.19，以后可根据实际情况调整。

3）利率，还是6.00。

4）M2，预计2015年全年净增15%，2015年每个季度同比2014年增长17%。

5）财政支出，根据以往数据，预测每个季度同比增长10%。

6）人口，2014年的人口增长率按2014年的算。

（3）使用静态预测的方法，把前期的预测值赋予真实值，再逐步预测

（4）根据情况，调整以使各变量符合统计的逻辑

3.3.3 名义变量的模型设定

季度模型的设定分为两部分：名义变量的模型设定与价格指数的模型设定。然后，根据相应的模型得到名义变量和价格指数的预测值，最后使用名义变量除以价格指数，得到实际变量。

以下具体分析模型中选取变量的经济学含义以及呈现具体的回归结果。模型设定的样本区间为：2000年第一季度至2014年第二季度广东省季度数据。

（1）广东省国内生产总值GDP

GDP的预测采取dlog的形式，由于是季度数据，故采用dlog（×，0,4）的形式。在解释变量的选取上，从需求角度分析，广东省是外贸依存度较高的省份，国际市场景气与否深深影响着广东省经济的发展，而OECD国家的GDP（dlog(OECD,0,4)）反映着国际市场的需求情况。从供给角度分析，GDP中的三大产业均对GDP有深刻的影响，但以第二产业的影响最为重要，故选取dlog(GDP2(−1),0,4)为解释变量。从政策层面分析，国家的货币政策影响着广东省的发展，选取dlog(M2(−1),0,4)为解释变量就反映了这点，同时，这个变量也是价格指数的一种反映。

回归结果显示，dlog(OECD,0,4)、dlog(GDP2(-1),0,4)与dlog(M2(-1),0,4)的系数都显著为正，符合预期。

（2）第一产业增加值GDP1

GDP1的预测采取dlog的形式。从供给角度分析，第一产业的滞后期dlog(GDP1(-3),0,4)是一个重要的影响因素。从货币市场分析，利率（dlog(R,0,4)）也影响第一产业的产值。最后，通过观测，在方程中加进平均移动项MA（4）更好地拟合GDP1的变动。

回归方程显示，dlog(GDP1(-3),0,4)的系数显著为正，而MA（3）的系数在5%下显著为负，说明GDP1的变动呈现平均移动趋势。

（3）第二产业增加值GDP2

GDP2的预测采取dlog的形式。从需求角度分析，广东省的第二产业也高度依赖国际市场，产品多供出口，而OECD的GDP（dlog(OECD,0,4)）表征着国际市场的景气程度。从供给角度分析，GDP2的滞后项（dlog(GDP2(-1),0,4)）表征以往的生产能力。从需求角度分析，投资I和货币M2也是不可缺少的。

回归结果显示，dlog(OECD,0,4)显著为正，且影响系数较大，可见国际市场对广东省第二产业的重要性。

（4）第三产业增加值GDP3

GDP3的预测采取log的形式。从供给角度分析，GDP和第三产业滞后项（log(GDP(-3))、log(GDP3(-1))）是不可缺少的变量。同时，由观测可知，第三产业增加值存在明显的季度性，加进季度变量S1、S2和S3能更好地拟合这种趋势。

由回归方程可知，对影响GDP3有显著正影响的是log（GDP（-1））。同时，也验证了GDP3的变动有很强的季度性（S1、S2、S3的系数都显著），也存在显著的平均移动趋势。

（5）建筑业增加值GDP2_C

GDP2_C的预测采取log的形式。从供给角度分析，其本身的滞后期（log(GDP2_C(-4))）能捕捉其以往的生产能力，而民间的投资和政府的财政支出也深刻影响着GDP2_C的产值，前者以log(I(-3))来表征，后者以log(GE(-4))来表征。一般地，log(I(-3))和log(GE(-4))越高，GDP2_C的值就越高。

回归结果显示，log(GDP2_C(-4))与log(GE(-4))显著为正，其值越高，GDP_2C就越高，但log(I(-3))并不显著。

广东省经济发展报告（2015）

全球经济分化和三期叠加下的广东经济：预测、分析与对策

Guangdong Economy in the Context of Global Economic Differentiation and Three Phase Stack: Forecast, Analysis and Solution

（6）工业增加值GDP2_I

GDP2_I的预测采取dlog的形式。工业增加值的滞后期（dlog(GDP2_I(-4),0,4)）反映其供给方面的因素；而OECD的GDP滞后期（dlog(OECD(-1),0,4)）反映国际市场的需求情况。

回归结果表明，dlog(GDP2_I(-4),0,4)显著为正，即过去的生产力显著影响现在的生产力。

（7）规模以上工业增加值GDP2_I_S

GDP2_I_S的预测采取dlog的形式。从供给角度来看，其本身的滞后项（dlog(GDP2_I_S(-1),0,4)）反映其以往的生产能力；从需求角度分析，OECD的GDP（dlog(OECD(-1),0,4)）反映国际市场的需求情况；从政策层面分析，国家的货币政策影响着GDP2_I_S，选取 dlog(M2(-1),0,4)为解释变量就反映这点，同时，这个变量也是价格指数的一种反映。

结果显示，三个解释变量的系数在10%下都显著为正，其中以dlog(OECD(-1),0,4)的系数最大，又再次说明国际市场对广东省经济的重要性。

（8）重工业增加值GDP2_H

GDP2_H的预测采取dlog的形式。OECD的GDP的滞后期（dlog(OECD(-2),0,4)）反映国际市场的需求情况，而dlog(LOAN2(-1),0,4)反映货币市场的活跃程度，也在一定程度反映金融体系的健康程度。另外，GDP2_H的变动存在明显的平均移动（MA(3)）趋势与时间趋势（@TREND）。

由回归结果可得，dlog(OECD(-2),0,4)与dlog(LOAN2(-1),0,4)的系数显著为正，尤以dlog(OECD(-2),0,4)的影响较大，符合预期。另外，时间趋势与平均移动趋势都显著为正。

（9）轻工业增加值GDP2_L

GDP2_L的预测采取dlog的形式。从供给角度来看，其本身的滞后项（dlog(GDP2_L(-1),0,4)）捕捉其以往的生产能力；从需求角度分析，OECD的GDP（dlog(OECD,0,4)）反映国际市场的需求情况，而dlog(HCS,0,4)反映省内的需求情况。

回归结果显示，dlog(GDP2_L(-1),0,4)与dlog(OECD,0,4)的系数显著为正。同样地，dlog(OECD,0,4)的系数较大。

（10）政府收入GI

GI的预测采取log的形式。GI的滞后期(log(GI(-1)) 和log(GI(-4)))反映其以前的情况，其中GI表现出较强的年度性，故方程中的滞后期有两项。GDP滞后项（log(GDP(-2))）反映出省内的经济发展情况，从而反映政府收入的税基情况。政府支出的滞后期（log(GE(-4))）影响着GI，一般地，政府支出越高，

其政府收入往往较高。另外，GI的变动存在明显的平均移动（MA(3)）趋势。

正如理论预测，log(GI(-1))、log(GI(-4))和log(GE(-4))的系数在10%下都显著为正，且log(GI(-1))和log(GI(-4))的系数相对较大。同时，MA（3）的系数显著，表明GI的变动存在明显的平均移动趋势。

（11）全社会消费零售总额HCS

HCS的预测采取dlog的形式。人口（dlog(POP(-3),0,4)）反映省内的消费规模，汇率（ER）反映国内外货币的交互情况，本币升值，将更多地购买进口产品，若本币贬值则更多地消费本地产品。

由回归结果可知，解释变量的系数符合理论预测，都在10%下显著。

（12）固定资产投资I

I的预测采取log的形式。其本省的滞后项（log(I(-4))）捕捉其以往的情况，log(M2)反映货币市场情况和国家的货币政策，一般地，log（M2）越高，I亦越高。政府支出（GE）有很大一部分投资在固定资产上。最后，I的变动存在一定的季度趋势（S1）。

回归结果显示，log(I(-4))与 log(M2)的系数显著为正，符合理论预期。其中尤以log(I(-4))为大。S1的系数显著，但将其纳入方程有助于提高预期结果的准确性。

（13）农村居民纯收入I_R

I_R的预测采取dlog的形式。其本身的滞后项（dlog(I_R(-4),0,4)）反映以往的情况。从收入来源分析，dlog(GDP1(-3),0,4)越高，I_R就越高。

由回归方程可知，dlog(I_R(-4),0,4) 的系数都显著，且符合理论预期。另外，有些被解释变量并没有如理论预期显著，但本着更好地使预测值贴近真实值，将这些变量都纳入回归方程。

（14）城镇居民可支配收入I_U

I_U的预测采取dlog的形式。其本身的滞后项（dlog(I_U(-1),0,4)）、（dlog(I_U(-4),0,4)）反映以往的情况。这个回归的拟合度并不是太高，但该方程却较好地预测到真实值。

（15）出口总额EX

EX的预测采取dlog的形式。dlog(OECD,0,4)反映国外需求情况；dlog(GDP(-3),0,4)反映国内的生产能力情况；dlog(ER(-2),0,4) 反映国内外货币交互情况，即汇率情况。另外，EX的变动表现出一定的自相关（AR(-1)）。

正如理论所示，反映国外需求情况的dlog(OECD,0,4)系数高度显著，且系数较大，而D(ER(-2),0,4)

广东省经济发展报告（2015）

Guangdong Economy in the Context of Global Economic Differentiation and Three Phase Stack: Forecast, Analysis and Solution

全球经济分化和三期叠加下的广东经济：预测、分析与对策

的系数也显著为正。这与广东省产业发展模式有关。

（16）进口总额IM

IM的预测采取dlog的形式。dlog(OECD(-1),0,4)反映国外生产情况；以dlog(M2(-2),0,4)为解释变量反映国家的货币政策，同时，这个变量也是价格指数的一种反映；IM的变动深受金融危机影响，加进D1更好拟合其变动趋势，其也存在一定的平均移动趋势（MA(1)）。

回归结果显示，dlog(OECD(-1),0,4)与dlog(M2(-2),0,4)的系数显著为正。另外，D1系数显著，也显示IM的变动趋势受国际金融危机的影响。

3.3.4 价格指数的模型设定

首先使用各个变量的增长率，算出以2000年价格为标准的实际值，然后使用名义值除以实际值得到以2000年为基期的价值指数，最后对这些价格指数进行预测。

具体来说，对于每个方程我们都按照下述程序进行变量选择：首先根据变量间的经济关系，选出一组备选变量；其次依据回归结果，保留统计上显著的变量[①]；最后根据样本内预测结果挑选出最好的预测方程，并利用它进行样本外预测。当三个原则矛盾时，优先级别为：原则3>原则1>原则2。

为了更好地拟合数据和提高预测精度，我们还考虑了扰动项可能存在自相关情形。为了节约篇幅，将只给出最后使用的方程，对于模型选择的中间过程只进行一般说明，不给出每一步的估计结果。

（1）工业品出厂价格指数PPI

工业品出厂价格指数是反映全部工业产品出厂价格总水平的变动趋势和程度的相对数。为了反映经济总体形式对PPI的影响，我们计划在解释变量中包括地区生产总值（GDP）或第二产业增加值（GDP2）。为了反映财政政策和货币政策的影响，我们还考虑了地方一般预算支出（GE）、全社会固定资产投资（I）、广义货币供应量（M2）、利率(R)等。

根据挑选变量的原则1和原则2，选择出的解释变量为地区生产总值（GDP）、全社会固定资产投资（I）、广义货币供应量（M2）。这些经济变量的影响可能存在时间上滞后，因此，我们对所有变量都尝试了不同的滞后阶数，并依据原则1和原则2进行筛选。最终选定消费者价格指数（CPI）滞后一阶、全社会固定资产投资（I）滞后一阶、广义货币供应量（M2）滞后三阶。利用这些变量进行了初步回归，对回归结果的残差进行检验发现，在10%水平上存在显著的自相关，为此在方程中加进MA(1)项。

[①] 除少数变量外，一般保留的变量至少在10%水平上显著。

（2）居民消费价格指数CPI

居民消费价格指数(CPI)，是反映与居民生活有关的产品及劳务价格的变动指标。作为生活资料的价格，CPI受到PPI的影响，因为随着PPI提高，会引起生产生活资料企业成本的提高，从而带动CPI上涨。因此，我们使用PPI作为解释CPI的第一个重要变量。此外，我们还考虑了经济总量、财政政策和货币政策的影响，尝试使用地区生产总值（GDP）、全社会固定资产投资（I）、广义货币供应量（M2）、利率(R)等作为解释变量。根据变量选取原则1和原则2，发现只有广义货币供应量（M2）和利率(R)对CPI有显著影响。一种可能的解释是，在使用PPI作为解释变量的前提下，地区生产总值（GDP）、全社会固定资产投资（I）等变量对CPI的影响通过PPI发挥作用。同样根据原则1和原则3，我们确定滞后四期的M2、利率和PPI的当期变量作为解释变量。根据对回归残差的分析结果，我们还在回归方程中加入用于捕捉一阶自相关的AR(1)项。

（3）地区生产总值缩减指数PGDP

为了能够预测实际增长率，先需要预测对应变量的缩减指数，这些变量包括GDP（地区生产总值）、GDP1（第一产业增加值）、GDP2（第二产业增加值）、GDP3（第三产业增加值）、GDP2_I（工业增加值）、GDP2_I_S（规模以上工业增加值）、GDP2_L（轻工业增加值）、GDP2_H（重工业增加值）、GDP2_C（建筑业增加值）。它们的缩减指数分别记为：PGDP, PGDP1, PGDP2, PGDP3, PGDP2_I, PGDP2_I_S, PGDP2_L, PGDP2_H, PGDP2_C。

缩减指数计算方法如下：根据公布的实际增长率和名义价值，可以算出同比缩减指数，然后再转换为以2000年为基期（设为100%）的可比数据。利用可比数据，进行估计和预测，最后把指数预测值转换为同比增长率，用于实际增长率预测。

在一定的实际GDP增速下，GDP缩减指数与名义GDP直接相关，因此，我们使用名义GDP作为解释GDP缩减指数的一个重要变量[①]。缩减指数还可能与投资水平、财政政策、货币政策等有关，根据原则1和原则2，我们选择的相关变量包括全社会固定资产投资（I）、广义货币供应量（M2）。另外，还考虑了汇率和2009年虚拟变量（2000年四个季度设为1，其他设为0），原因是：随着人民币升值，国外资本为了追逐利润进入中国的投资市场，引起价格上升；而2008年金融危机的爆发，对GDP缩减指数会产生一定程度的影响。根据原则1和原则3，我们最后确定当期的名义GDP水平、滞后一期的M2和2009年虚拟变量作为解释变量。根据对回归残差的分析结果，我们还在回归方程中加入用于捕捉一阶自相关的MA(1)项。

---

① 前文已经对名义GDP进行预测。

（4）第一产业增加值缩减指数PGDP1

PGDP1缩减指数与名义GDP1直接相关，因此我们也使用名义GDP1作为解释PGDP1的一个重要变量[①]。在此基础上，我们考虑了投资水平、财政政策、货币政策等与PGDP1有关，经过使用原则1和原则2检验，发现仅有投资(I)对其有显著影响。通过观测发现PGDP1有序列相关现象，因此考虑在回归方程中加入因变量的滞后项。根据原则1和原则3，最后确定当期的名义GDP1水平、滞后一期的因变量PGDP1、当期的投资作为解释变量。根据对回归残差的分析结果，我们还在回归方程中加入用于捕捉自相关的MA(4)项。

（5）第二产业增加值缩减指数PGDP2

第二产业增加值缩减指数PGDP2与名义GDP2直接相关，因此也使用名义GDP2作为解释PGDP2的一个重要变量[②]；还发现总投资(I)和工业品出厂价格指数（PPI）都对PGDP2有重要的影响，其中，总投资通过影响第二产业产出影响价格指数，而PPI与PGDP2有着更为直接的关系。通过观测发现PGDP2有序列相关现象，因此考虑在回方程中加入因变量的滞后项。根据原则1和原则3，最后确定当期和滞后一期的名义GDP2水平、当期的PPI、当期汇率ER为解释变量。

（6）第三产业增加值缩减指数PGDP3

第三产业增加值GDP3缩减指数PGDP3与名义GDP3直接相关，因此使用名义GDP3作为解释PGDP3的一个重要变量。此外，还发现居民消费价格指数（CPI）和人民币汇率对PGDP3有显著影响，经过使用原则1和原则2检验，发现它们的滞后一阶的CPI和当期汇率影响最为明显。根据原则1和原则3，最后确定当期的名义GDP3水平、滞后一期的CPI、当期的汇率作为解释变量。根据对回归残差的分析结果，还在回归方程中加入用于捕捉自相关的AR(1)项。

（7）建筑业增加值缩减指数PGDP2_C

建筑业增加值缩减指数（PGDP2_C）与名义建筑业增加值GDP2_C直接相关，因此使用名义GDP2_C作为解释PGDP2_C的一个重要变量。此外，还发现地方一般预算支出(GE)对PGDP2_C有显著影响。通过观测PGDP2_C变化趋势，认为变量可能存在自相关，因此考虑使用因变量的滞后相关。根据原则1和原则3，最后确定当期的确建筑业增加值GDP2_C、滞后一期的地方一般预算支出(GE)和滞后一期的因变量作为解释变量。

---

① 前文已经对名义GDP1进行预测。
② 前文已经对名义GDP2进行预测。

（8）工业增加值缩减指数PGDP2_I

工业增加值缩减指数（PGDP2_I）与名义工业增加值GDP2_I直接相关，因此使用名义GDP2_I作为解释PGDP2_I的一个重要变量；与第二产业指数一样，发现工业品出厂价格指数（PPI）也影响PGDP2_I；通过观测PGDP2_I变化趋势，认为变量可能存在自相关，因此考虑使用因变量的滞后相关。根据原则1和原则3，最后确定当期的工业增加值GDP2_I、滞后四期的PPI和滞后一期的因变量作为解释变量。最后，为克服扰动项的自相关问题，还加入移动平均MA（1）项。

（9）规模工业增加值缩减指数PGDP2_I_S

规模以上工业增加值缩减指数（PGDP2_I_S）与名义规模以上工业增加值GDP2_I_S直接相关，因此使用名义GDP2_I_S作为解释PGDP2_I_S的一个重要变量；还要考虑财政政策与货币政策的影响；通过观测PGDP2_I_S变化趋势，认为变量可能存在自相关，因此考虑使用因变量的滞后相关。根据原则1和原则3，最后确定当期的规模以上工业增加值GDP2_I_S、当期的广义货币供应量M2和滞后一期的因变量作为解释变量。最后，为克服扰动项的自相关问题，还加入AR（1）项。

（10）重工业增加值缩减指数PGDP2_H

重工业增加值缩减指数（PGDP2_H）与名义重工业增加值GDP2_H直接相关，因此使用名义GDP2_H作为解释PGDP2_H的一个重要变量。此外，发现地方一般预测算支出（GE）也影响PGDP2_H；通过观测PGDP2_H变化趋势，认为变量可能存在自相关，因此考虑使用因变量的滞后相关。根据原则1和原则3，最后确定当期的工业增加值GDP2_H、滞后一期的GE和滞后三期的因变量作为解释变量。最后，为克服扰动项的自相关问题，还加入移动平均MA（2）项。

（11）轻工业增加值缩减指数PGDP2_L

轻工业增加值缩减指数（PGDP2_L）与名义轻工业增加值GDP2_L直接相关，因此使用名义GDP2_L作为解释PGDP2_L的一个重要变量；此外，发现地方汇率（ER）和总投资(I)也影响PGDP2_L。根据原则1和原则3，最后确定当期的轻工业增加值GDP2_L、当期的GE和滞后一期的总投资作为解释变量。最后，为克服扰动项的自相关问题，还加入AR（1）项。

3.4 近期宏观指标预测

本部分主要是利用2000~2014年各季度数据对2015年各个指标进行预测，主要包括四部分：3.4.1对名义变量进行预测，并以表格的形式呈现结果；3.4.2在3.4.1结果的基础上，对比拟合值和真实值，来检验预测值的可信性；3.4.3预测价格指数并评价价格指数的拟合优度；3.4.4结合3.4.1和3.4.3的结果得出实际变量的预测值和增长率。

3.4.1 名义变量的预测结果

（1）名义变量单季值

把名义变量的预测结果汇总到表3-4-1。

表3-4-1　名义变量单季值

OBS	2014Q3	2014Q4	2015Q1	2015Q2	2015Q3	2015Q4
GDP	17651.66	19683.49	14837.18	18403.46	19069.06	21294.23
GDP1	1041.33	991.81	666.81	779.09	1192.45	1106.78
GDP2	8321.41	8765.51	6492.92	9279.01	8970.32	9318.77
GDP3	8288.92	9926.18	7677.46	8345.36	8906.29	10868.69
GDP2_C	529.15	658.37	461.40	525.82	562.87	706.81
GDP2_I	7792.26	8107.14	6031.51	8753.19	8407.45	8611.96
GDP2_I_S	7581.06	8389.25	6359.41	8000.86	7906.07	8651.86
GDP2_H	4545.48	4980.95	3802.99	4728.46	4531.95	4945.33
GDP2_L	3035.58	3408.30	2556.42	3272.40	3374.12	3706.53
GI	1852.85	2148.37	2146.24	2359.61	1982.18	2331.85
HCS	7269.67	7861.42	7556.93	7819.25	8253.07	8926.18
I	7124.94	8786.78	4796.57	8094.75	8256.99	10262.51
I_R	3468.15	2161.17	3677.47	2895.24	3789.78	2342.59
I_U	8764.90	8802.61	10560.53	8820.42	9605.17	9698.42
EX	1588.56	1839.93	1335.32	1527.69	1653.29	1881.61
IM	1129.29	1145.59	945.40	973.46	1083.29	1098.93

（2）名义变量累积值

把名义变量的预测结果汇总到表3-4-2。

表3-4-2 名义变量累积值

OBS	2014Q3	2014Q4	2015Q1	2015Q2	2015Q3	2015Q4
C_GDP	48530.75	68214.25	14837.18	33240.64	52309.70	73603.93
C_GDP1	2353.11	3344.92	666.81	1445.89	2638.34	3745.12
C_GDP2	23235.45	32000.96	6492.92	15771.93	24742.25	34061.02
C_GDP3	22942.19	32868.37	7677.46	16022.82	24929.11	35797.79
C_GDP2_C	1457.85	2116.22	461.40	987.23	1550.10	2256.90
C_GDP2_I	21777.60	29884.74	6031.51	14784.70	23192.15	31804.11
C_GDP2_I_S	20877.21	29266.46	6359.41	14360.27	22266.34	30918.20
C_GDP2_H	12822.28	17803.23	3802.99	8531.45	13063.40	18008.73
C_GDP2_L	8054.92	11463.22	2556.42	5828.82	9202.94	12909.47
C_GI	5868.35	8016.71	2146.24	4505.85	6488.03	8819.88
C_HCS	20816.67	28678.09	7556.93	15376.18	23629.25	32555.42
C_I	17940.26	26727.04	4796.57	12891.33	21148.32	31410.83
C_I_R	9761.15	11922.32	3677.47	6572.71	10362.49	12705.08
C_I_U	25628.90	34431.52	10560.53	19380.95	28986.12	38684.54
C_EX	4367.06	6206.99	1335.32	2863.01	4516.30	6397.91
C_IM	3072.29	4217.88	945.40	1918.86	3002.15	4101.08

下面，通过对比历史值和预测值，分析预测结果的精确度。

3.4.2 名义变量的拟合情况

（1）广东省国内生产总值GDP

（亿元）

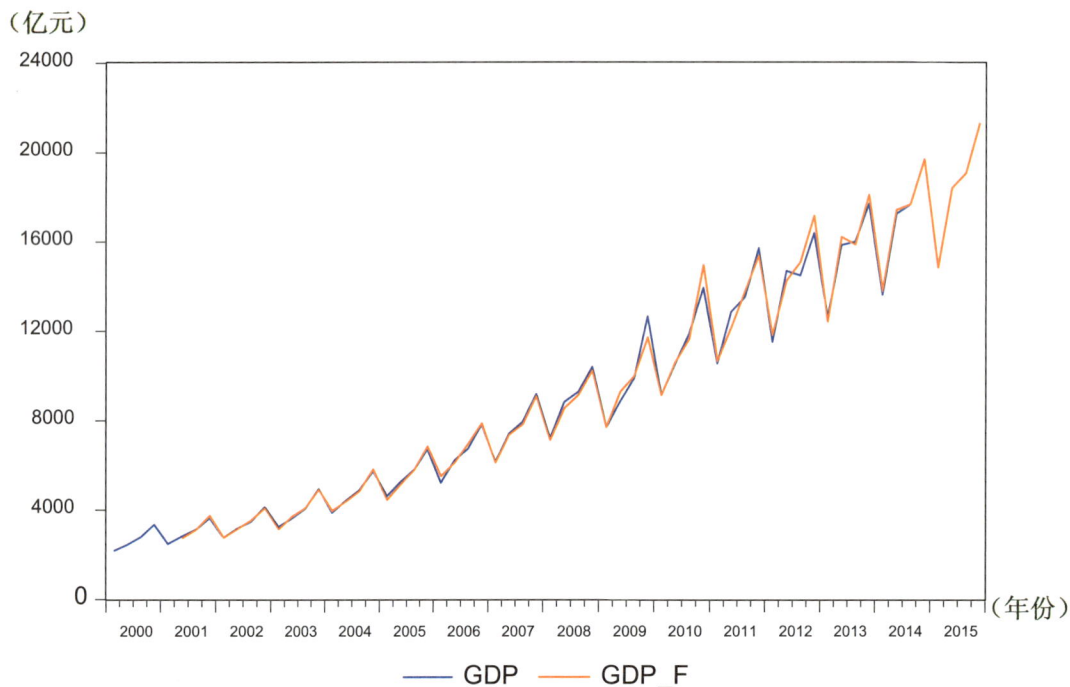

图3-4-1　广东省国内生产总值GDP

图3-4-1中GDP是真实值，GDP_F是拟合值。从拟合效果看，GDP_F很好地拟合了GDP的变动，预测2015年GDP增长率与2014年持平。

（2）第一产业增加值GDP1

（亿元）

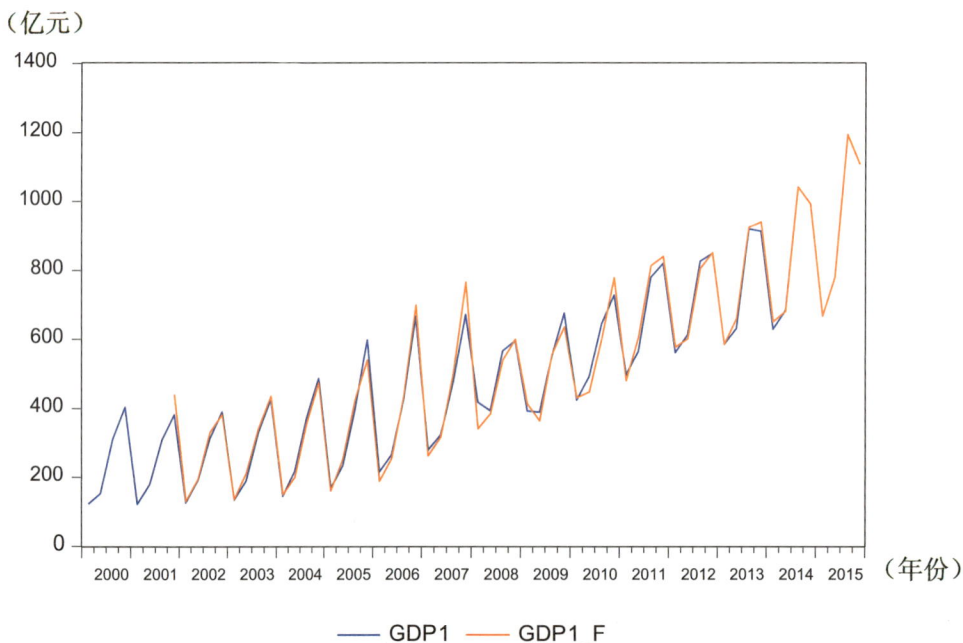

图3-4-2　第一产业增加值GDP1

图3-4-2中GDP1是真实值，GDP1_F是拟合值。从拟合效果看，GDP1_F较好地拟合了GDP1的变动，2006年之后显得较为波动。

（3）第二产业增加值GDP2

（亿元）

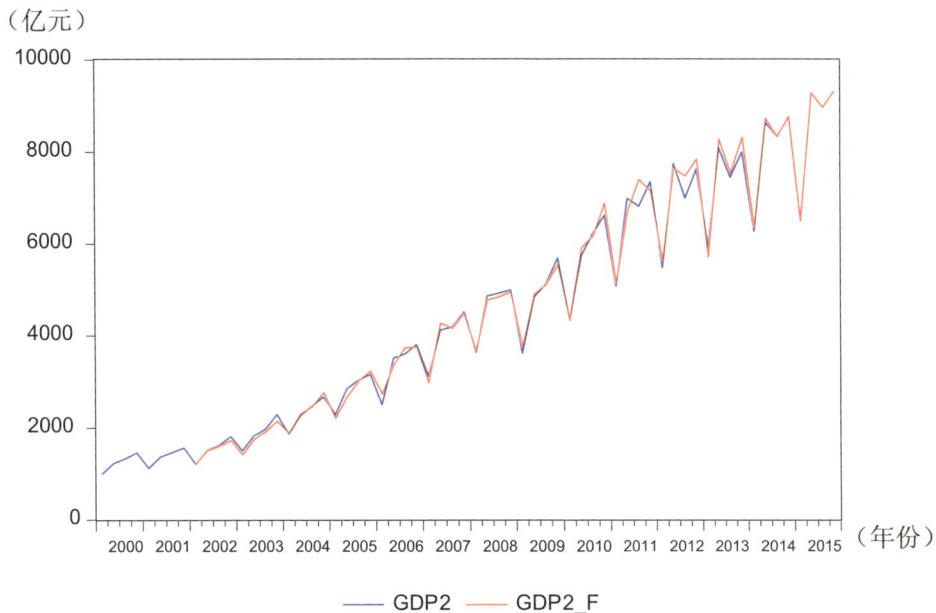

图3-4-3 第二产业增加值GDP2

图3-4-3中GDP2是真实值，GDP2_F是拟合值。GDP2_F的拟合效果较好，并预测2015年的增长率与2014年持平。

（4）第三产业增加值GDP3

（亿元）

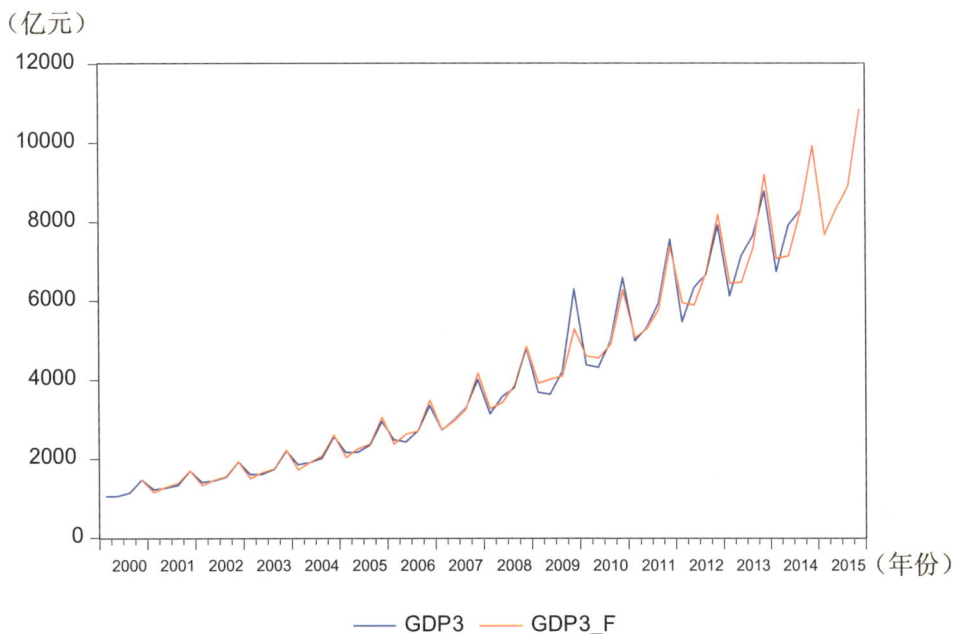

图3-4-4 第三产业增加值GDP3

图3-4-4中GDP3是真实值，GDP3_F是拟合值。GDP3_F的拟合效果总体较好，但在金融危机下的2009年，拟合值有点低估GDP3的产值，但预测2015年有一个较快的增长。

（5）建筑业增加值GDP2_C

（亿元）

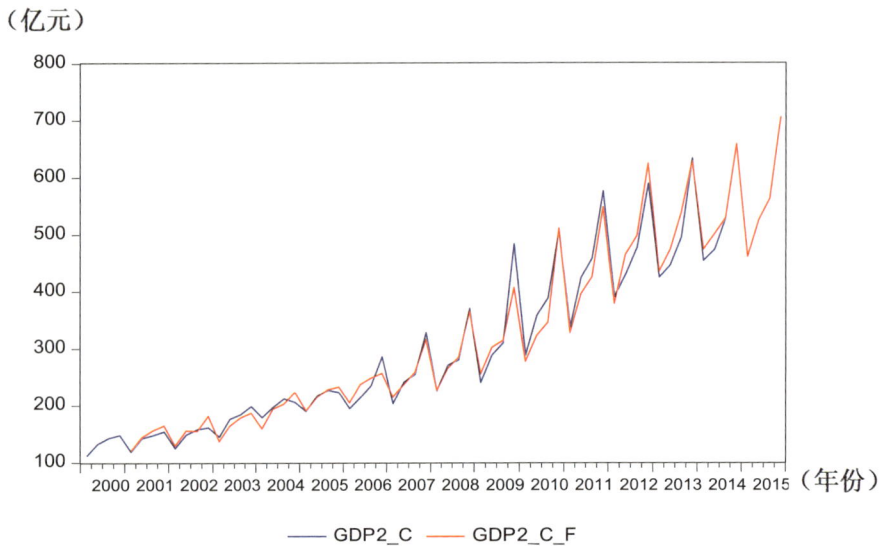

图3-4-5　建筑业增加值GDP2_C

图3-4-5中GDP2_C是真实值，GDP2_C_F是拟合值。GDP2_C_F的拟合效果总体较好，但略显波动，特别是在金融危机下的2009年，拟合值有点低估GDP2_C_F的产值，但预测2015年的增长较慢。

（6）工业增加值GDP2_I

（亿元）

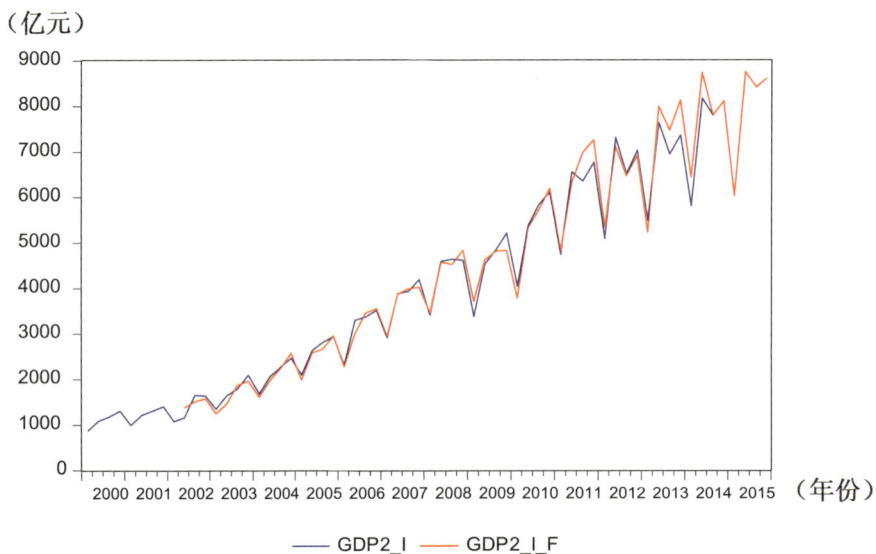

图3-4-6　工业增加值GDP2_I

图3-4-6中GDP2_I是真实值,GDP2_I_F是拟合值。拟合值GDP2_I_F在大部分时间高估GDP2_I的值,但总体趋势一致,且效果较好。

(7) 规模以上工业增加值GDP2_I_S

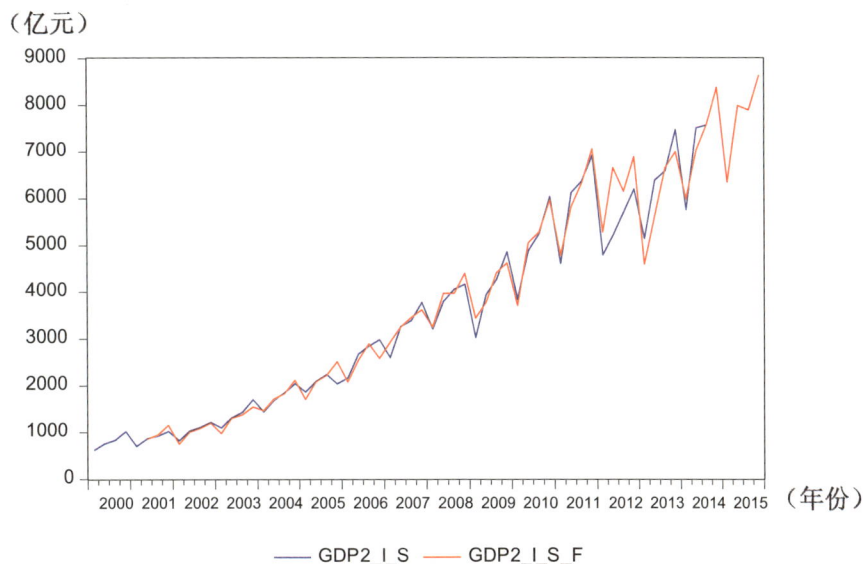

图3-4-7　规模以上工业增加值GDP2_I_S

图3-4-7中GDP2_I_S是真实值,GDP2_I_S_F是拟合值。GDP2_I_S_F的拟合波动较大,特别是2010年之后,其基本反映着真实值的情况。

(8) 重工业增加值GDP2_H

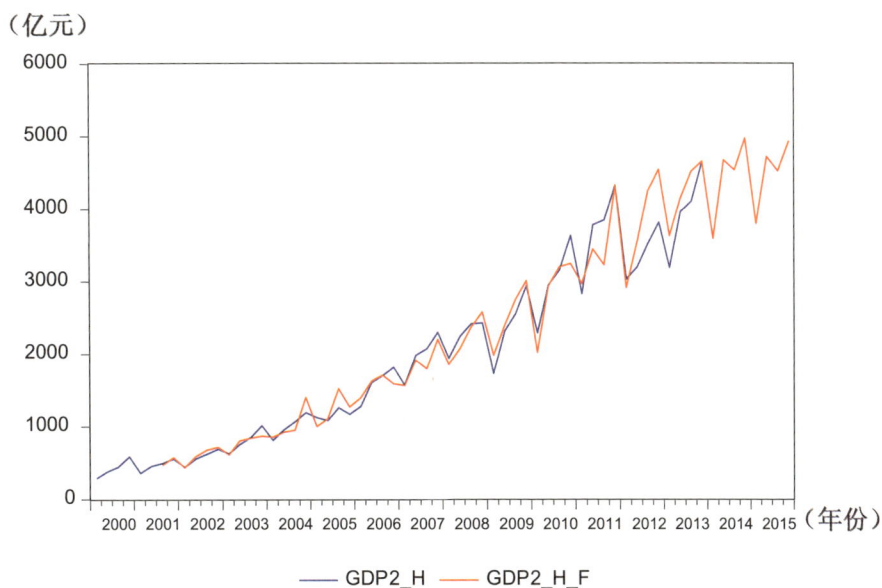

图3-4-8　重工业增加值GDP2_H

图3-4-8中GDP2_H是真实值，GDP2_H_F是拟合值。GDP2_H_F的拟合略显波动，特别是2010年之后，高估了GDP2_H的真实值。图中预测2015年的增长较缓。

（9）轻工业增加值GDP2_L

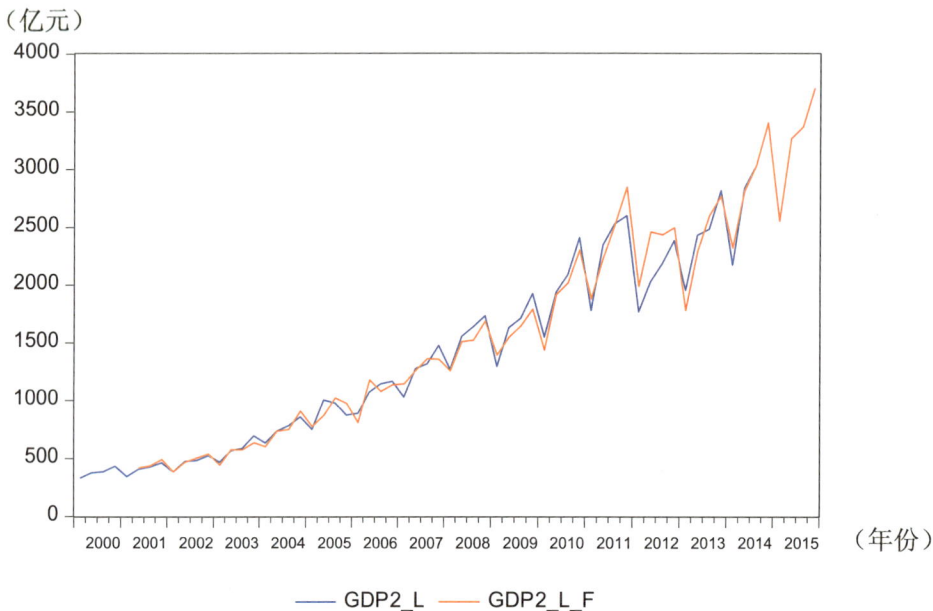

图3-4-9　轻工业增加值GDP2_L

图3-4-9中GDP2_L是真实值，GDP2_L_F是拟合值。GDP2_L_F的拟合效果总体较好。图中预测2015年有较快的增长。

（10）政府收入GI

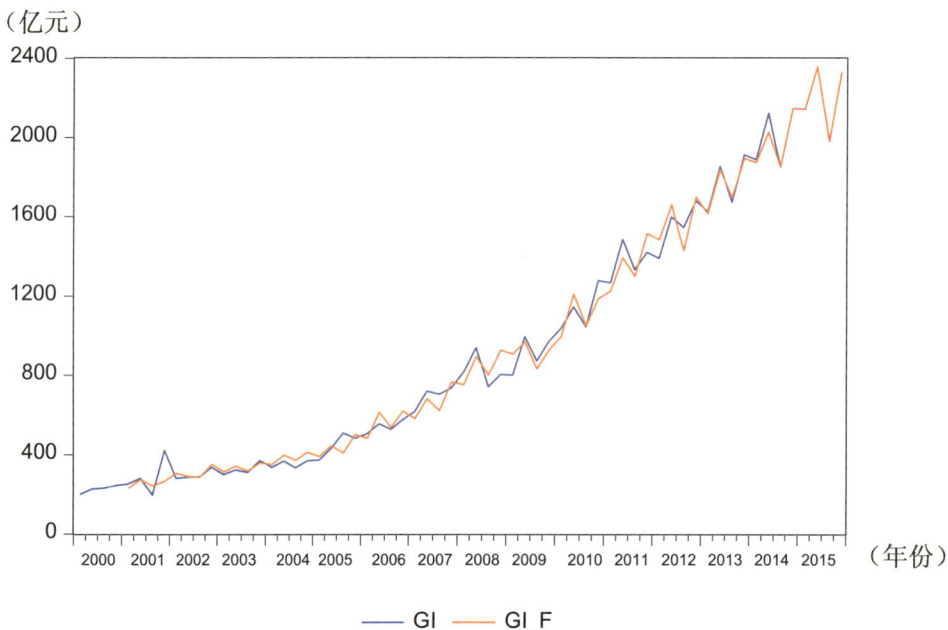

图3-4-10　政府收入GI

图3-4-10中GI是真实值，GI_F是拟合值。GI_F能捕捉到GI的总体趋势。图3-4-10中拟合的2014年值偏低，但预测2015年提升较快。

（11）全社会消费零售总额HCS

（亿元）

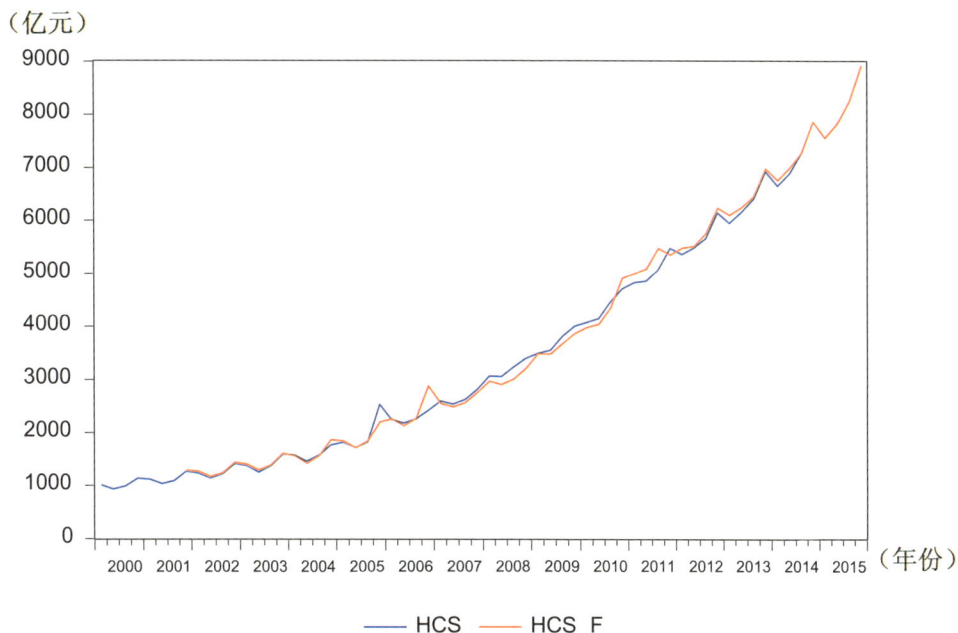

图3-4-11　全社会消费零售总额HCS

图3-4-11中HCS是真实值，HCS_F是拟合值。HCS_F的拟合效果总体较好，特别是2011年之后，拟合的效果更好。图3-4-11中预测2015年的增长较2014年更快。

（12）固定资产投资I

（亿元）

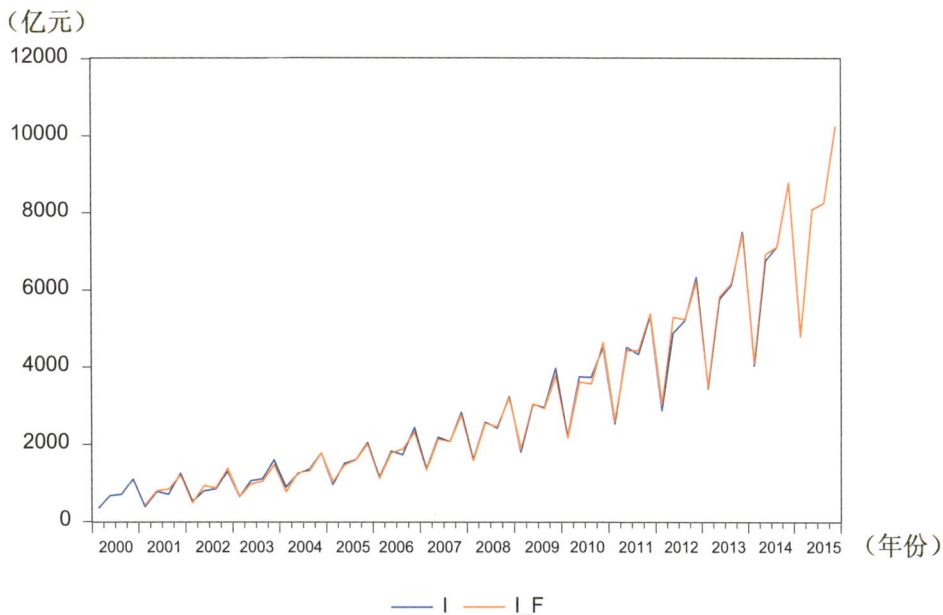

图3-4-12　固定资产投资I

广东省经济发展报告（2015）
全球经济分化和三期叠加下的广东经济：预测、分析与对策

Guangdong Economy in the Context of Global Economic Differentiation and Three Phase
Stack: Forecast, Analysis and Solution

图3-4-12中I是真实值，I_F是拟合值。I_F的拟合较好，很好地捕捉到I的变动趋势。图3-4-12中预测2015年的增长仍较快，总量不断提升。

（13）农村居民纯收入I_R

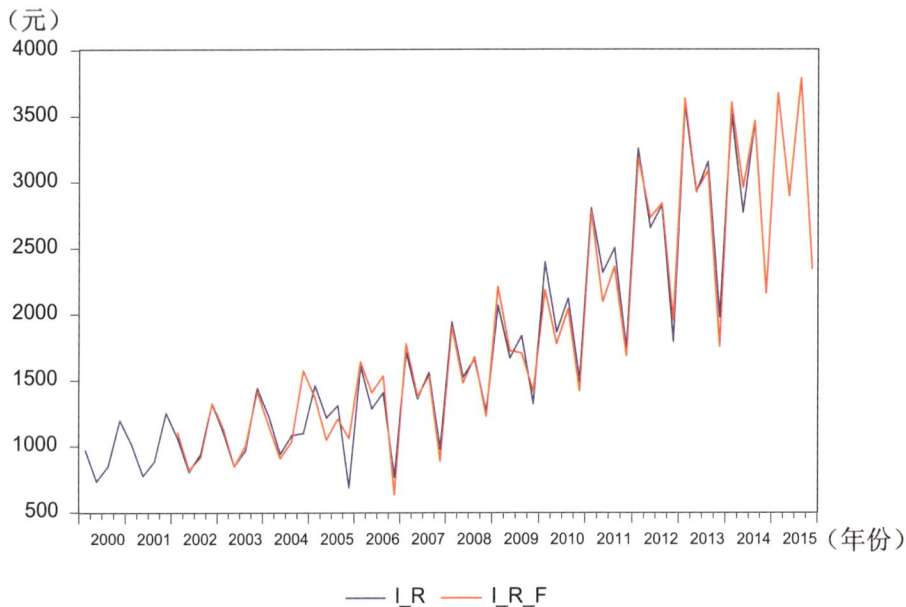

图3-4-13　农村居民纯收入I_R

图3-4-13中I_R是真实值，I_R_F是拟合值。I_R_F的前期拟合较为反复，但后期的拟合效果很好。从图3-4-13中可见，I_R的变动季节性很强。图3-4-13中预测2015年第一季度和第三季度的数值较大，第四季度的数值有所回落。

（14）城镇居民可支配收入I_U

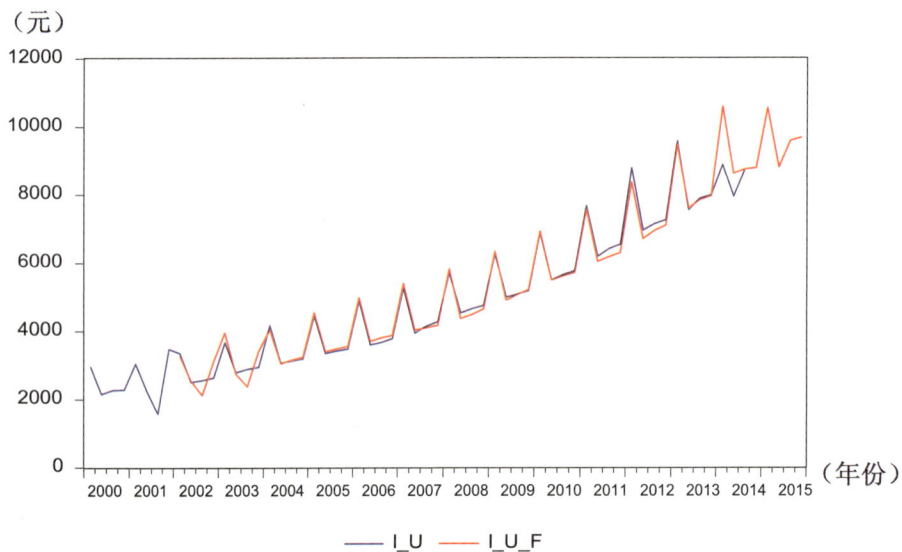

图3-4-14　城镇居民可支配收入I_U

图3-4-14中I_U是真实值，I_U_F是拟合值。I_U_F的拟合效果较好。从图3-4-14中可见，I_U的变动虽有一定季节性，但其波动不如I_R剧烈，且时间的增长趋势很明显。图3-4-14中预测2015年第一季度的数值最大，第四季度的数值有所回落。

（15）出口总额EX

（亿美元）

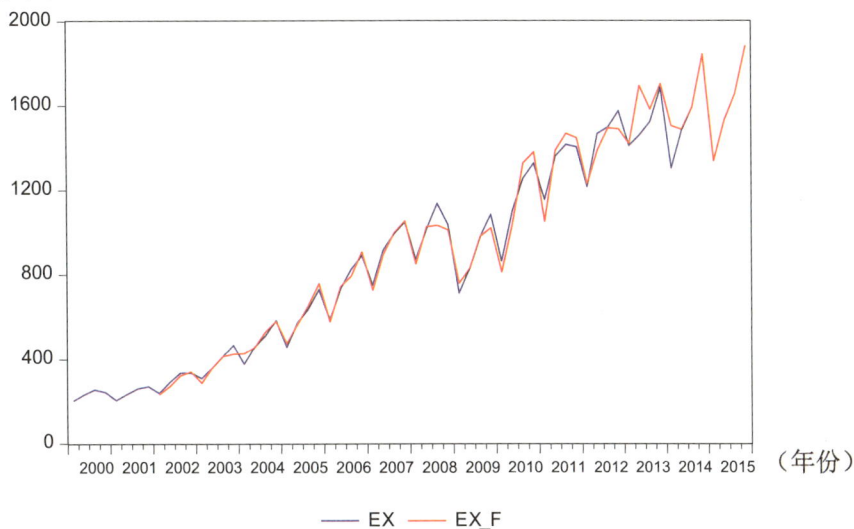

图3-4-15　出口总额EX

图3-4-15中EX是真实值，EX_F是拟合值。EX_F的总体拟合效果虽较好，其2004~2007年的拟合很出色，但2012～2013年的预测有点高。图3-4-15中预测2015年的增长较缓。

（16）进口总额IM

（亿美元）

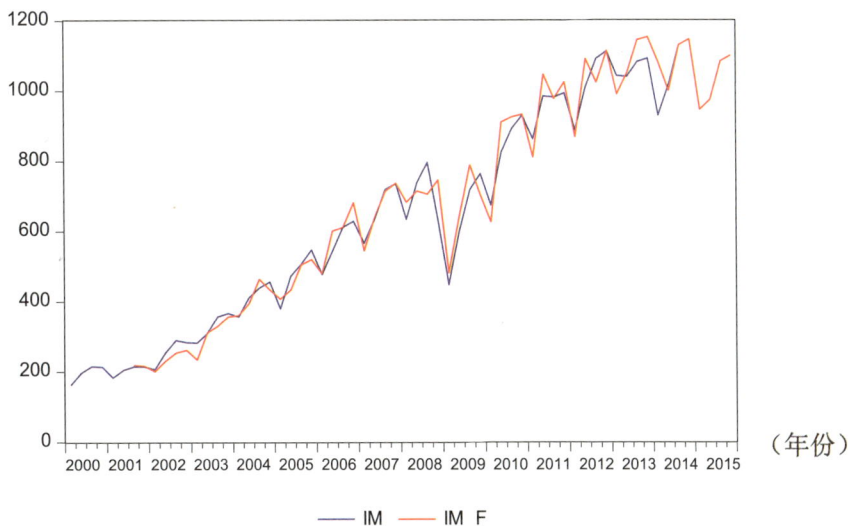

图3-4-16　进口总额IM

图3-4-16中IM是真实值，IM_F是拟合值。同样地，IM_F的总体拟合效果较好，图3-4-16中预测2015年的增长有所下降。

3.4.3 价格指数的拟合情况

（1）工业品出厂价格指数PPI

预测如图3-4-17所示。可以看出，PPI预测值与实际值较为接近，基本能够反映出实际值的变化趋势[①]。

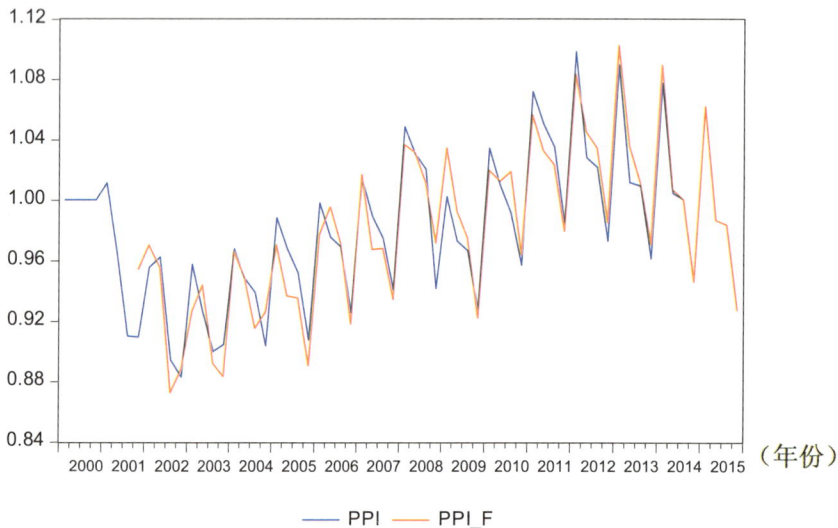

图3-4-17　工业品出厂价格指数PPI

PPI为实际值，PPI_F为预测值，对2015年四个季度的PPI进行预测，结果如表3-4-3所示。

表3-4-3　2015年PPI预测

2015Q1	2015Q2	2015Q3	2015Q4
98.57	98.41	98.38	98.29

（2）居民消费价格指数CPI

预测如图3-4-18所示。可以看出，CPI呈现出稳定增加的态势，但经济危机以后掉头向下。在这两个趋势方面，预测值与实际值都较为吻合。

---

①　统计局公布的PPI和CPI数据为同比数据，而回归要求不同时期数据可比。为了满足这一要求，我们把PPI和CPI都以2000年为基期（设定为1）进行转换。

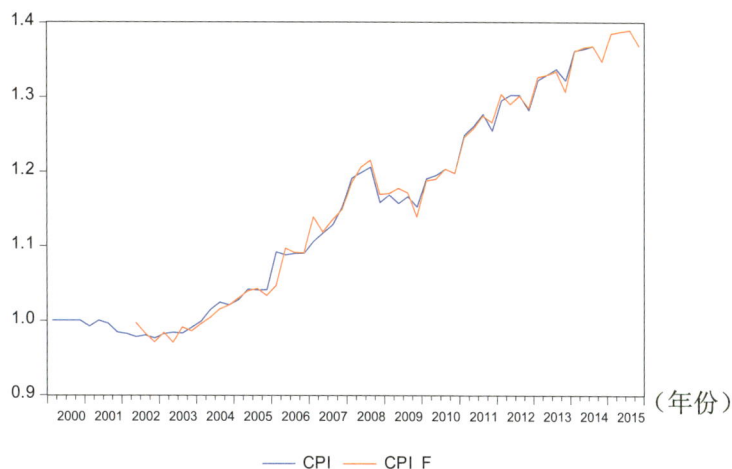

图3-4-18 居民消费价格指数CPI

CPI为实际值，CPI_F为预测值，对2015年四个季度的CPI进行预测，结果如表3-4-4所示。

表3-4-4 2015年CPI预测

2015Q1	2015Q2	2015Q3	2015Q4
101.73	101.74	101.70	101.65

（3）地区生产总值缩减指数PGDP

预测如图3-4-19所示。从图3-4-19可以看出，预测值较为一致地反映出了实际值的波动，较好地反映出了实际值的变化趋势。

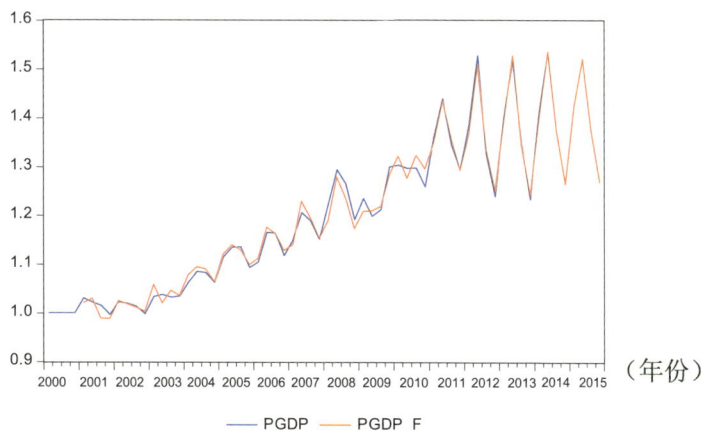

图3-4-19 地区生产总值缩减指数PGDP

对2015年四个季度的GDP缩减进行预测，结果如表3-4-5所示。

表3-4-5　　2015年GDP缩减指数预测[①]

2015Q1	2015Q2	2015Q3	2015Q4
101.67	99.05	100.16	100.27

注：以上年同期为100。

（4）第一产业增加值缩减指数PGDP1

预测如图3-4-20所示。从图3-4-20可以看出，预测值与实际值非常接近，恰当地拟合了实际值的所有明显的波动和趋势。

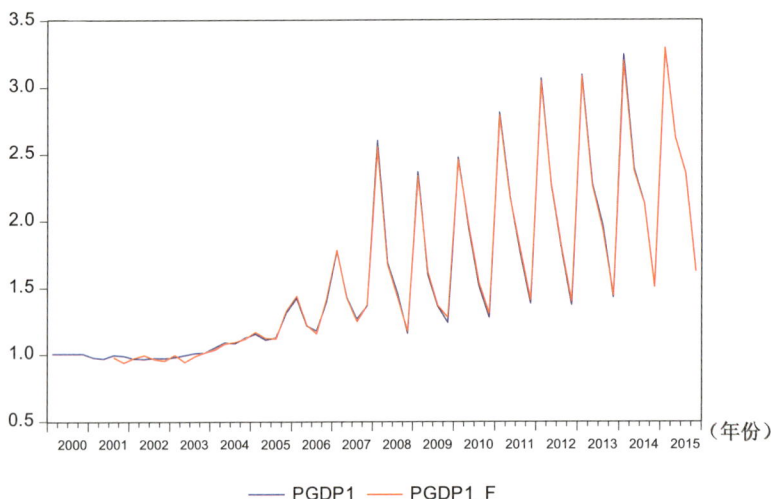

图3-4-20　　第一产业增加值缩减指数PGDP1

对2015年四个季度的PGDP1进行预测，结果如表3-4-6所示。

表3-4-6　　2015年第一产业增加值缩减指数预测[②]

2015Q1	2015Q2	2015Q3	2015Q4
103.16	110.38	110.62	107.61

注：以上年同期为100。

---

① 利用到前文预测的名义GDP和总投资I，汇率ER和广义货币供应量M2为外生变量。赋值情况见前文说明。
② 利用到前文预测的名义GDP1和总投资I。因为解释变量中包括因变量的滞后项，因此需要使用动态方法进行预测。

（5）第二产业增加值缩减指数PGDP2

预测如图3-4-21所示。从图3-4-21可以看出，预测值与实际值较为接近，基本能够反映出实际值的变化趋势，但在一些具体波动处二者有一定出入。

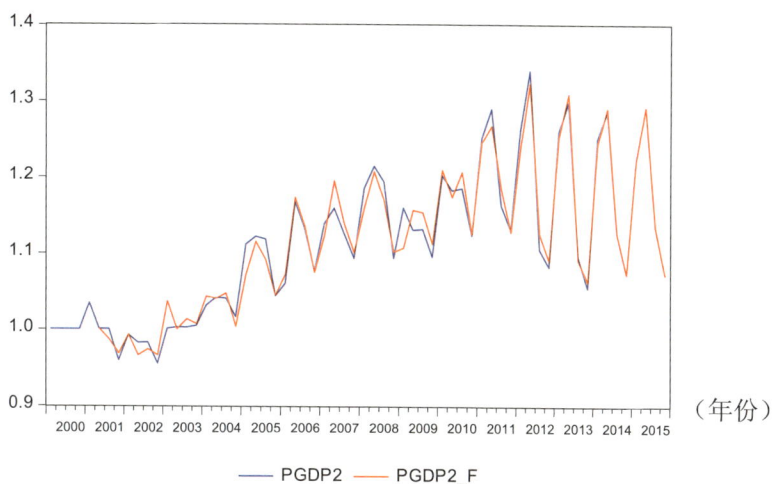

图3-4-21 第二产业增加值缩减指数PGDP2

对2015年四个季度的PGDP2进行预测，结果如表3-4-7所示。

表3-4-7 2015年第二产业增加值缩减指数预测[①]

2015Q1	2015Q2	2015Q3	2015Q4
98.20	100.14	100.78	99.93

注：以上年同期为100。

（6）第三产业增加值缩减指数PGDP3

预测如图3-4-22所示。从图3-4-22可以看出，预测值与实际值的趋势较为接近，前期存在误差，后期二者较为吻合。

---

① 利用到前文预测的名义GDP2和总投资I。因为解释变量中包括因变量的滞后项，因此需要使用动态方法进行预测。

广东省经济发展报告（2015）
全球经济分化和三期叠加下的广东经济：预测、分析与对策

Guangdong Economy in the Context of Global Economic Differentiation and Three Phase
Stack: Forecast, Analysis and Solution

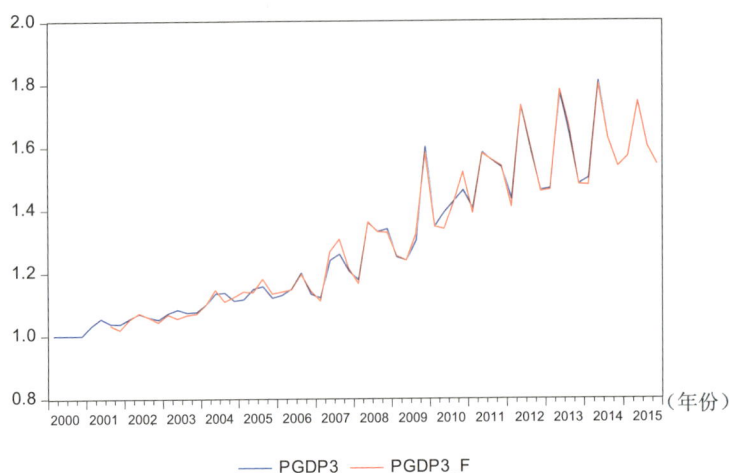

图3-4-22　第三产业增加值缩减指数PGDP3

对2015年四个季度的PGDP3进行预测，结果如表3-4-8所示。

表3-4-8　2015年第三产业增加值缩减指数预测

2015Q1	2015Q2	2015Q3	2015Q4
106.11	96.82	98.36	100.36

注：以上年同期为100。

（7）建筑业增加值缩减指数PGDP2_C

预测如图3-4-23所示。从图3-4-23可以看出，虽然在一些转换处的预测还不够准确，但基本能够反映出实际值的变化趋势。

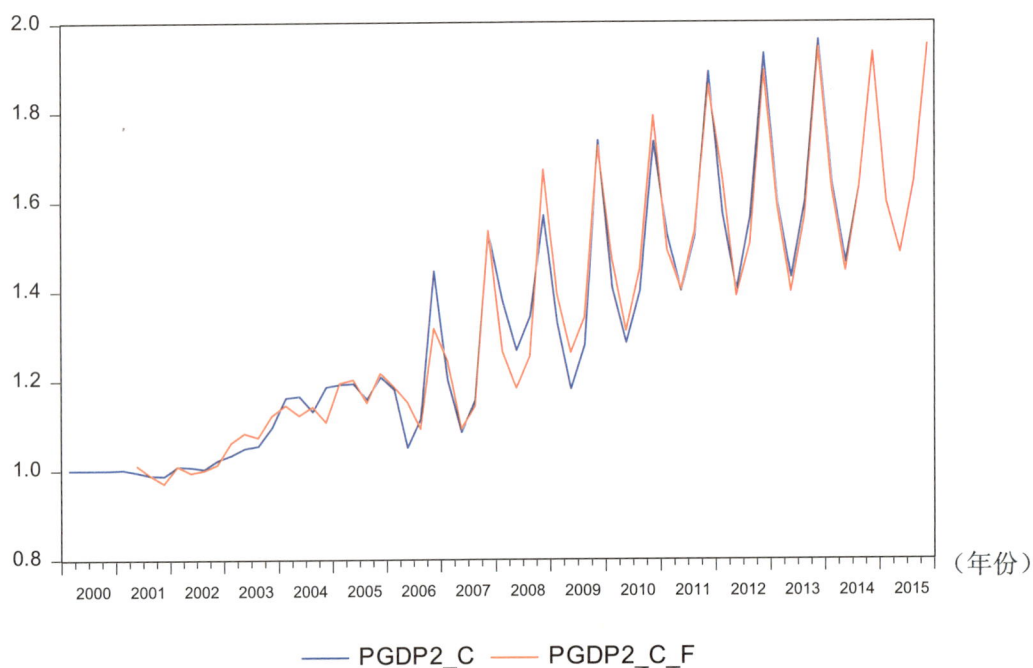

图3-4-23　建筑业增加值缩减指数PGDP2_C

对2015年四个季度的PGDP2_C进行预测，结果如表3-4-9所示。

表3-4-9　2015年建筑业增加值缩减指数预测

2015Q1	2015Q2	2015Q3	2015Q4
98.11	102.85	100.74	100.97

注：以上年同期为100。

（8）工业增加值缩减指数PGDP2_I

预测如图3-4-24所示。从图3-4-24可以看出，除了预测值在2002～2003年、2008～2009年做出了一些"过度"反应，其他时期预测值基本能够反映出实际值的变化趋势。

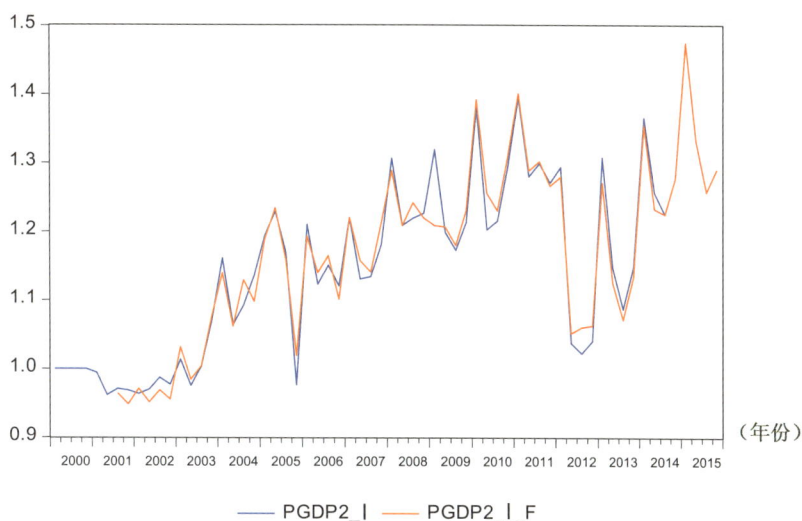

图3-4-24　工业增加值缩减指数PGDP2_I

对2015年四个季度的PGDP2_I进行预测，结果如表3-4-10所示。

表3-4-10　2015年工业增加值缩减指数预测

2015Q1	2015Q2	2015Q3	2015Q4
108.88	108.00	102.65	101.02

注：以上年同期为100。

（9）规模工业增加值缩减指数PGDP2_I_S

预测如图3-4-25所示。从图3-4-25可以看出，除了在2009年预测值的表现略微欠佳外，其他时期预测值基本能够反映出实际值的变化趋势。

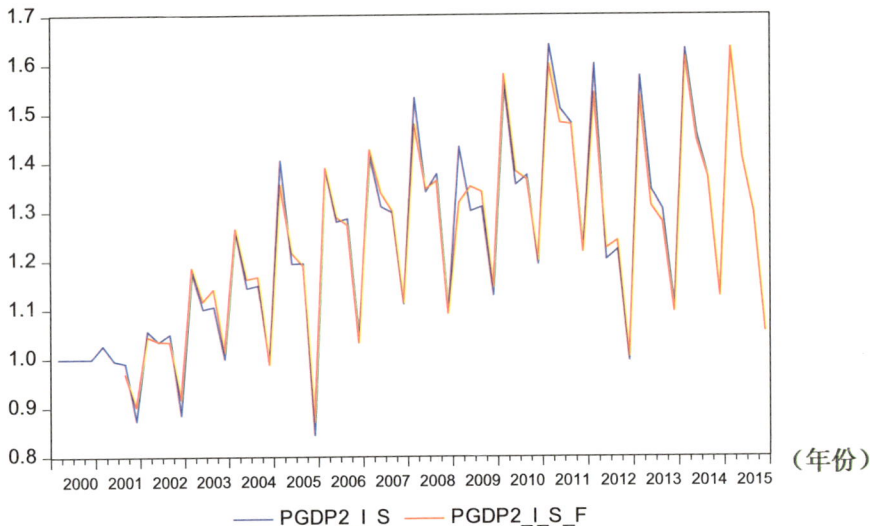

图3-4-25　规模工业增加值缩减指数PGDP2_I_S

对2015年四个季度的PGDP2_I_S进行预测，结果如表3-4-11所示。

表3-4-11　2015年规模以上工业增加值缩减指数预测

2015Q1	2015Q2	2015Q3	2015Q4
101.11	97.44	94.72	93.54

注：以上年同期为100。

（10）重工业增加值缩减指数PGDP2_H

预测如图3-4-26所示。从图3-4-26可以看出，预测值与实际值基本能吻合，即使在2009年，差距也是微乎其微。

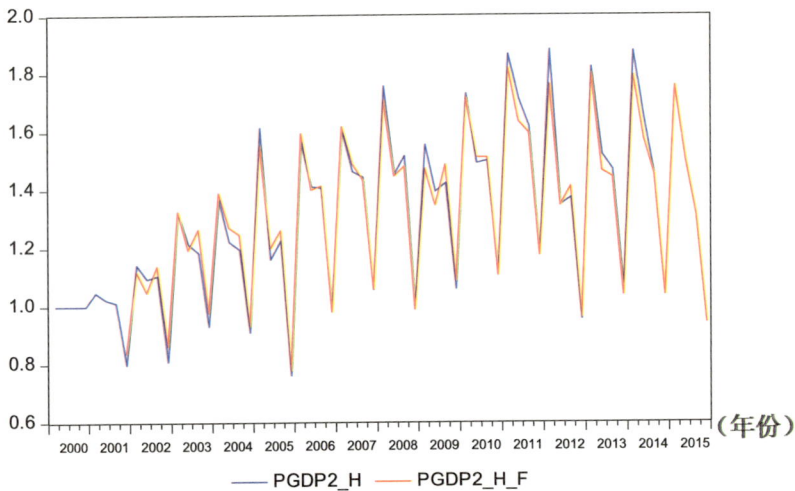

图3-4-26　重工业增加值缩减指数PGDP2_H

对2015年四个季度的PGDP2_H进行预测，结果如表3-4-12所示。

表3-4-12 2015年重工业增加值缩减指数预测

2015Q1	2015Q2	2015Q3	2015Q4
97.91	95.50	90.46	90.63

注：以上年同期为100。

（11）轻工业增加值缩减指数PGDP2_L

预测如图3-4-27所示。从图3-4-27可以看出，只有在一些特殊年份（如发生经济危机的2009年）预测值的表现不够准确，在其余年份，预测值与实际值基本能吻合。

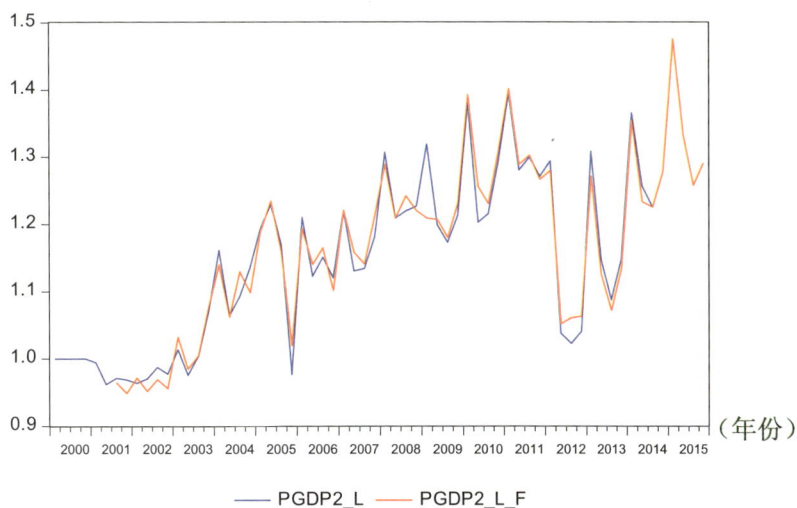

图3-4-27 轻工业增加值缩减指数PGDP2_L

对2015年四个季度的PGDP2_L进行预测，结果如表3-4-13所示。

表3-4-13 2015年轻工业增加值缩减指数预测

2015Q1	2015Q2	2015Q3	2015Q4
108.88	108.00	102.65	101.02

注：以上年同期为100。

广东省经济发展报告（2015）
全球经济分化和三期叠加下的广东经济：预测、分析与对策

Guangdong Economy in the Context of Global Economic Differentiation and Three Phase
Stack: Forecast, Analysis and Solution

3.4.4 实际增长率的预测结果

在这种方法的预测下，2015年的真实GDP为73603.92亿元，对比2009年的实际增长率为7.84%，其中，第二产业增加值为34061.01亿元，占GDP的46.3%，其实际增长率为6.60%；第三产业增加值为35797.79亿元，占GDP的48.6%，其实际增长率为9.17%。政府预算内收入，全年达到8819.89亿元，比2014年增长10.0%。全社会消费品零售总额，全年达到32555.42亿元，同比增长13.5%。全社会固定资产投资总额，全年达到31410.83亿元，同比增长17.52%。农民纯收入达到12705.08元，增长6.57%，城镇居民可支配收入为38684.54元，全年增长12.35%。在进出口总额方面，预计2015年广东省的出口总额达到6397.91亿元，增长3.07%，进口总额达到4101.08亿元，降低2.77%。

把实际增长率的预测结果汇总到表3-4-14。

表3-4-14　实际增长率的预测结果

OBS	2015Q1	2015Q2	2015Q3	2015Q4
G_C_RGDP	8.00	7.79	7.82	7.84
G_C_RGDP1	4.48	4.25	3.88	3.81
G_C_RGDP2	6.01	6.53	6.70	6.60
G_C_RGDP3	8.98	9.19	9.20	9.17
G_C_RGDP2_C	4.35	7.01	6.52	6.47
G_C_RGDP2_I	10.52	10.43	10.82	10.94
G_C_RGDP2_I_S	10.01	10.04	10.07	10.13
G_C_RGDP2_H	13.02	11.62	11.07	10.49
G_C_RGDP2_L	8.63	8.65	8.50	8.25
G_C_GI	13.47	12.21	10.56	10.02
G_C_HCS	13.49	13.50	13.51	13.52
G_C_I	18.51	19.20	17.88	17.52
G_C_I_R	4.47	4.44	6.16	6.57
G_C_I_U	18.64	14.92	13.10	12.35
G_C_EX	2.74	3.04	3.42	3.08
G_C_IM	1.85	−1.24	−2.28	−2.77
G_C_CPI	101.73	101.74	101.70	101.65
G_C_PPI	98.57	98.41	98.38	98.29

4.1 需求篇

由于受到企业缺乏核心技术、产业的原始创新能力较弱和政府配置技术资源的约束，广东省经济增长模式仍然以资本投入为主导，转变为以技术创新拉动经济的增长模式势在必行。无论是内生型的居民消费和公共服务比重的上升，还是外向型经济在质量上和作用上的增强，都无法忽略一个事实：广东省单一化的空间发展和二元经济结构失衡的问题依然突出。

全面改革提供了广东省经济转型升级的希望，但短期经济难以乐观，需要开始精耕细作，积极实施"对外开放融合"和"对内区域合力"战略，打造新时期广东省经济发展的升级版。

4.1.1 消费需求

以需求结构的优化解决广东省宏观经济的"结构病"。

在高外贸依存度背景下，受国际金融危机、外需动力不足的影响，广东省经济已深感"皮肉之痛"。显然，为降低广东省经济发展的国际风险，继续实施扩大内需战略是广东省转型的唯一选择。在全球经济衰退，外需不足和对外贸易增幅下降的背景下，广东省将重点开拓国内市场，珠三角企业的产品市场取向将进一步国内化。刺激内需以拉动经济增长，一方面要增加居民的收入，调整收入分配格局，增强居民消费能力，加速完善社会保障体系，解除居民的后顾之忧。另一方面要保证产品和服务的提供，同时更重要的是引导居民实现本地消费。在消费结构上，要优化消费环境，科学引导社会消费，努力培育新的消费热点，使扩大内需战略落到实处。

通过深入推进"广货全国行、广货网上行"，加快省外广东省商贸城和广东省商品国际采购中心等平台建设，完善覆盖面广、辐射力强的内销网络，构建稳定的广货内销，深度开拓国内市

广东省经济发展报告（2015）
全球经济分化和三期叠加下的广东经济：预测、分析与对策

Guangdong Economy in the Context of Global Economic Differentiation and Three Phase
Stack: Forecast, Analysis and Solution

场，随着刺激内需政策的实施和产品市场的国内化，消费市场将逐步实现本地化。在不削弱已有出口导向政策的同时，加强扩大内需政策的实施。广东省有大批已形成较高层次生产能力的外向型企业，缺乏国内渠道。因此，除了刺激消费和投资的一般政策之外，要鼓励外向型企业发展国内市场，鼓励加工贸易企业开发自有品牌，帮助企业建立国内渠道，中小企业扶持专项基金的运用要向兼顾内外需的企业倾斜。广东省很多地方将加快服务产品的供给,力求使产品消费和服务消费更多在本地实现。

4.1.2 投资需求

内生性回落与政策托底，倒逼提高投资效益。

从中长期经济增长的角度来看，中国宏观经济在2014年处于周期性的拐点，我国正处在由高速增长向中高速、中低速增长的转型阶段，政策调控的主基调依旧是稳增长、保就业和提质量。经济内生性增长低于政策目标，使得经济发展处于内生性回落与政策托底的博弈循环。坚持把投资合理增长作为稳增长的首要任务，以重大项目、重大载体和重大基础设施作为投资的主攻方向。推动经济结构战略性调整和产业转型实现新突破，推进珠三角优化发展、粤东西北加快发展，在新一轮发展竞争中掌握主动权，不断增创发展的新优势。在投资结构上，要力求避免重复投资，防止产生新的产能过剩，使投资方向转到有市场需求、对未来经济发展有重大支撑作用的领域来。

同时，要发挥政府投资的引导作用，使政府投资更多地投入到先行性、战略性的基础产业领域，防止和避免政府投资的"挤出效应"，为社会投资创造更好的环境和条件。在吸引民间投资方面，按照"非禁即入"的原则，广东省将拓宽民间投资的领域和范围，推出第三批面向民间的投资招标重大项目，吸引具有投资实力的企业特别是民营企业参与基础设施建设。注重投资对经济的拉动作用，增强企业自主技术创新和政府的原始创新投入。推进消费驱动、技术进步和体制创新，实现广东省产业转型升级的"逆势提速"。以提高居民收入、加强社会保障和公共服务投资为重点，推进国民收入分配结构调整，使居民在投资发展中获得更多实惠。

4.1.3 底线民生

（1）消费的收入弹性较高，增加收入刺激消费明显

当前，我国经济还处于消费收入弹性较高的阶段，增加收入能够更高比例刺激消费。因此，调整收入分配，关注底线民生，搞好社会保障，有利于发挥消费对经济的拉动作用。

（2）完善底线民生，促进社会和谐、稳定

搞好底线民生，有助于社会和谐与稳定。社会公平、稳定，不仅具有正的外部性，而且也是一种准公共物品，需要政府来提供。提高城乡最低生活保障标准，重点关注上学难、看病难等问题，努力做到补助标准跟随经济增长逐步提高，进一步减轻困难群体负担与保障困难群体基本需求，维护社会稳定。

4.2 区域篇

4.2.1 区域一体化

构建珠三角世界级城市群与实施粤东西北振兴发展。

以提升质量为中心，制定和实施全域规划，加快推进基础设施和基本公共服务等方面一体化，优化功能布局，加强信息化建设，巩固广州、深圳中心城市地位，发挥港澳国际城市作用，形成珠三角城市功能互补、相互促进、协调发展的局面，把世界级城市群的目标落到实处。重视"在岸发展"，形成面向全球与国家的双重发展取向，需要加强创新驱动的产业发展，促进产业多元化，突破行政体制壁垒，推进区域一体化，形成珠三角地区在全球生产、消费以及控制管理环节的独特优势。在打造世界级城市群过程中应充分发挥综合性机场、港口以及宽带网络等基础设施的作用，注意建立便捷、高效的多式交通换乘联运系统，注意各种运输方式之间的能力匹配，构建起完善、便捷、统一的交通信息网络体系，促进珠三角人流、物流、信息流、资金流加入全球体系的交换和互动。

鼓励粤东西北地区全面深化与周边省区的经济分工合作，重新合理、科学且有效规划广东省"经济版图"，将珠三角地区从输液式的增长转变为造血式的增长。扭住交通基础设施建设、产业园区扩能增效、中心城区扩容提质"三大抓手"，核心是要搞好产业和项目建设。坚持交通先行，以构建综合交通运输体系为重点，加快改善区位条件。坚持工业主导，以建设产业转移园区为载体，着力发展实体经济。以全产业集群和战略协同管理的视角建立"互利共赢"产业转移体系，增强珠三角产业转移与产业升级互补性、协调性，转入地与转出地进行产业链整合，转入地扩大产业对外开放领域和提高市场准入度，以"大项目、产业链、产业群、产业基地"实施全产业集群优化，增强国际竞争力。

4.2.2 新型城镇化

"扩容提质"与"低碳绿色先行"。

坚持提升城镇化质量和内涵的"主线"。新型城镇化与以往城镇化最大的区别就是不再是简单的

城市人口比例增加和面积扩张，而是产业支撑、人居环境、社会保障、生活方式等全方位的综合发展。实现"人的城镇化"必须在提升城镇化质量和内涵上下功夫。要构建科学合理、与资源环境承载能力相适应的城镇格局，要努力为农业人口市民化创造条件，让他们与城市居民平等享有教育、医疗等待遇，共享城镇化的发展成果。

做好"三旧"改造和扩容提质工作，紧紧扭住这两大抓手，推动珠三角和粤东西北地区城镇化发展。粤东西北地区要坚持走中心城市带动的城镇化发展路子，把做大做强地级市中心城市作为重点任务，壮大中心城市实力，增强中心城市的辐射力。要推动"汕潮揭"城市群建设，使之成为带动粤东发展的增长极，同时加强湛江、茂名、韶关地区的城市建设，发挥其对粤西、粤北地区的带动作用。

走低碳绿色新型城镇化发展路径，还要加强引导低碳基础设施建设和社会消费方式转变，努力构建低碳型的城市布局、基础设施、生活方式和消费导向，引导居民消费观念及消费方式的转变。

4.3 开放篇

4.3.1 粤港澳

全面推进广东省自贸区的建设。

利用广东省自贸区的"3+1"模式，包括广州市南沙新区，深圳市前海新区和蛇口，珠海市横琴新区，充分发挥港澳地区在国际经济的突出地位和优势，推动更多高端资源向自贸区集中，使中国香港地区高端服务业的发展获得新空间和新平台，从而带动珠三角经济结构的战略性调整和经济质量的战略性提升。积极扩大服务业对港澳地区开放，发展新型国际贸易方式，探索建设现代金融服务创新区，推进政府职能转变，营造法治化、国际化营商环境，打造《内地与香港地区关于建立更紧密经贸关系的安排》（CEPA）升级版和海关特殊监管区域升级版。

在功能定位上，中国(广东省)自由贸易实验区将立足于内地与港澳经济深度融合，以制度创新为核心、以深化粤港澳合作为重点，依托港澳、服务内地、面向世界，建设粤港澳深度合作的示范区，努力成为21世纪海上丝绸之路的重要枢纽和全国新一轮改革开放的先行地。营造法治化、国际化营商环境，优化法治环境。实行负面清单管理和投资备案项目自动获准制，完善事中事后监管机制。深入推进粤港澳服务贸易自由化，进一步扩大对港澳服务业开放。推进粤港澳管理标准和规则相衔接，实现三地人员、资金、信息等要素便捷流动。强化粤港澳国际贸易功能集成，推进贸易发展方式转变。建立与粤港澳海空港联动机制，建设21世纪海上丝绸之路物流枢纽。搭建粤港澳金融合作新机制，推动粤港澳跨境人民币业务创新。

构建广州南沙、深圳前海和蛇口、珠海横琴一体两翼粤港澳全面合作示范区。南沙片区重点发展航运物流、特色金融、国际商贸、高端制造等产业，建设以生产性服务业为主导的现代产业新高地和具有世界先进水平的综合服务枢纽。深圳前海蛇口片区充分发挥联通深港的优势，重点发展金融、现代物流、信息服务、科技服务等高端服务业，建设我国金融业对外开放试验示范窗口、世界服务贸易重要基地和国际性枢纽港。珠海横琴片区充分发挥毗邻澳门的优势，重点发展旅游休闲健康、商务金融服务、文化科技和高新技术等产业，建设文化教育开放先导区和国际商务服务休闲旅游基地，打造促进澳门经济适度多元化发展的新载体。建设实施CEPA先行先试综合示范区核心功能区、泛珠江三角洲经贸合作区、海上丝绸之路节点（国际经贸合作区）。

4.3.2 对外"走出去"

融入海上丝绸之路，实现"珠江时代"进入"海洋时代"。

以全球视野和战略眼光，将21世纪海上丝绸之路建设纳入广东省是构建全方位开放格局、提升国际竞争力的重要战略，应认真谋划和推进。"一带一路"经济带的建设是多层次的，其包括基础设施互联互通、能源资源合作、园区和产业投资合作、贸易及成套设备出口、自贸区建设等领域。其中，基础设施建设是当前阶段的重点。"一带一路"将依托沿线基础设施的互通互联，对沿线贸易和生产要素进行优化配置，从而促进区域一体化发展。

在东盟"10+1"自由贸易协定全面生效的大背景下，以中国—东盟合作为抓手，启动和实施"南海战略"，与国家的南海大战略对接，构建东盟"10+1"合作的海上通道，使"10+1"合作不仅包括陆地还包括海洋，引领广东省由"珠江时代"进入"海洋时代"。注重打好"侨牌"和"文化牌"，加强与沿线各国的人文交流和公共外交，为国家和广东省营造良好的外部环境。

深化改革，提高金融、投资、贸易的国际化水平。围绕21世纪海上丝绸之路建设，以推进金融改革和实现投资贸易便利化为重点，向上要政策，向下逼改革，积极争取海关、金融、自贸区建设等各项政策在广东省"先行先试"，充分发挥广东省作为深化改革试验区的作用。

推动投资贸易便利化，构建统一的区域市场，实现各自的法律、法规、政策的对接，在贸易投资促进、通关便利化、基础设施建设、发展电子商务等领域加强合作，深化现行对外投资管理体制的改革，减少对外投资审批环节，缩短企业项目办理时间，放宽跨国经营人员出境限制，简化人员进出境手续。

鼓励引导广东省民营企业"走出去"。借助外向型经济依存度高的特点，主动融入国家"一带一路"经济规划。以政府合作和政府援助的方式来推动企业"走出去"，可考虑设立海外"广东工业园"和"广东商品城"政府主导的海外投资项目。扶持名牌企业与海外投资相联系，实施"母舰项目"。将一些拥有成熟技术和过剩产能的产业加快向外转移，腾出空间和资金发展新产业或战略性产业，并在国际市场形成广东省的跨国公司，全面参与国际分工。以巩固和扩大对东南亚等发展中国家

广东省经济发展报告（2015）
全球经济分化和三期叠加下的广东经济：预测、分析与对策

Guangdong Economy in the Context of Global Economic Differentiation and Three Phase Stack: Forecast, Analysis and Solution

直接投资为基本取向，以加快对欧美发达国家直接投资为主导方向，积极发展对东欧、南美洲国家和地区的直接投资，实施全方位、多元化的投资区位战略。

4.3.3 外贸

淡化对外贸易规模大幅度增长的政策诉求，强化附加值贸易。

在当前全球经济面临较为严重不平衡的格局下，再想复制过去广东省外贸高歌猛进的态势几无可能。另外，外部经济的多变性和脆弱性使得对外贸易的波动性加大。因此，作为世界制造中心之一的珠三角地区面临着非常严峻的考验。为了保证广东省对外贸易的持续稳定，应该从以下几个方面做出应对：

首先，建立外贸预警机制，严密监控外部市场的动向，力图将外部需求冲击降到最小限度。

其次，淡化对外贸规模大幅度增长的政策诉求，强化附加值贸易。因此，应尽量避免对工业生产进行大规模的刺激性措施，利用外需疲软期消化局部产业的过剩产能，重塑广东省在全球产业分工中的形象。

最后，加强区域经济合作，积极参与国家"海上丝绸之路"建设。利用广东省的区位优势，将与广东省有着密切联系的港澳及东南亚地区建成广东省外贸增长的缓冲带，削减欧美市场不稳定性对广东省外贸的冲击。

4.4 产业篇

广东省三次产业结构表现出突出的非均衡性，主要表现为现代服务业发展相对迟缓，先进制造产业比重偏低。但从发展趋势而言，现代产业稳步发展，在各个产业中的占比逐渐提升，产业内部结构趋于优化。广东省产业创新能力水平偏低，技术开发投入较低，创新人力资源偏弱，技术开发成果相对先进国家存在较大差距。从可持续发展角度来看，广东省产业生态协调性逐渐优化，但与发达国家相比差距仍然较大。同时，劳动力素质和产业经济效益有所提升，并带来了产业社会效益的显著进步。广东省产业的出口规模较大，但出口产品结构有待进一步优化。广东省已经进入后工业化时期，技术密集型产业已占主导地位：技术（知识）密集型工业对GDP增长的贡献率基本居于三类产业之首，技术密集型产业的占比超过50%，劳动密集型位居其次，占比在32%～33%，资本密集型工业则占比最低，只有15%～17%。

4.4.1 产业结构调整

以发展现代产业和技术改造为重点，形成先进装备制造业产业带和传统产业的"凤凰涅槃"。

珠江西岸要充分发挥港口、土地等资源优势，切实加大招商力度，打造沿海沿江先进装备制造产业带，不断提升经济实力和社会发展水平。抓住产业升级的关键环节，着力提升关键基础零部件、基础工艺、基础材料、基础制造装备研发和系统集成水平，加快机床、汽车、船舶、发电设备等装备产品的升级换代，积极培育发展智能制造、新能源汽车、海洋工程装备、轨道交通装备、民用航空航天等高端装备制造业，促进装备制造业由大变强。集中力量把珠江西岸先进装备制造业做大做强，形成规模大、实力强的先进装备制造产业带，使之成为全省经济发展又一新的增长点。

以创新驱动发展战略、信息化战略、绿色战略推动广东省产业转型升级。加大科研投入，建立技术创新的推动机制，力助传统产业"爬坡越坎"。大力抓好技术改造，加大政策扶持和技改投资力度，推动一批具备条件的企业完成技术改造，实现传统产业的"凤凰涅槃"。推动产学研合作，建立产业联盟。探索"协同创新"模式，支持企业与国内外大学及科研机构围绕产业关键领域和薄弱环节，以共性技术攻关推动产业集群升级。

实施"价值链整合提升"的产业发展策略，推动产业向价值链高端发展。优势传统产业向价值链两端环节延伸可以通过品牌提升、文化融合、大数据互联网思维三条路径，引导企业向微笑曲线两端延伸提升品质，构建"设计、生产、销售、服务"的全产业链模式，增强产品价值链控制能力，实现附加值提升。抓住产业调整升级这一发展的中心环节，调整高新技术产业和先进制造业结构，推动加工贸易和"三来一补"企业的优化升级，提高制造业的自主创新能力和核心竞争力。优先发展生产性服务业，推进服务业综合改革试点和示范建设，促进文化创意和设计服务与相关产业融合发展，加快发展保险、商务、科技等服务业。

产业转型升级中应坚守广东省制造业的基础性和优势地位，不要盲目把传统产业全部转向现代服务业。尤其要注重将服务元素注入制造业，提高制造业的服务化水平，充分利用欧美发达国家的服务业优势提升广东省传统产业竞争力。

推进重点产业结构调整，改造提升制造业，推动服务业大发展，尤其是生产性服务业，规划选择市场需求大、基础条件好、带动作用强、增长潜力大的现代物流、商贸流通、金融服务、信息服务、科技和咨询服务、文化产业、服务贸易等行业实施重点突破，带动服务业全面协调快速发展。

4.4.2 科技创新

利用广东省的加工制造优势，加强技术的自主研发和技术引进，积极拓展与海外的科技合作。

依靠科技创新推动产业升级。面向国内国际两个市场，发挥科技创新对产业结构优化升级的驱动作用，加快国家创新体系建设，强化企业在技术创新中的主体地位，引导资金、人才、技术等创新资源向企业聚集，推进产学研战略联盟，提升产业核心竞争力，推动三次产业在更高水平上协同发展。

掌握产业高端发展的核心技术，大力促进高新技术产业的发展，增强新能源、电子、生物医药以及海洋产业的竞争力，积极拓展内销市场，推进加工贸易转型升级，使扩内需与稳外需成为有机整体，积极培育本土跨国公司，拓展多元化国际市场。

4.4.3 产业生态协调

依靠技术进步，提升广东省产业和环境保护的可持续发展能力，加快绿色生态技术、先进制造技术的研发与推广应用。

继续优化产业生态协调性，加强节能监督检查力度，强化政策激励。在人力资源方面，着力引进和培养一批适应广东省现代产业需要的高技能人才，壮大创新队伍，扩大专业技术职称人员、职业资格技术等级人员队伍，突出岭南文化，实现社会效益和经济效益的统一。

4.4.4 重大项目培育

实施优势产业、重大项目带动战略，完善产业链条。

逐渐减少劳动密集型产业比重，提高技术和资本对劳动力的替代率，合理调节产业要素结构水平，重点扶持关系产业全局的战略型产业重大项目，培育新的经济增长点。

4.5 能源篇

4.5.1 新能源开发

未来应加强新能源的研发和推广力度，改善本省能源紧张的局面。

广东省能源资源匮乏，人均资源占有量远低于全国平均水平。能源生产的增长速度赶不上经济发展的速度，能源消费依赖外省调入。广东省主要依赖水电等传统能源，能源压力大。新能源储量丰富，开发前景好，但目前技术水平较低，新能源的开发比重不高。

4.5.2 能源使用效率

积极转变能源消费方式，从而提高能源的综合利用效率，发掘节能减排潜力。

广东省能源生产和消费一直存在较大的缺口，且近十年来该缺口逐年扩大，能源处于供不应求的紧张状态，山东和浙江两省也面临同样问题。未来，伴随着广东省经济的发展，能源需求将继续增大，而能源生产乏力。因此，要提高传统能源的使用效率，加快新能源的开发和利用，逐步降低对传统一次性能源的依赖程度，改善能源供需不平衡的局面。

4.5.3 供需平衡

为了确保能源供需相对平衡，实现广东省经济的可持续发展，一是通过提高能源利用率，降低单位GDP能耗和能源需求量；二是通过进口满足能源需求；三是通过能源替代满足能源需求。对于广东省存在的巨大能源供需缺口，不仅可以通过资本对能源的替代，还可以通过煤炭、石油、电力的相互替代来填补。

4.5.4 产业结构调整

能源问题的核心在于产业结构调整，通过产业结构升级来优化能源结构，从而实现经济和能源环境的良性协同发展。

要减少对能源的依赖，缓解生态环境压力，最根本的方法还是调整产业结构，大力发展低能耗、低排放产业和高科技绿色产业。目前，广东省第三产业占比为46.5%，在国民经济中的比重十年来未有大的突破，因此，促进第三产业的比重的上升将对广东省能源环境改善具有重要意义。

4.6 改革篇

4.6.1 新发展观

无论是在中央政府还是地方政府，都应该及时改变"唯GDP"观，把促进人民素质、福祉的全面提升作为经济社会发展的最终目的，杜绝经济政策和经济建设中的短视行为。

促进经济、环境、社会的全面协调发展，尤其是注重环境和自然保护，关注民生和人民健康水平。政府在制定发展规划和政策时，首先要考虑环境问题和民生问题。

4.6.2 新改革观

政府理应约束自己，从建设者转型为维护者，实现"大政府、小市场"到"大市场、小政府"的转化：让市场配置充分激发经济活动的效率，让"看得见的手"在建立、维护和完善市场规则、社会保障和公共品的提供、收入的再分配等方面尽其所长。

市场经济是一种工具，也是一种理念和秩序。作为一种秩序，市场经济是一种契约经济，法律是其仰赖存在和发展的基础。彻底根除人们心目中的"走关系"、"潜规则"等隐性制度，降低市场经济活动的交易成本，提高改革的效率和公平性。加强法制建设也是改革中的一项重要内容，它将决定着我国市场经济发展的深度。

广东省经济发展报告（2015）

全球经济分化和三期叠加下的广东经济：预测、分析与对策

Guangdong Economy in the Context of Global Economic Differentiation and Three Phase Stack: Forecast, Analysis and Solution

4.6.3 新政策观

政府需要打破对"靠短期刺激保一时增长"的路径依赖，注重短期政策与长期政策配合使用。短期政策应注重针对性、时效性和迫切性，不能将短期政策当成常态。长期政策应注重前瞻性、科学性和连续性，不能因为官员的变动半途而废。

当前，我国最应该解决的经济问题包括国企垄断、税负过重、底线民生和腐败等问题。

地方政府在出台政策时，需要进行全面、系统、科学的论证，广泛听取各方意见，不能流于形式。

4.6.4 新开放观

随着国际贸易合纵连横成为常态，广东省应借助外向型经济依存度高的特点，发挥广东省在中国—东盟自由贸易区的先导优势，主动融入国家"一带一路"经济规划，主动、科学、逐步地推进产业结构升级，提高广东省的产品竞争力，逐步实施产能过剩的产业"走出去"的战略。

在融入世界经济一体化的过程中，常备"风险"意识。建立外贸预警机制，严密监控外部市场的动向，力图将外部需求冲击降到最小限度。